BECK'SCHE SONDERAUSGABEN

DEUTSCHE ERZÄHLUNGEN
DES MITTELALTERS

ins Neuhochdeutsche übertragen
von Ulrich Pretzel

VERLAG C. H. BECK MÜNCHEN

ISBN 3 406 02546 3

Umschlagentwurf von Walter Kraus, München
© C. H. Beck'sche Verlagsbuchhandlung (Oscar Beck), München 1971
Druck: Druckerei Georg Appl, Wemding
Printed in Germany

Inhaltsverzeichnis

Geleitwort

Von den hier in erneuerter Form vorgelegten „Altdeutschen Erzählungen" trennt uns ein Zeitraum von 600–800 Jahren. In einer Zeit, wo die Überlieferung des Mittelalters oft als Ballast empfunden und die Bedeutung der für uns in ihm ruhenden „Mutterkräfte" nicht immer verstanden wird, ist es besonders notwendig, an den Wert dieses unseres Bildungsgutes zu erinnern. Von Jacob Burckhardt, der als Prophet der Renaissance und Priester ihrer Kultur gerade der unbestechlichste Richter über das Mittelalter ist, hat uns sein Schüler Carl Neumann einige gültige Worte aus dessen ungedrucktem Kolleg über Deutsche Geschichte des Mittelalters überliefert. „Das Mittelalter gehört zu dem Teuersten, was wir besitzen", heißt es da allgemein, und, mit dem Blick auf die in ihm waltenden geistigen Impulse: „Ein Jahrtausend der Andacht hebt an, dies ist nicht durch Pfaffentrug entstanden". Wir denken dabei natürlich vor allem an die sichtbarsten Zeugen dieser Vergangenheit, von denen Max Rychner einmal an den jüngeren Carl J. Burckhardt schrieb: „Wie stark muß dies Lebensgefühl gewesen sein, das die Kathedralen und Dome emportrieb, um darin Beschwichtigung zu suchen und den Frieden zu finden, der nicht von dieser Welt ist". Sodann aber taucht Wolframs Parzival und der Gral vor unserm Blick auf, jener erste große Bildungsroman der Deutschen, die Dichtung, deren Held ein Gottsucher, deren Hauptthema der nach Dilthey höchste Gedanke des Menschen, der Gottesgedanke, ist. Aber als bekanntester Name unter den mittelhochdeutschen Dichtern lebt doch der Minnesänger Walther von der Vogelweide, und die bekannteste Dichtung des Mittelalters ist unser Nibelungenlied, eine zwischen den Zeiten stehende

Dichtung, in der alter mythischer und historischer Stoff mit ritter-
lich-höfischem Ethos durchtränkt ist.

Eine bestimmte poetische Gattung mittelalterlicher Dichtung
jedoch ist bis zum heutigen Tage mit ganz geringen Ausnahmen
auch dem literarischen Publikum fast unbekannt geblieben und
hat auch in der Literaturgeschichte lange ein Aschenbrödel-Dasein
geführt: die Novelle (dies Wort nicht im engen Sinne gefaßt) oder,
wie man heute gern dafür sagt, die Märendichtung, also die kürzere
Erzählung. Hier darf an eine andere Äußerung Burckhardts erinnert werden: daß das Mittelalter im Gegensatz zu der vorangegan-
genen „älteren Schicht von Römertum und Christentum" „eine
bunte Fülle von Gestaltungen und Neugestaltungen aufweist" und
daß „das Leben damals farbig und reich war".

Als der höfische Roman seinen Höhepunkt überschritten hatte,
trat die Kleinerzählung um die Mitte des 13. Jahrhunderts in ihre
Blütezeit ein; nur ein einziger Vorläufer, eine höfische Novelle,
reicht in das 2. Viertel dieses Jahrhunderts zurück. Alle anderen
Erzählungen stehen schon im Übergang von ritterlicher zu bür-
gerlicher Kultur, literarisch gesprochen, von höfisch-klassischer
zu realistischer Kunst.

Erst in jüngerer Zeit weiß man etwas Näheres von diesen Dichtungen. Noch der erste „vom frühen Mittelalter bis zu Wieland"
reichende 331 Seiten umfassende Band einer großangelegten „Geschichte des Romans und der Novelle in Deutschland" (1926) er-
wähnt unter der zweieinhalb Jahrhunderte subsummierenden
Überschrift „Die Zeit des Epigonentums" einzig den „Meier
Helmbrecht" (sic!) als ein Werk des ausgehenden Mittelalters (!!)
und erklärt dann später sogar: „So konnte der Schwank erst zu
voller Blüte gelangen, wenn er von den lästigen Fesseln des Verses
befreit wurde", und ein anderer Satz sagt von der ganzen mittelalterlichen Novellenproduktion, daß sie „keine überragende Ge-
staltung, ja nicht einmal eine künstlerische Form gefunden hatte".
Neuerdings ist man nun endlich dank zwei hervorragenden und
sich vorbildlich ergänzenden großen Monographien über die Erzählkunst der mittelalterlichen Epigonenzeit genauer ins Bild ge-

setzt worden, von denen die eine (von Hanns Fischer) eine erste grundlegende Bestandaufnahme bringt, uns über ihre Thematik, ihre Autoren und ihr Publikum unterrichtet, die andere (von Karl-Heinz Schirmer) Stil- und Kompositionsfragen erörtert und dann auch schon eine erste eindringende Behandlung einzelner Motive und Probleme bringt (Liebe und Ehe, Parodie u. a.). Einige klärende Bemerkungen, die gelegentlich ein wenig eingehender sein dürfen (zumal wenn die Deutungen noch auseinandergehen), sollen nun als Einleitung den von uns ausgewählten Erzählungen vorangeschickt werden; sie halten sich nicht streng an die Reihenfolge.

Am Anfang unserer Sammlung steht ein Werk, das man nicht eigentlich eine Erzählung nennen darf. „Der arme Heinrich" Hartmanns von Aue ist vielmehr eine echte Legende; denn wir dürfen diese Bezeichnung nicht nur auf Heiligengeschichten oder gar bloße Heiligentraktätchen anwenden. Eine literarisch wie religionsgeschichtlich besonders wertvolle noch frühere Legende, die der Kaiserchronik eingefügte „Crescentia", sollte ursprünglich unserer Auswahl auch beigegeben werden; nur aus einem äußeren Grunde ist es unterblieben. Die Gattung der Legende hat im Mittelalter im Gegensatz zur Neuzeit ihr eigentliches Dasein; denn sie lebt noch von dem ungebrochenen Glauben an Gottes wirkende Liebe, auch wenn sie dem Menschen Leid bringt, und an Gottes Wunderkraft. Im „Armen Heinrich" nun hat ein altes grausames Motiv, die Heilung eines Kranken durch ein Menschenopfer, eine für das christliche Mittelalter unumgängliche Wandlung erfahren. Die Krankheit des Helden selbst ist nicht unverschuldet, sondern es ist Gottes Strafe für seinen selbstsicheren Stolz und für seine Undankbarkeit; er hat es vergessen, wem er sein Glück, seinen Reichtum, seine Geltung unter den Menschen zu danken hat. In der kleinen Meierstochter wächst, aus Mitleid geboren und durch die Einsicht in das hohe Vorbild von Christi Opfertod gestärkt, dem nachzueifern ihr die höchste Aufgabe des Menschen erscheint, der Entschluß, sich für ihren Herrn aufzuopfern; aber die Bereitschaft zu diesem Opfer darf in christlicher Zeit und in unserer Dichtung genügen, um Heinrich zu der Erkenntnis zu führen, er habe das ihm von Gott auferlegte Schicksal auf sich zu nehmen. So findet er nunmehr wie Hiob den Weg zur unbedingten Bejahung von Gottes Ratschluß. Diese Erkenntnis, dieser Sinneswandel läßt ihn erst der rechten Sinnhaftigkeit seines Lebens innewerden; jetzt ist die *zucht* Gottes, d. h. die Strafe, als Erprobung und Erziehung fruchtbar geworden; jetzt opfert er sich für das Weiterleben des Kindes durch den Verzicht auf dessen Opfer. Aber noch ein drittes Opfer muß gebracht werden, und diesmal wieder von der kleinen „Heiligen"; sie muß auf ihre zu früh erstrebte Märtyrerrolle verzichten; das ewige Leben erringt man nur durch ein gottgefälliges Leben auf Erden; das irdische Leben heißt es zu einem Gottesdienst zu gestalten. Hier zeigt Hartmann seine Nähe zu Wolfram, bei dem das Leben des Ritters dem Dienst Gottes geweiht ist; eine Mißachtung des irdischen Lebens ist nicht nach Gottes Sinn. Das Wunder Gottes, die Heilung unseres Helden, tritt also nicht wie ein deus ex machina in Erscheinung, sondern die Menschen müssen es sich verdienen; es ist dann die Belohnung Gottes.

In einem Großteil unserer Erzählungen wird das Thema der Minne behandelt. Es ist eine uns fremdgewordene Welt, die sich das Rittertum und ihm nacheifernd dann auch das aufkommende Bürgertum des Mittelalters mit dem Dienst der Frau Minne schuf. Seine bedeutendste dichterische Ausprägung hat der Minnedienst im Minnesang gefunden, einer lyrischen Gattung fester gesellschaftlicher Prägung, die viele Generationen hindurch, wenn auch in sich wandelnder Gestalt, gepflegt wurde. Der Minnedienst lebte in der Phantasie des Menschen, in einer halb unwirklichen Welt, *neben* dem Leben. Die sichtbare Leistung des Ritters, die er für die Frau zu üben hat, bestand im ritterlichen Kampf ihr zu Ehren und in ihrem Lobpreis durch seine Lieder. Eine Liebeserfüllung war schon aus sozialen Gründen nicht das Ziel dieses Minnedienstes, der Minnende lebte von der Sehnsucht nach seinem Ideal. Natürlich kommen auch echte Liebesgefühle mittelbar im Minnesang zum Ausdruck, anderseits unterliegt der Minnedienst allmählich dem Schicksal jeder Mode, und die Minne verliert ihre

Idealität, wie später auch in mystischem Erleben der Weg von innerlichster Entrückung oft zu leerem Verzückungsspiel absank. Im „Moriz von Craûn" tritt uns die Macht des Minnegedankens noch bis an die Grenze der Parodie vor Augen. Der Dichter steht unter dem Einfluß Gottfrieds, bei dem ja die Minne zu höchster, totalster göttlicher Allmacht im Weltgeschehen erhoben war: sie vereint die seelischen und sinnlichen Kräfte des Menschen, sie überwindet die Grundkategorien des Lebens: Raum und Zeit, sie übermächtigt alle sittlichen Gebote Gottes, ja Gott selbst wird in ihre Dienste gezwungen; schließlich reicht ihre totale Macht auch ins Psychische, denn sie schenkt den von ihrem *gift* Erfüllten zugleich höchstes Glück und höchstes Leid. Der Held unserer Dichtung nun, Herr Mauritius von Craûn, ist so völlig der Minne verfallen, daß er ihr auch sein ganzes Hab und Gut opfert. Sein Minnedienst zeigt in jedem Bereich das non plus ultra. Man hat gemeint, daß er sich durch eigene Schuld um den Erfolg seines Dienstes bringt; aber unser Dichter verwendet das Motiv des Einschlafens, das sonst ein Zeichen der Gleichgültigkeit, also des Ermattens der Liebe bedeutet, nur als Vorwand für die Gräfin, die sich eigensüchtig ihrer Dankespflicht entziehen will. Die Szene im Schlafzimmer darf nicht wie das übliche Ziel eines Schwankes aufgefaßt werden; was sich hier abspielt, ist vielmehr die einmalige Strafe für den Verrat, den die Frau an unserem Helden begangen hat, für den Verstoß gegen das noch vollgültige hohe Gebot der Minne. In der ergreifenden Elegie, die den Abschluß der Dichtung bildet, bekennt sie sich zu ihrer Verfehlung und zugleich zu der Bejahung der Minneidee. Nur der starke parodistische Einschlag an mehreren Stellen der Dichtung verrät es, daß wir nicht mehr nur eine reife, sondern schon eine überreife Frucht des Minneerlebens in unserer ganz einmaligen, höchst eigenartigen und von hohem poetischen Können zeugenden Dichtung zu erblicken haben.

In der ein Menschenalter später entstandenen kleinen Dichtung vom Herzmäre Konrads von Würzburg lebt der Minnegedanke noch einmal in reinster idealer Form weiter. Ihr ideeller Charakter zeigt sich vor allem darin, daß die entsagende, nicht sündhafte

Minne Siegerin bleibt, sodann darin, daß das Hauptmotiv der alten, in vielen europäischen Ländern überlieferten Wandersage des gegessenen Herzens nicht bloß in der Form der Rachehandlung behandelt wird; diese flackert zu Beginn nur ganz kurz auf und kommt erst zum Schluß noch ins Spiel, mehr durch Zufall ausgelöst. An den Änderungen unseres Dichters gegenüber andern Fassungen des Stoffes, wie sie übrigens ähnlich auch Uhland in seiner edlen Romanze „Der Kastellan von Coucy" vorgenommen hat, erkennen wir die Eigenart unserer Dichtung. Der Ritter zieht bei Konrad freiwillig in das Heilige Land und wird nicht von dem Ehemann vertrieben; er fällt nicht im Kampfe noch wird er gar aus Rache getötet, sondern er erkrankt und stirbt aus Sehnsucht und Liebe, und das Herz selbst wird nicht zum Physischen degradiert, sondern der Ritter sendet sein Herz als Symbol der überirdischen Macht der Liebe wie eine Reliquie zu der Geliebten. Und die dem Herzen übertragene seelische Kraft zeigt sich dann darin, daß die Frau nach seinem Genuß unmittelbar den Tod erleidet. Es ist nicht der Liebestod höchster Erfüllung, wie er in der Tristandichtung Gottfrieds geahnt, in Wagners Tristan musikalisch gestaltet wird, sondern bedeutet hier die Vereinigung der Liebenden im Jenseits.

Auch in der wiederum eine Generation später zu datierenden „Frauentreue" übt die Minne noch ihre ungebrochene Gewalt, die den Ritter bis zur Selbstaufopferung verführt; hier erleidet die Frau aus Mitleid den Tod bei dem Begräbnis des Liebenden. In keiner der beiden Novellen ist die Minne schon bis zum konkreten Endspiel entartet; aber gleichwohl hat Frau Minne, einst die strenge Erzieherin des Ritters zur Selbsterziehung durch tapfere Entsagung, schon ihr Gesicht gewandelt. Es liegt bei allem Gefühlsüberschwang doch schon die melancholische Stimmung des Abschieds von der hohen Göttin über beiden Werken; sie gleiten ins Sentimentale ab, wobei sich Konrad noch als der größere Wortkünstler zeigt.

Eine andere Bedeutung hat die Minne in der umfangreichen Geschichte von der Heidin (es ist die weitaus kürzeste, nicht späteste

Fassung unter vier Redaktionen dieses Minneromans). Sie spielt noch ganz in der Sphäre des Rittertums, das bekanntlich internationalen Spielraum besitzt. Hier wird die Minne in einem konfliktreichen Kampf zum konkreten Ziel geführt, wobei freilich unserm Helden gleich Wielands Gandalin oder Sinibald eine lange Prüfungszeit abverlangt wird; er muß den Schmerz der Sehnsucht erst auskosten und lernt das Zaudern, Zweifeln, Irren wie ein Gefangener der Minne kennen. In dieser Geschichte ebenso wie in der „Frauenlist" (die schon ganz ins bürgerliche Milieu hinüberwechselt) tritt die hohe formale Kunst der Minnedialektik in Erscheinung. Hier wird (wie schon in der ernsten Minneproblematik des Craûn) das moralphilosophische Thema der immer neu lockenden, zunächst verbotenen Liebe beinahe musikalisch durchgespielt, wie sie Goethe in seinem Maskenzug 1818 durch Wielands Musarion mit ihrer milden Moral noch verteidigen läßt:

> Fürwahr es wechselt Pein und Lust:
> Genieße, was du kannst, und leide, wenn du mußt.

Auch den Wechsel der Stimmung beherrscht unser Dichter, wie er denn auch die bittere Ironie nicht ganz verschmäht; denn nur als taktisches Mittel wird ein bekanntes Schwankmotiv in dem Ringen unseres Helden eingesetzt, und es wird erst allmählich führend: das pikante Motiv des geteilten weiblichen Körpers. Die Novelle ist eine echte Mischform idealistischer und realistischer Kunst.

In der „Frauenlist" ist kein Ritter mehr der Held, sondern ein Scholar exerziert sein Pflichtpensum der Eroberungskunst nach verschiedener Methode durch. Er hat seinen Ovid schon regelrecht studiert, und so zeigt sich denn hier freilich, wie sehr die Minne allmählich zum Schwankthema geworden ist. Zunächst ist die Liebe unseres jugendlichen Helden noch knabenhaft demütig; aber als diese seine noch auf vorgeschriebenem Wege verbleibende Haltung ihm nur schnöden Spott als Antwort einträgt, sucht er mit Tränen und Androhung des eigenen Todes das Mitleid seiner geliebten Herrin zu erringen, und nun kämpft in ihr das langsam sich erweichende harte Herz mit ihrem Ehrgefühl und trägt, wie immer, schließlich doch den Sieg davon. Fast als überflüssige Zugabe erscheint dann das den Titel bestimmende, ebenso simple wie alberne Motiv, das in vielen späten Schwänken vom genasführten Ehemann noch verwandt wird.

Die innere Heimat des höfischen Romans ebenso wie die der mittelhochdeutschen Lyrik ist nicht die Wirklichkeit des Lebens, sondern (mit Friedrich Neumanns Wort) eine erträumte Welt. Nur langsam verblassen, wie wir sahen, ihre Ideale. Unter den Novellen des Mittelalters aber begegnen wir auch den ersten Beispielen ganz realistischer Kunst; und unter diesen ist die bekannteste und bedeutendste, ganz wirklichkeitsnahe Dichtung die Geschichte von „Helmbrecht" (so der richtige, vom Dichter selbst zu Beginn autorisierte Titel). Der Träger ihrer Handlung ist der sogenannte vierte Stand. Man hat diese Erzählung in gröblich mißverstehendem soziologischen Sinn zu deuten versucht, wie man sie auch ebenso falsch kulturgeschichtlich als Abbild des Raubrittertums angesehen hat. Es begegnet kein Raubritter in ihr, sondern ein Bauernbursch, der sich mit seinen Kumpanen auf einer verlassenen Burg eingenistet hat, führt sein wildes Räuberleben. Er sucht gelegentlich (wie bei der Hochzeit seiner Schwester) ritterliche Bräuche äußerlich nachzuahmen und schändet damit beide Stände.

Die Tendenz der Dichtung, wenn dies Wort nicht zu hart klingt, d. h. innere Haltung und Stellungnahme des Dichters, spricht aus dem Munde des Vaters, des alten Meiers, und er singt dem Rittertum, wie er es ja selbst erlebt hat, ein Loblied; ebenso aber verteidigt er auch die Ehre seines Standes, des echten Bauerntums, auf eindringlichste Weise, ohne auch nur einen Anhauch revolutionärer, umstürzlerischer Gedanken dabei zu verraten. Als Lebensideal wird uns hier vielmehr die Aufrechterhaltung von Gottes ordo, die unverrückbare Geltung sittlicher Weltordnung verkündet, die auf der ständischen Gliederung der Menschheit beruht, und jedes Verbrechen gegen sie und gegen die zehn Gebote fordert und findet in dieser Weltordnung seine weltliche und göttliche Strafe. So darf man über der lebendigen, spannenden Darstellung, die sich einer oft herben Sprache bedient, nicht den tiefen sittlichen Gehalt dieser erschütternden Tragödie übersehen, die nicht die höfische und bäuerliche Welt gegeneinander stellt, sondern ihre gottgewollte Einheit verteidigt. An einer besonders ergreifenden Stelle unserer Dichtung stößt vor unseren Augen sichtbar noch das germanische Rechtsethos mit christlichem Lebensgefühl zusammen: der Vater weist seinem nunmehr zum Bettler gewordenen Sohne die Tür; die Mutter, die er am meisten geschmäht hatte, steckt ihm ein Stück Brot zu. Auch ein mythischer Einschlag ist in dieser so realistischen Dichtung noch zu finden, die Bewertung der Träume als Prophezeiung künftigen Schicksals.

Eine andere meisterhafte, ganz realistische Erzählung mit dem Titel „Der Schlegel" hat zum Gegenstand die Undankbarkeit der Kinder, also das vierte Gebot. Man hat im Vergleich mit einer stoffähnlichen kleinen Erzählung (Das Kotzenmäre) unserm Dichter den Vorwurf gemacht, daß die Bestrafung der hartherzigen Kinder durch ihren Vater sich des unedlen Mittels der List bedient – zu Unrecht! Denn unser Dichter weiß in seiner gerade psychologisch bewundernswert echten Erzählung doch dem (als Titel verwandten) Symbol alle Härte, der angewandten List alles Dolose zu nehmen; dies Wort bedeutet bekanntlich seinem Ursprung nach so viel wie „pädagogische Kunst"; es ist das Mittel der Belehrung und Erziehung, die hier nicht in böser, sondern nur eben verschmitzter Art geübt wird; Erziehung ist sowohl das Mittel der Strafe als auch ihre edelste Form. Der Ernst der Handlung kommt ohnehin eindringlich genug zur Geltung, und der Dichter verrät in einem wohl von ihm selbst nachträglich angefügten (hier nicht festgehaltenen) Exkurs seinen tiefen Pessimismus; die Geschichte selbst weiß er mit vorbildlicher Sachlichkeit sine ira et studio zu formen.

Ein drittes Beispiel realistischer Erzählkunst bietet die Novelle von den beiden Kaufleuten, deren Stoff uns u. a. bei Boccaccio und Cervantes und in Shakespeares Cymbeline begegnet; in dem letztgenannten handlungsreichen Alterswerk erinnert freilich nur die Gestalt der Imogen an die Heldin Irmingard unserer Erzählung.

Auch hier kann man, wenn man die zahlreichen Abwandlungen unseres Dichters gegenüber den andern Bearbeitungen des Themas ins Auge faßt, seiner Darstellungskunst hohes Lob erteilen.

Eine andere Novelle erinnert uns jedoch unmittelbar an Shakespeare; Sibotes „Frauenzucht" ist die mittelhochdeutsche Darstellung der Zähmung der Widerspenstigen. Statt des durch Ludwig Tieck heimisch gewordenen substantivierten Adjektivs ist im Mittelalter das einfache Wort *übel* in der Verbindung *das übele wîp* gebräuchlich (diesen Titel führt ein besonderer lustiger Schwank, in dem der arme Ehemann seine Not herzergreifend ausschüttet). Shakespeares *shrew* wäre vielleicht exakter mit ‚Zankteufel' wiedergegeben (volksetymologisch ‚Zanktippe'); unsere knappe und drastische mittelhochdeutsche Fassung betont in ihrem Titel schon das allgemeine pädagogische Problem und gewinnt durch die Verdoppelung der Handlung: durch die Verteilung der Schuld nämlich weiß der deutsche Dichter, ohne an Plastik einzubüßen, die Grobheit etwas zu mildern und den Erfolg der grausamen Erziehung sicherzustellen. So wird ein zu plötzlicher Übergang vom Zorn zum Mitleid vermieden, dem wir in einem andern, zunächst nur als Lustspiel gemeinten Drama Shakespeares ausgesetzt sind: wenn Shylock völlig gebrochen den Gerichtssaal der stolzen Portia verläßt.

Wie sich reine Komik oft unvermutet und vielleicht sogar vom Dichter ungewollt erst ins Tragikomische und dann gar ins Tragische wandeln kann, dafür bietet uns eine kleine Novelle ein Beispiel, die zu einer bestimmten Sondergattung, den Dümmlingsschwänken, gehört. Es ist die Geschichte „Des Mönches Not", die früher zu Unrecht unter dem ganz äußerlichen Titel „Der schwangere Mönch" lief. Was zunächst nur als Spott und Belustigung der Zuhörer gedacht war, übt plötzlich eine ganz andere Wirkung. In der groteskesten Situation erstirbt uns das Lachen, und in ergreifender Weise packt uns das Mitleid mit dem jammernden Dümmling. Dies erhärtet uns den dichterischen Wert der kleinen Geschichte.

Nicht nur das Nebeneinander ritterlichen und bürgerlichen Lebens (dies sogar in der spezifischen Atmosphäre kaufmännischen Milieus) sondern auch, literarisch gesehen, das Ineinanderverwobensein von Legende und Erzählung zeigt sich in der „Rittertreue". Man kann sie um ihrer eindringlichen Tendenz willen auch der ausgesprochen didaktischen Gattung zuordnen. Eine Minnehandlung, die freilich charakteristischerweise höchst realistisch das noch hochgepriesene Turnierwesen gleich auch unter den ökonomischen Gesichtspunkt rückt, erhält ihr ethisches Schwergewicht durch die eigenartige Verwendung des außerordentlich weit verbreiteten Märchenmotivs des dankbaren Toten. So entsteht die Zwischenform der Legendennovelle. Auch hier tritt der entscheidende Umschwung (man kann außerdem sagen, auch die Nutzanwendung) durch ein wunderbares Eingreifen Gottes ein. Hier ist es der Lohn für die unter Schmerzen bewährte Treue.

Die heiterste und zugleich in der Kunst des Erzählens ganz meisterliche Geschichte „Der Dieb von Brügge" ist der einzige niederdeutsche oder flämische Beitrag zu unserer Sammlung. Die Erzählung vereint mit unbekümmerter Frische allerlei aus dem Orient und andern europäischen Ländern übernommene großenteils märchenhafte Motive zu einer spannungreichen Handlung, die sowohl derb realistischen wie parodistischen Charakter hat. Der Dieb ist nicht nur ein Meister im Stehlen, sondern in mancherlei lustigen Betrügereien erfahren, er ist der typische Held des Volksmärchens, der ja so gar nicht Vorbildlichkeit oder gar heldenhafte Züge aufweist; ironischerweise zeigt unser Dieb aber daneben auch gelegentlich naive Frömmigkeit. Obwohl viele der Einzelmotive seit Herodots Zeiten in der Weltliteratur überall wiederkehren – gleich zu Beginn begegnet uns eine kleine Einzelhandlung, die dem Dichter aus italienischer Quelle noch neu nahegebracht wurde – sind doch diese Elemente mit solchem Geschick zusammengefügt und das fortlaufende Geschehen mit solchem Humor dargestellt, daß man sich wohl vorstellen kann, mit welchem Vergnügen die in der Welt herumgekommenen hansischen Kaufleute und Seefahrer, wenn sie nach Erledigung ihrer Geschäfte in Brügge abends zusammensaßen, sich diese lustige Geschichte erzählen ließen und schmunzelnd mit anhörten, wie hier die Kunst des Betrügens nicht nur entschuldigt und gefeiert, sondern geradezu belohnt wird. Denn die Hauptmoral von der Geschicht wird am besten mit dem Motto gekennzeichnet, das über den lustigen Jungenstreichen in John Brinckmans unsterblichem „Kasper Ohm" steht: „Man bloot sik nich kregen laten".

Als letzten Gang servieren wir unseren Lesern einen zu der Gattung der Trunkenheitsliteratur gehörenden Schwank oder Trank. Und doch läßt auch dieser Schwank einen nicht überhörbaren Beiklang ernster Didaktik lautwerden – dies entspricht ja dem Thema selbst: wie sich in unserer Geschichte Scherz und Ernst mischen, ist ja der Wein im Leben Freund und Feind des Menschen zugleich, wovon die Dichtung aller Zeiten und Völker Zeugnis ablegt. Steigerung des Lebengefühls besingt das Schenkenbuch in Goethes Divan:

> Denk o Herr, wenn Du getrunken,
> Sprüht um Dich des Feuers Glast

Aber derselbe Dichter, der bekanntlich selbst ein Freund des Weines war, spricht in den Noten und Abhandlungen eben dieses Kapitels seiner Dichtung gleich auch von der „unmäßigen Neigung zu dem halb verbotenen Wein". Edelste Beiträge der Poesie hat diese Dichtungsgattung uns geschenkt, in denen uns auch die tiefe Symbolik des Trinkens enthüllt wird: der Brauch des Zutrinkens als Glückwunsch, als ernstes Abschiedsgeleit oder als Bekräftigung von Liebe und Freundschaft, seine Verbundenheit mit jeder Hochstimmung und Festlichkeit des menschlichen Lebens. Und die Sprache verrät uns, wie so oft, in der übertragenen Anwendung des Wortes seinen Bedeutungsreichtum: Jugend ist Trunkenheit ohne Wein! Es ist eine sehr vielseitige Literatur, sie reicht vom Archipoeta über den Unendlichkeitsrausch der Trunkenheitslitanei Fischarts bis zu Justinus Kerners ergreifender Ode „An das Trinkglas eines verstorbenen Freundes", der Robert Schumanns Musik noch besonderen Weiheklang verliehen hat. Aber auch die Gegenseite, die gefährliche Wirkung des Trinkens, hat in Sauf- und

Trinkliedern und in tragischer wie ergötzlicher Prosa Darstellung gefunden. Zu dieser Gruppe gehört unser Schwank, der als Hauptthema die verschiedenen Stadien der Trunkenheit in höchst realistischer Weise vorführt und dadurch dem Werke einen ganz eigentümlichen Reiz verleiht. Mit der angefügten ernsten Moral erfüllt der Dichter dann auch noch das Horazische Gesetz: delectare et prodesse.

Es ist nur eine kleine Auswahl zum Teil meisterlicher Erzählungen, die wir unsern Lesern bieten; vier davon sind hier zum ersten Mal übersetzt worden. Schon diese Auswahl zeigt jene „bunte Fülle von Gestaltungen" mittelhochdeutscher Erzählkunst, in der uns ein lebendiges Erbteil der Vergangenheit hinterlassen ist, durch das das hochmütige Wort vom „dunkeln Mittelalter", das die stolze Renaissance geprägt hat, Lügen gestraft wird. Tolle lege!

Hamburg, Sommer 1971   *Ulrich Pretzel*

Um dem Leser die Möglichkeit zu geben, die Übersetzung mit den Originalerzählungen zu vergleichen, wurde die Verszählung der Originale in den Kolumnentiteln mit angegeben.

Hartmann von Aue

Der arme Heinrich

Ein Ritter war so gebildet, daß er lesen konnte, was auch immer in Büchern aufgeschrieben war. Er hieß Hartmann und diente den Herren von Aue als Lehnsmann. Er hielt nun Umschau in verschiedenen Büchern und bemühte sich, etwas zu finden, womit er sich trübe Stunden etwas erleichtern könnte, und suchte in ihnen zu entdecken, was Gottes Ruhm diente und zugleich den Beifall der Menschen erringen könnte. Er wird euch jetzt eine Geschichte auf deutsch erzählen, die er gefunden hat, und er hat darum seinen Namen genannt, daß er für die Mühe, die er darauf verwendet hat, nicht ohne Lohn bliebe, und daß jeder, dem sie nach seinem Tode vorgelesen wird oder der sie selber liest, für ihn um sein Seelenheil zu Gott beten möge. Man sagt nämlich, daß der, der für einen andern betet, auch seine eigene Erlösung damit erwirkt und sein eigener Bote ins Himmelreich wird.

Er hatte eine Geschichte gelesen, wie einst ein Herr in Schwaben ansässig war, dem keine edle Eigenschaft fehlte, die ein junger Ritter zu seiner Vollkommenheit besitzen soll. Niemandem sagte man so viel Gutes nach in irgendeinem Lande. Er besaß hohen Adel und Reichtum, doch war er besonders durch seinen Charakter überall geschätzt. Denn so reich auch sein Besitz, so untadelig auch seine Herkunft war, die man eine fürstliche nennen konnte, er war doch durch Geburt und Besitz nicht so vollkommen wie durch Ehrenhaftigkeit der Gesinnung.

Sein Name war bekannt: Er hieß Herr Heinrich von Aue. Keine Schlechtigkeit noch Roheit war in ihm, und auf sein Wort konnte man sich verlassen, solange er lebte. Ohne jeden Makel war von Anbeginn an sein Leben. Ihm war das allerhöchste an weltlichen

Gütern und Ehrungen verliehen; er wußte sie aber durch innere Gaben noch zu vermehren. Er war eine Zierde jungen Lebens, das Abbild allen Glückes der Welt, ein Juwel an menschlicher Zuverlässigkeit, auch ausgezeichnet durch hohe Bildung. Zuflucht aller Bedrängten, Schutzherr für all die Seinen, von höchster Gerechtigkeit in seiner Freigebigkeit: es gab kein Zuviel und kein Zuwenig in seinem Wesen. Aber auch alle mühevollen Lasten seiner hohen Stellung lagen auf seinen Schultern. Er war ein Vermittler jeder Art von Hilfe für die Menschen, und außerdem dichtete er auch Minnelieder. Damit wußte er Ruhm und Anerkennung aller Menschen zu gewinnen. Er war von vorbildlicher Lebensart.

Als Herr Heinrich so im Besitz seines Glückes war, glücklich durch Ansehen und Reichtum, in seiner frohen Gesinnung und durch seinen Anteil an allen Freuden der Welt (mehr als andere seines Geschlechtes wurde er gerühmt und geehrt), wandelte sich sein stolzes Glück in ein tief gedrücktes Dasein. An ihm wurde es offenbar – wie auch bei Absalom –, daß weltliche Glückseligkeit von ihrem höchsten Gipfel zu Boden fallen kann, wie uns schon die Bibel gesagt hat. Da heißt es nämlich an einer Stelle: „Media vita in morte sumus." Das heißt auf deutsch, daß wir mitten im Tode sind, wenn wir glauben, besonders sicher zu leben.

Die Macht dieser Welt, ihre Beständigkeit, ja ihr bester und höchster Wert sind unvollkommen. Das können wir an der Kerze sehen, wenn wir ein treffendes Beispiel wählen, daß sie nämlich gleichsam Asche wird im selben Augenblick, wo sie leuchtet. Wir sind ein schwaches Geschlecht. Seht doch, wie unser Lachen in Weinen erlischt. Was uns an Süßem beschert wird, ist vermischt mit bitterer Galle. Unsere schönsten Blumen welken in dem Augenblick, wo sie in der vollsten Blüte stehen. An Herrn Heinrich offenbarte es sich, daß, wenn einer auf Erden das höchste Ansehen genießt, er vor Gott der Geringste ist. Er fiel nämlich nach Gottes Willen von der höchsten Höhe herab in schimpfliches Leid – ihn ergriff der Aussatz. Als man diese schwere Züchtigung Gottes an ihm wahrnahm, wurde er allen Menschen zuwider, so daß keiner ihn mehr ansehen wollte, ihn, der vorher bei ihnen so beliebt gewesen war. So war es auch Hiob ergangen, dem edlen und reichen Hiob, der schließlich ganz jämmerlich auf dem Mist sein Dasein fristen mußte, mitten aus seinem Glück herausgerissen.

Als der arme Heinrich zum ersten Male begriff, daß er den Menschen zuwider geworden war, wie es in ähnlicher Lage allen ergeht, da raubte ihm dies sein bitteres Unglück die Geduld, die Hiob gehabt hatte. Denn der unglückliche Hiob hat in seelischer Gelassenheit geduldig ertragen, was ihm Gott an Leid verhängte. Für die Krankheit und die Verachtung der Menschen dankte er Gott und lernte sie schließlich als Glück ansehen. So verhielt sich der arme Heinrich leider gar nicht; er war bedrückt und traurig. Sein hochfliegendes Herz verlor seine Schwungkraft, sein frei schwimmendes Lebensschiff ging unter, seine Hochgestimmtheit sank unaufhaltsam zu Boden, die Süße seines Lebens wurde zur Bitternis. Ein starker Donnerschlag aus finsterem Himmel brach mitten in den Mittag seines Lebens herein, und eine dunkle und undurchdringliche Wolke verdunkelte ihm den Glanz seiner Lebenssonne. Er grämte sich darüber, daß ihm nun verhängt war, auf so vieles Schätzbare und Schöne in der Welt verzichten zu müssen. Er verwünschte und verfluchte wieder und wieder den Tag, an dem er geboren war.

Trotzdem blieb ihm zunächst doch noch ein Trost; denn ihm wurde oft gesagt, daß diese seine Krankheit sehr verschiedenartig und manchmal auch heilbar sei. Und nun ging seine Hoffnung und Überlegung vielfache Wege. Er dachte, daß er sicher heilbar sei, und so machte er sich rasch auf nach Montpellier, um Hilfe bei einem Arzt zu suchen. Dort erhielt er aber gleich nur entmutigende Auskunft, daß er nämlich nicht geheilt werden könne. Das wollte er nicht hören und fuhr nach Salerno und suchte auch dort für eine Heilung die Kunst der Ärzte.

Der berühmteste Arzt, den er dort fand, gab ihm sofort eine sehr merkwürdige Antwort, daß er zwar heilbar sei, aber gleichwohl ungeheilt bleiben müsse. Da sagte er: „Wie ist das möglich? Die Sache ist doch undenkbar. Wenn ich heilbar bin, so ist doch Rettung möglich. Und was mir an Opfern oder an Geld auferlegt wird, das hoffe ich noch leisten zu können." – „Gebt eure Hoffnung auf", erwiderte der Arzt. „Eure Krankheit ist derart (wozu soll ich es euch eigentlich sagen?), daß ein bestimmtes Heilmittel dazu gehört, mit dem allein ihr heilbar wäret. Nun ist aber keiner so reich und so klug, daß er dieses Mittel für sich erringen kann. Und darum könnt ihr nicht geheilt werden, wenn nicht Gott euch heilt."

Da sagte der arme Heinrich: „Warum raubt ihr mir die Hoffnung? Ich habe Geld im Übermaß. Wenn ihr eure Berufspflicht nicht vernachlässigen und mein Geld nicht zurückweisen wollt, so werde ich euch mir geneigt machen, daß es euch geradezu danach drängt, mich zu heilen." – „Wenn ich könnte, wie ich wollte", sagte der Arzt da, „und wenn es so stünde mit dem Heilmittel, daß man es kaufen könnte oder daß man es auf irgendeine Weise erwerben könnte, würde ich euch nicht sterben lassen. Aber das geht nun leider nicht, und darum muß euch meine Hilfe versagt bleiben. Ihr müßtet nämlich ein junges Mädchen finden, das unter dem Gebot und Schutz Gottes steht und wirklich selbst willens wäre, für euch den Tod zu erleiden. Aber die Menschen pflegen zu solcher Tat ja nicht bereit zu sein. Es gehört nicht mehr und nicht weniger dazu als das Herzblut dieses Mädchens: Das wäre gegen eure Krankheit das richtige Heilmittel."

Da sah der arme Heinrich ein, daß es wohl unmöglich wäre, den Menschen zu finden, der bereit wäre, für ihn zu sterben. So war ihm alle Hoffnung genommen, in der er dorthin gekommen war, und von diesem Augenblick an hatte er kein Zutrauen mehr, geheilt zu werden. Davon wurde sein Schmerz so groß, daß es ihm ganz unerträglich schien, noch länger zu leben. Er ging nach Hause, verschenkte sein Vermögen und alle bewegliche Habe in edler Weise, wozu ihn sein Entschluß und der weise Rat des Arztes gebracht hatten. Er half seinen armen Verwandten, aber unterstützte außerdem fremde Arme, damit Gott sich seiner Seele erbarmen möge; das übrige kam den Klöstern zugute. So entäußerte er sich allen Besitzes, den er vordem gehabt, bis auf ein Stückchen altes Rodland; dorthin zog er sich vor den Menschen zurück. Diese schmerzliche Schickung war nicht *sein* Schmerz allein, sondern auch in allen fremden Ländern, in denen man ihn kannte, litt man mit ihm; alle, die es vom Hörensagen erfahren hatten.

Der dieses Stück Land wieder urbar gemacht hatte und jetzt bestellte, war ein freier Bauer, dem es noch nie in seinem Leben schlecht ergangen war, wie anderen Bauern, die keinen freundlichen Herrn hatten und nicht verschont blieben von Abgaben und Forderungen. Was dieser Bauer aus freien Stücken leistete, das schien seinem Herrn schon übergenug zu sein; außerdem hatte dieser ihn auch davor geschützt, durch fremde Gewalt irgendeine Unterdrückung erdulden zu müssen. Darum gab es keinen, der in dem Lande so selbständig war. Zu diesem Bauern zog sich sein Herr, der arme Heinrich, zurück. Der vergalt ihm mit Dienst die Schonung, die ihm sein Herr vordem gewährt hatte, und jetzt kam das Heinrich zugute. Er übernahm gern alles, was ihm zu tun oblag. Er besaß die Dankbarkeit und die Einsicht, freiwillig alle Mühen auf sich zu nehmen, die er mittragen mußte. Er bereitete ihm eine gute Unterkunft.

Gott hatte so dem Meier für seinen Stand ein sorgenfreies Leben geschenkt. Er war gesund, hatte eine tüchtige Frau, schöne Kinder, wie sie die Freude eines Mannes sind, und hatte – wie man berichtet – unter ihnen eine Tocher von acht Jahren, deren Wesen war die reine Güte. Sie wollte nicht einen Schritt von ihrem Herrn weichen, und auch nur um ein freundliches Wort von ihm zu hören, war sie unentwegt mit freundlicher Aufmerksamkeit für ihn da. Sie war so lieblich, daß sie in ihrem angenehmen Wesen und ihrer äußeren Erscheinung an den Kaiserhof gepaßt hätte.

Die andern waren darauf bedacht, sich von Heinrich in angemessener Weise fernzuhalten. Sie dagegen lief jeden Augenblick zu ihm und wich nicht von ihm. Sie bildete seinen einzigen Umgang. Sie hatte ihr Herz in reiner kindlicher Liebe an ihren Herrn gewandt, so daß man sie jederzeit ihm zu Füßen sitzen sah. Mit liebevoller Geschäftigkeit war sie immer um ihn. Auch er suchte ihr Freude zu machen, wo er nur konnte, und was ihr zu ihrem

kindlichen Spiel paßte, schenkte er ihr in reichem Maße. Dabei
kam ihm sehr zu Hilfe, daß ja Kinder sich so leicht an jemanden
gewöhnen. Er brachte ihr auch, was er ihr beschaffen konnte:
Spiegel und Haarbänder und alles, was Kindern Freude macht, wie
einen Gürtel und einen Ring. Mit solchen Gefälligkeiten brachte
er sie so weit, daß sie ihm ganz vertraut wurde und er sie sogar
seine kleine Braut nannte. Das liebe Mädchen ließ ihn überhaupt
nicht mehr allein; für sie war er rein vom Aussatz. So sehr für
sie die kindliche Dankbarkeit die Ursache bildete, war es doch vor
allem die heilige Eingebung Gottes, die ihr diesen Umgang so lieb
machte.

Ihre Hingabe an ihn war wirklich die reine Güte. Als der arme
Heinrich dort drei Jahre lang geblieben war, während Gott ihn
mit großen Schmerzen peinigte, saßen eines Tages der Meier, seine
Frau und die Tochter, das Mädchen, von dem ich eben schon viel
erzählt habe, neben ihrem Herrn bei ihrer Arbeit und beklagten
sein Leiden. Die Herzensnot trieb sie dazu; denn sie befürchteten
jetzt, daß sein Tod auch sie treffen, sie alle dann ihres Besitzes
und ihrer Stellung berauben könnte, und daß ein anderer Herr von
liebloserer Gesinnung über sie herrschen würde.

Sie grübelten so lange darüber, bis der Meier selbst schließlich
eine Frage zu stellen wagte. Er sagte: „Lieber Herr, wenn ihr ge-
stattet, so möchte ich euch einmal etwas fragen: Wo es doch so
viele hervorragende Ärzte in Salerno gibt, wie kommt es da, daß
noch nicht eines Einzigen Kunst imstande war, bei eurem Leiden
zu helfen? Das möchte ich zu gern wissen." Da seufzte der arme
Heinrich tief im Herzen auf und sagte so schmerzvoll, daß er vor
lauter Trauer kaum die Worte herausbrachte: „Ich habe diese
schändliche Schmach als Gottesstrafe sehr wohl verdient; denn
früher hast du ja gesehen, wie das Tor meines Lebens für alle Freuden der Welt offenstand, und daß niemand meinesgleichen mehr
als ich nach eigener Entscheidung lebte. Es war mir unausdenkbar,
daß ich diese Freiheit nicht voll und ganz besaß. Aber dabei dachte
ich leider gar nicht mehr an ihn, dessen Gnade ich ja dieses glückliche Leben zu verdanken hatte. Mein Inneres verhielt sich so wie

bei allen von der Welt Betörten, die sich einreden, daß sie ihre Stellung oder ihr Hab und Gut auch ohne Gott besitzen. So hatte mich meine törichte Verblendung erfaßt: ich beachtete ihn überhaupt nicht mehr, durch dessen Gnade mir so viel an Macht und Besitz verliehen worden war. Und nun, da dieser mein Stolz ihn, der die Tür des Himmels verwaltet, zu groß dünkte, verschloß er mir die Pforte des irdischen und himmlischen Glückes. Ich werde niemals mehr zu ihm gelangen – das hat mein törichter Wahn mir zerstört. Gott hat diese Krankheit als Strafe auf mich gelegt; keiner vermag mich davon zu befreien, und nun bin ich sogar den einfachen Menschen ein Ärgernis geworden. Auch die guten Menschen kümmern sich nicht um mich. Wie einfach und schlicht auch jemand ist, der mir begegnet, ich selbst muß immer noch tief unter ihm stehen, und seine Verachtung zeigt er mir dann, indem er seine Augen abwendet. Als erster überhaupt hast du mir die Treue, die du besitzt, gezeigt, daß du nämlich zuläßt, daß ich in meiner Krankheit bei dir bleiben kann, und daß du nicht vor mir die Flucht ergreifst. Obwohl du mich nicht abweist, während ich allen anderen verhaßt bin, und obwohl auch dein Glück noch auf meinem Leben beruht, würdest du dich doch schließlich über meinen Tod zu trösten wissen. Wessen Nichtigkeit und wessen Qualen waren jemals auf der Welt größer? Vordem war ich dein Herr; jetzt bin ich vor dir ein Bettler. Mein lieber Freund, du und meine kleine Braut und deine Frau, ihr könnt euch das ewige Leben dadurch erwerben, daß du mir Krankem bei dir Unterkunft gewährst. Auf deine Frage will ich dir jetzt Antwort geben. Ich konnte in Salerno keinen Arzt finden, der sich meiner anzunehmen gewagt hätte oder willens gewesen wäre; denn womit ich von meiner Krankheit geheilt werden könnte, das sollte nach der Fügung des Schicksals nur ein Mittel sein, das niemand auf der Welt mir beschaffen kann. Denn mir wurde nicht mehr und nicht weniger gesagt, als daß ich ein Mädchen finden müßte, das unter dem Gebot und Schutz Gottes steht und auch den festen Wunsch hätte, den Tod für mich zu erleiden, und dem man dann das Herz herausschneiden müßte; denn nichts anderes brächte mir die Heilung als das Blut seines Herzens. Aber das ist doch ganz undenkbar, daß irgendein Mädchen sich entschließen würde, für mich den Tod zu erleiden. So muß ich denn bis an mein Lebensende die für mich so schmachvolle Not ertragen. Möge Gott mir bald den Tod gewähren!"

Diese seine Worte, die er dem Vater sagte, hatte das Mädchen gehört; denn die Füße ihres Herrn standen ja im Schoß der Kleinen. Das reine Gemüt des Kindes konnte man nur dem eines guten Engels vergleichen. Sie hatte seine Worte gehört und sich ganz genau eingeprägt, und sie vergaß sie keinen Augenblick, bis sie abends schlafen ging am Fußende des Bettes ihrer Eltern, wo sie zu schlafen pflegte. Als sie beide schon eingeschlafen waren, mußte sie immer wieder seufzen, denn ihr Mitleid mit den Leiden ihres Herrn war so groß, daß ihre Tränen sich über die Füße der Schlafenden ergossen; so weckte sie die Eltern.

Als diese die Tränen spürten, wachten sie auf und fragten gleich, was ihr wäre und über welchen Kummer sie so heimlich klagte. Nun wollte sie natürlich nichts davon verraten, aber als ihr Vater sie drängte und es ihnen zu sagen befahl, sagte sie: „Eigentlich könntet ihr mit mir den Schmerz empfinden; denn was kann uns noch größerer Schaden geschehen, als unseren Herrn zu verlieren und zugleich mit ihm auch Besitz und Ansehen? Einen so edlen Herrn werden wir niemals wieder haben, der so viel für uns tut wie er." Sie sagten: „Tochter, du hast ganz recht. Unser Schmerz und unser Mitleid nützt uns aber nicht ein bißchen. Also hör damit auf, liebes Kind, es schmerzt uns genau wie dich. Doch leider können wir ihm nicht helfen. Gott hat ihn nun einmal der Welt entrissen. Einen anderen, dem dies geschehen, müßten wir verfluchen."

So suchten sie sie zu beschwichtigen. Sie aber blieb die ganze Nacht bekümmert und auch am nächsten Tage von früh bis spät. Was man auch anstellen mochte: der Gedanke an ihn kam ihr nicht aus dem Sinn, bis sie am anderen Abend wieder schlafen gingen. Als sie sich an ihre alte Stelle gebettet hatte, bereitete sie mit ihren Tränen wieder ein Bad; denn tief innerlich hatte sie in ihrem Herzen die größte Menschenliebe, die je ein Kind besessen hat. Wel-

ches Kind würde so handeln? Sie war jetzt zu dem einen ganz fest
entschlossen: vom morgigen Tag ab würde sie ihr Leben für ihren
Herrn zu opfern bereit sein.

Von diesem Entschluß war ihr ganz leicht und froh zumute,
und sie hatte auch keinen Kummer mehr; nur die eine Sorge
machte ihr Verdruß: ihr Herr könnte es nicht annehmen, wenn
sie es ihm sagte, und falls sie es gar allen dreien offenbarte, so
würde sie es bei ihnen nicht erreichen können, daß man es ihr erlaubte. Daher wurde nun ihre Aufregung so groß, daß ihre Mutter
und ihr Vater davon erwachten wie in der vorigen Nacht. Sie rich-
teten sich auf und sagten zu ihr: „Was fehlt dir? Du bist ja töricht,
daß du aus Schmerz solche Betrübnis über dich kommen läßt, mit
der du doch nie fertigwerden kannst. Warum läßt du uns nicht
schlafen?" So schalten sie: wozu denn diese Schmerzen gut seien,
die doch keiner heilen oder auch nur mildern könne. So hofften
sie ihr liebes Kind wiederum beschwichtigt zu haben; dabei war
ihnen ihr Entschluß aber noch unbekannt. Denn jetzt sagte das
Mädchen: „Wie uns unser gnädiger Herr gesagt hat, *kann* man
ihn heilen, und wenn ihr mich daran nicht hindert: ich bin zur
Heilung geeignet; denn ich bin ein junges Mädchen und habe den
Willen, für ihn zu sterben, ehe ich ihn sterben sehe."

Bei diesen Worten wurden ihr Vater und ihre Mutter sehr traurig, und ihr Vater bat sie inständig, diesen Gedanken aufzugeben;
sie dürfe ihrem Herrn nur versprechen, was sie ausführen könnte,
und dies stünde ihr nicht an. „Du bist noch ein Kind, dein Opfer-
sinn geht hier zu weit. Du kannst dies Opfer nicht bringen, zu
dem du dich eben vor uns laut bekannt hast; denn du hast dem
Tod noch nicht ins Angesicht gesehen. Wenn er erst einmal auf
dich zukommt und du dann keinen Ausweg mehr siehst vor dem
Sterben, gerade dann wirst du die Lust zum Leben wiederbekom-
men (wenn es noch möglich wäre); denn du hast noch nie in einen
so furchtbaren Abgrund geblickt. Darum schweig; wenn du nicht
in Zukunft von dieser Sache still bist, wirst du etwas zu spüren
bekommen." So glaubte er sie mit Bitten und Drohungen zum
Schweigen gebracht zu haben; aber es gelang ihm nicht.

Seine Tochter antwortete: „Lieber Vater, auch wenn ich noch ein Kind bin, so weiß ich doch so viel, daß ich vom Hörensagen die Todesnot schon kenne; ich weiß, daß sie unerbittlich und hart ist. Wer aber sein ganzes Leben lang in Mühsal lebt, dem geht es auch nicht sehr gut; denn wenn er sich hier auch abmüht und sein Leben bis ins Alter hinschleppen mag – schließlich kann er doch dem Tod nicht entrinnen. Wenn er dann auch noch sein Seelenheil verliert, wäre es besser, er wäre nie geboren. Mir ist es nun einmal bestimmt, mein junges Leben für das ewige dahinzugeben, und dafür werde ich Gott immer preisen. Also bitte erlaubt es mir. Es wird uns dann allen wohlergehen, denn ich kann auch euch zugleich vor dem Verlust der Seligkeit und allen Schmerzen auf diese Weise bewahren, wie ich euch jetzt erklären will. Wir haben alles, was zum äußeren und inneren Besitz gehört – das hatte unser Herr uns liebevoll gewährt, der uns niemals ungerecht behandelt und auch nie in unserer Habe geschmälert hat. Solange er lebt, geht es uns gut. Wenn wir zulassen, daß er stirbt, ist es auch uns verhängt, zugrunde zu gehen. Ihn möchte ich am Leben erhalten auf eine so herrliche Weise, daß wir alle dadurch gerettet werden sollen. Also erlaubt es mir; denn Gott will es so."

Die Mutter begann zu weinen, als sie ihren Ernst erkannte, und sagte: „Denke doch daran, wie schwere Mühen ich an dich gewandt habe, und laß mich dafür besser belohnt werden, als ich es jetzt von deinen Worten erhoffen kann. Du wirst mir noch das Herz brechen. Mäßige doch deine Gedanken! Du wirst uns noch alles Heil bei Gott verwirken. Warum denkst du nicht an sein Gebot? Er hat uns doch aufgetragen, Vater und Mutter zu lieben und zu ehren, und als Lohn verheißen, daß wir dann auch lange leben und unsere Seele gerettet wird. Du versprichst, daß du dein Leben auch für unser Glück hingeben willst: in Wahrheit wirst du uns beiden das ganze Leben verbittern. Du bist es doch, die deinem Vater und mir das Leben zur Freude macht. Was bedeutet uns noch das Leben und alle Güter, alle Freuden der Welt, wenn wir dich verlieren? Bereite uns bitte nicht diesen Kummer! Liebe Tochter, bleib doch unser Glück, unsere reinste Freude, das

Schönste, was wir jeden Augenblick sehen, die Wonne unseres Lebens, eine Blüte der Jugend unter den Deinen, der Stab unseres Alters. Läßt du uns vor dein selbstgewähltes Grab treten, dann schließt du dich aus Gottes Liebe für immer aus. Das tauschst du mit unserem Glück ein. Wenn du uns liebst, so laß doch diese Reden und diese Absicht, die ich von dir höre, auch unserem Herrn zuliebe."

„Liebe Mutter, ich glaube dir und meinem Vater wirklich all die Liebe zu mir, die ein Vater und eine Mutter ihrem Kinde zuwenden, so wie ich es täglich erlebe. Euch danke ich es, wenn ich schön und gut bin. Und alle Menschen, die mich sehen, rühmen mir ja sogar nach, daß ich alle, die sie je gesehen, an Schönheit übertreffe. Wem anders nächst Gott soll ich danken als euch beiden? Darum will ich auch immer euer Gebot befolgen; das ist meine größte Pflicht. Ach du liebe Mutter, gerade weil ich nun Körper und Seele euch verdanke, erlaubt mir nun doch, daß ich euch beide aus Liebe vor dem Teufel errette und mich Gott in die Hand geben darf. Das irdische Leben bringt ja den Verlust der Seele mit sich. Anderseits hat mich noch nie ein irdisches Verlangen bisher berührt, das doch zur Hölle führen würde. Darum möchte ich es Gott danken, daß er mir jetzt, da ich noch jung bin, schon die Einsicht geschenkt hat, das zerbrechliche Leben nicht mehr zu achten. Ich will mich so rein, wie ich bin, Gottes Gewalt anheimgeben. Ich fürchte, wenn ich erst älter werde, daß mich dann die süßen Lockungen der Welt unterjochen könnten, so wie sie es bei vielen getan hat, die durch ihre Verführung betrogen worden sind. Wenn ich jetzt anders handelte, als ich es möchte, würde ich mich ja von Gott entfernen. Es ist mir schon ein Schmerz, wenn ich noch bis morgen weiterlebe. Denn die Welt macht mich nicht froh: ihre Bequemlichkeit heißt Mühe und Not, ihre größte Freude ist doch nur Herzeleid, ihr süßer Lohn führt in bitteren Kampf. Wenn sie langes Leben verheißt, so überfällt uns jäh der Tod: nichts ist uns gewisser als heute Lust und morgen Schmerz, und am Ende steht der Tod: das ist der jammervolle Erdenkampf. Weder hohe Geburt noch Besitz, weder Schönheit

noch Kraft noch Lebensfreude, weder Ansehen noch persönliche
Vorzüge schützen irgendwie mehr vor dem Tod als niedrige Herkunft oder ein schlechter Charakter. Unser Leben und auch unsere
Jugend sind nur Moder und Dunst. Und bei all unserer Standhaf-
tigkeit zittern wir wie Espenlaub. Und der ist doch ein dummer
Narr, der sich absichtlich benebeln läßt, Männer ebenso wie
Frauen, der daran nicht denkt und nur auf das Irdische bedacht
ist. Über den stinkenden Mist ist nur eine feine Pelzdecke gebrei-
tet. Wen nur deren Glanz verleitet, der ist gerade zur Hölle bestimmt und hat Leib und Seele eingebüßt. Zeigt doch, liebe Frau
Mutter, darin eure Mutterliebe, daß ihr euren Schmerz unterdrückt, den ihr um mich empfindet. Dann wird auch der Vater
seine väterliche Liebe zeigen, denn ich weiß ja, daß er mir mein
Seelenheil gönnt. Er ist doch so einsichtig, daß er weiß, daß ihr
nur noch kurze Zeit euch meiner freuen könnt, selbst wenn ich
noch weiterlebe. Bliebe ich auch noch zwei oder drei Jahre in eurem Hause, dann ist sicher der edle Herr tot, und wir kämen
ebenso sicher in große Bedrängnis und Armut, so daß ihr mir für
eine Heirat nicht einmal die nötige Aussteuer geben könnt;
ich müßte dann so leben, daß ihr mich lieber tot wünschtet. Nehmen wir aber einmal an, daß wir nicht in Bedrängnis kommen,
daß unser lieber Herr noch weiter so lange lebt, bis man mich mit
einem Mann verheiratet, der angesehen und bemittelt ist, dann
hätte sich euer Wunsch erfüllt, und ihr glaubt dann, ich wäre
glücklich. Nein, mein Sinn sagt mir etwas anderes. Wenn ich den
Mann liebe, bringt es mich in Kampf mit meinem Gewissen, und
wenn ich ihn nicht liebe, bedeutet das geradezu den Tod. Dann
bin ich also für immer unglücklich, und dann verliere ich durch
ewiges Mühen und durch vielerlei, was den Frauen Beschwernis
bringt und was ihnen ihre Freude stört, auch meine innere Ruhe.
Bitte gönnt mir jenes höchste Glück, das unvergänglich ist. Um
mich wirbt nämlich der höchste Ackersmann, dem ich mein ganzes
Leben gern schenken will. Ihm überantwortet mich, darum bitte
ich. Dann ist es mit meinem Leben wohl bestellt. Der weiß seinen
Pflug gerade zu führen. Sein Hof birgt eine Fülle an Gut, ihm ster-

ben nicht Pferde und Rinder, da brauchen die Kinder nicht zu weinen, da friert man nicht und hat es auch nicht zu heiß. Da bleibt man lange jung und wird sogar wieder jung, da leidet man nicht an Hunger und Durst, da gibt es keinen Schmerz, da gibt es vollkommenes Glück ohne Qualen. Zu ihm will ich mich begeben und ein Haus verlassen, in das Blitz und Hagel schlägt und das die Flut wegspült, mit der man immer wieder zu ringen hat. Was man ein Jahr lang dann mühselig erworben hat, das verliert man an einem halben Tag. Solch verwünschtes Leben will ich aufgeben. Ihr habt mich natürlich lieb. Nun möchte ich, daß diese eure Liebe mir nicht im Wege steht. Wenn ihr mir die richtige Gesinnung zubilligt und mir mein äußeres und inneres Glück gönnt, dann erlaubt, daß ich mich unserm Herrn Christus zuwende, dessen Gnade so ewig ist, daß sie niemals ein Ende nimmt, der auch zu mir Armen so große Liebe hat wie zu einer Königin. Wenn dies Gott gefällt, werde ich auch nie die Schuld auf mich laden, eure Liebe zu verlieren. Zwar ist es bestimmt auch sein Gebot, daß ich euch gehorchen muß, das tue ich gern; denn ich verdanke ja euch mein Leben. Aber ich darf auch mir selbst nicht untreu werden. Und ich weiß, daß wer andern eine Freude bereitet, die ihn selbst traurig macht, und wer einen andern so ehrt, daß er sich selbst entehrt, dessen Hingabe geht zu weit. Ich wünsche darin mit euch zu gehen, daß ich euch treu bleibe; aber mir selbst bin ich die höchste Treue schuldig. Wenn ihr mir mein Glück versagt, lasse ich euch lieber um mich heiße Tränen vergießen, ehe ich nicht offenbare, was ich mir selbst schuldig bin. Ich möchte für immer dorthin, wo ich mein höchstes Glück finde. Ihr habt ja noch mehr Kinder, freut euch an ihnen, und getröstet euch meiner. Keiner kann mich davon abhalten, meinen Herrn und zugleich mich selbst zu erlösen. Ach Mutter, ich hab dich unter Schmerzen sagen hören, es täte dir weh, an meinem Grabe zu stehen. Das wird dir erspart bleiben. Du stehst nicht an meinem Grabe. Denn wo mir der Tod zuteil wird, das brauchst du nicht zu sehen: in Salerno wird dies sein. Da wird uns alle vier der Tod aus aller Erdennot befreien. Wir werden über ihn siegen und ich noch in höherem Sinn als ihr.‟

Als sie sahen, daß ihre Tochter so nach dem Tode verlangte und mit so verständlichen Worten alle menschlichen Maße überschritt, erkannten sie, daß ein Kindesmund von sich aus solche tiefe Einsicht noch nicht offenbaren konnte. Sie mußten jetzt bekennen, daß der heilige Geist ihr diese Worte eingegeben habe, der ja auch den Heiligen Nikolaus schon in der Wiege angeleitet hatte, seinen kindlichen Sinn auf Gott zu richten. Sie sahen ein, daß sie nun nicht mehr ihren Vorsatz hindern sollten und dürften, denn ihre Absicht hätte ja in Gott selbst ihren Ursprung. Der Meier und seine Frau wurden, als sie auf ihrem Bett saßen, vom Schmerz überwältigt, so daß sie aus Liebe zu ihrem Kind nichts mehr zu sagen wußten. Keiner von ihnen konnte in diesem Augenblick ein einziges Wort finden, und die Mutter verfiel vor Schmerz in Krampf. So saßen sie in Unglück und Jammer, bis sie auch einsahen, daß Trauern ihnen nicht hülfe, wenn nichts mehr ihre Tochter von ihrer festen Absicht abbringen konnte, und daß das einzig Richtige für sie wäre, es ihr zu erlauben, weil sie sie auf edlere Weise nicht verlieren könnten. Wenn sie sich gegen ihre Worte auflehnten, könnte auch bei ihrem Herrn ein Vorwurf gegen sie laut werden, und sie würden doch nichts damit ausrichten. Und so entschlossen sie sich zu dem Eingeständnis, daß sie den Entschluß ihrer Tochter guthießen.

Darüber war das Mädchen sehr froh. Als es noch nicht Tag war, ging sie an das Bett ihres Herrn und rief ihm zu: „Gnädiger Herr, schlaft ihr noch?" – „Nein, meine Liebe, aber sag, wie kommt es, daß du heute schon so früh auf bist?" – „Ach, Herr, das Mitleid mit eurer Krankheit zwingt mich dazu." Er sagte: „Ich weiß, daß dir mein Leiden Schmerz bereitet. Du zeigst es mir ja eindringlich, so daß es dir Gott einmal vergelten wird. Aber jetzt gibt es keine Hilfe dagegen." – „Doch, mein lieber Herr, euch kann sehr wohl geholfen werden, und da man euch helfen kann, will ich euch keinen Tag mehr länger im Stich lassen. Ihr habt uns doch gesagt, wenn ihr ein Mädchen hättet, das bereit wäre, für euch den Tod auf sich zu nehmen, würdet ihr dadurch wieder gesund werden. Dies Mädchen will ich sein; euer Leben ist wichtiger als meins."

Da dankte ihr Herr Heinrich für ihre gute Absicht sehr herzlich; aber seine Augen füllten sich vor Schmerz unwillkürlich mit Tränen. Er sagte: „Mein liebes Kind, der Tod ist nicht so leicht, wie du es dir sicher gedacht hast. Du hast es mir jetzt deutlich gezeigt, daß du mir, wenn du könntest, helfen würdest. Dies genügt mir. Ich sehe darin deine christliche Liebe: deine Absicht ist rein und edel; aber mehr als dies darf ich nicht von dir wünschen. Denn du kannst mir das, was du eben gesagt hast, nicht gewähren. Das Opfer, das du mir bringen willst, wird dir Gott vergelten. Welches Mittel ich auch immer anwenden würde, die Menschen würden es verächtlich finden, wenn es mir nicht besser hülfe, als wenn ich kein Heilmittel versuchte. Meine Liebe, du bist wie ein Kind, das sich allzu rasch für einen Gedanken begeistert, ob böse, ob gut: was den Kindern nämlich in den Sinn kommt, darauf stürzen sie sich, und hinterher kommt dann die Reue nach. So, meine Liebe, bist du. Wenn einer es wirklich von dir annimmt, dann würde es dir sicher leid sein, wenn es durchgeführt würde." So forderte er sie auf, sich doch noch eines besseren zu besinnen. Er sagte: „Dein Vater und deine Mutter können dich keineswegs entbehren, und ich möchte ihnen auch nicht den Schmerz bereiten, da sie mir doch immer geholfen haben. Tu doch das, meine Liebe, was die beiden dir raten." Dabei mußte er schmerzlich lächeln; er konnte ja nicht erwarten, was dann doch vor sich gehen sollte.

Dies hatte er zu dem treuen Mädchen gesagt. Der Vater und die Mutter aber sagten: „Lieber Herr, ihr habt uns schon so viel Freundlichkeiten und Ehre erwiesen, daß es nicht richtig gehandelt wäre, wenn wir es euch nicht mit Taten vergelten sollten. Unsere Tochter ist willens, für euch den Tod auf sich zu nehmen. Darum gewähren wir es ihr auch; denn schon seit drei Tagen bedrängt sie uns immerfort, daß wir es ihr erlauben sollten, und jetzt hat sie es bei uns erreicht. Nun möge euch Gott durch sie die Gesundheit wieder schenken. Wir werden sie euch zuliebe jetzt opfern."

Nun ihm das Mädchen zur Heilung ihr Leben opfern wollte, um ihn von seiner Krankheit zu erretten, und man ihre Unerbittlichkeit einsehen mußte, war doch das Leidwesen groß, und ihren

Kummer konnten sie nicht verbergen. Und schmerzliches Ringen
hub wieder zwischen dem Mädchen und den drei andern an. Der
Vater und die Mutter weinten laut: sie konnten die Tränen um
den Tod ihres lieben Kindes nicht unterdrücken. Und nun kam
auch Herrn Heinrich der Opfermut des Kindes erst recht ins Bewußtsein; ihn überwältigte die Rührung, daß er weinen mußte und
hin und her schwankte, was besser wäre: das Opfer anzunehmen
oder abzulehnen. Und nun weinte auch das Mädchen aus Angst;
denn sie fürchtete, er sei nicht bereit, ihr zu folgen. So waren sie
alle voller Trauer. Sie wollten überhaupt nicht mehr daran denken
müssen.

Schließlich kam ihr Herr, der arme Heinrich, wieder zur Besinnung und dankte ihnen allen dreien sehr herzlich für ihre Treue
und für ihre Hilfe. Das Mädchen war schon ganz beglückt, weil
er nun entschlossen war, sich ihr anzuschließen. Er rüstete sich
rasch für die Fahrt nach Salerno. Auch was das Mädchen dafür
brauchte, war sehr bald zur Stelle: schöne Pferde und prächtige
Kleider, die sie vordem nie getragen hatte, aus Samt und mit Hermelin, und der beste Zobel, den es gab, wurde jetzt für sie mitge-
führt.

Doch wer könnte wohl das tiefe Leid, den nagenden Schmerz
und die Qualen des Vaters ganz ausdrücken? Es sollte ja wirklich
zwischen ihnen der grausamste Abschied sein, wenn sie ihr liebes
blühendes Kind so dem Tode dahingeben sollten, um es niemals
wiederzusehen. Nur der Gedanke an die reine Güte Gottes milderte den Kummer, denn sie hatte doch das Mädchen zu diesem
Entschluß gebracht, sich den Tod zu wünschen. Sie selbst hatten
ja nicht dazu beigetragen, und dadurch wurde ihnen schließlich
auch der Schmerz wieder genommen. Sonst wäre es ein wirkliches
Wunder gewesen, wenn ihnen das Herz nicht gebrochen wäre. Ihr
Unglück wurde ihnen sogar lieb, weil sie nunmehr durch das Opfer ihres Kindes nicht mehr um ihr künftiges Leben zu sorgen
brauchten.

Das Mädchen zog guter Dinge mit ihrem Herrn nach Salerno.
Nichts verdroß sie, außer dem weiten Weg: daß sie noch so lange

am Leben bleiben mußte. Als er sie ans Ziel gebracht hatte, wie er es vorgesehen, berichtete er dem Arzte dort guten Mutes er hätte jetzt wirklich eine Jungfrau, die für die Heilung von ihm gefordert worden sei. Und damit führte er das Mädchen vor ihn. Diesen dünkte es ganz unglaubhaft. Und er sagte: „Mein Kind, hast du dich auch selbst dazu entschlossen, oder bist du durch Bitten und Drohungen deines Herrn dazu gebracht worden?" Das Mädchen antwortete, es sei der Trieb ihres Herzens.

Er wollte doch noch mehr erfahren und sprach mit ihr allein und beschwor sie hoch und heilig, ihm doch zu gestehen, ob ihr Herr sie mit Drohungen zu ihrem Entschluß gebracht hätte. Er sagte: „Du mußt dich unbedingt noch richtig bedenken. Ich sage dir, warum: wenn du den Tod nicht in voller Freiheit auf dich nimmst, bleibt es völlig sinnlos, daß dein junges Leben geopfert wird. Verbirg mir nicht deine Gedanken. Ich sag dir, was dir bevorsteht: ich ziehe dich nackt aus, und du wirst dadurch schon entehrt, wenn du hier nackt vor mir stehst. Und dann muß ich dir Arme und Beine festbinden. Wenn dir dein Leben lieb ist, so denke doch, wie weh es tut, wenn ich dir dein Herz bei lebendigem Leibe herausschneide. Liebes kleines Fräulein, nun sage mir, wie du jetzt die Sache ansiehst. Noch niemals hat man einem Mädchen solchen Schmerz bereitet, wie zu bereiten jetzt mir verhängt ist. Mir selbst ist es schrecklich, dies zu tun und mit eigenen Augen es mit anzusehen. Bedenke, wie schrecklich es dir sein muß, und wenn es dir auch nur im geringsten leid wird, hast du dein Leben verloren, und ich habe mir die Mühe umsonst gemacht." So wurde sie wieder und wieder hoch und heilig beschworen, ob sie sich auch ihres Entschlusses ganz sicher wüßte und sie vielleicht doch noch davon abließe.

Das Mädchen erwiderte unter Lächeln – denn sie trug die sichere Hoffnung in sich, daß sie der Tod von aller irdischen Mühsal jetzt befreien würde –: „Ich danke euch, lieber Herr, daß ihr mir so deutlich die Wahrheit gesagt habt. Gewiß bin ich in einer Hinsicht ängstlich: weil eine Unsicherheit mich erfüllt. Ich will euch pflichtgemäß beichten, worin diese Unsicherheit besteht, die mich befallen hat. Ich fürchte, daß unser schwieriges Unternehmen durch euer Zögern ungetan bleiben könne. Was ihr sagt, könnte eine Frau sagen, denn ihr zeigt ein Hasenherz. Ihr seid wegen meines Sterbens gar sehr bedrückt. Euer Tun paßt nicht zu eurer berühmten Meisterschaft. Ich bin nur eine Frau und habe doch so viel Stärke: wenn ihr es wagt, mir das Herz herauszuschneiden – ich traue mir zu, dies zu erdulden. Die furchtbaren Schmerzen, von denen ihr mir erzählt habt, sind mir auch ohne eure Worte sehr bewußt. Und ich wäre nicht hierher gekommen, wenn ich mich nicht meines Vorsatzes ganz sicher fühlte, so daß ich den Tod wirklich auf mich nehmen kann. Mir ist, wenn ihr erlaubt, alle Schwäche vergangen und mein Wille nur fester geworden, so daß ich so wenig Angst habe, wie wenn ich zum Tanze ginge. Denn keine Not ist so groß, daß sie nicht mit dem Opfer meines Lebens an einem Tage beendet würde, und ich glaube nicht, daß dieser eine Tag zu viel wäre im Vergleich zu dem ewigen Leben, das ja nie zu Ende geht. An dieser meiner Überzeugung braucht ihr nicht zu zweifeln. Wenn ihr es auf euch nehmt, meinem Herrn seine Gesundheit wiederzugeben und mir das ewige Leben zu erringen, dann tut es jetzt sogleich um Gottes willen. Zeigt euch in eurer Meisterschaft. Ja, es verlangt mich sehr danach, und ich weiß auch, in wessen Auftrag ich es tue und in wessen Namen es geschehen darf: ER erkennt dies Opfer an und läßt es nicht ungelohnt. Ich weiß ganz gewiß, was er selbst verkündet: wer einen großen Dienst leistet, wird auch groß belohnt. Darum werde ich diesen Tod als eine heilige Qual empfinden in der Hoffnung auf diesen sicheren Lohn. Verzichte ich auf die Krone der ewigen Seligkeit, dann wäre ich doch sehr einfältig; denn ich bin gewiß nur ein schwaches Mädchen."

Nun sah er ein, daß sie unbeirrbar war, und führte sie wieder zu dem kranken Mann und sagte zu ihrem Herrn: „Es hindert uns nichts mehr; euer Mädchen ist durchaus für das Opfer geeignet. Nun könnt ihr froher Zuversicht sein, ich mache euch gleich wieder gesund." Und damit führte er sie zum zweitenmal in sein ärztliches Gemach, wo ihr Herr es nicht sehen konnte,

schloß vor ihm die Tür zu und schob einen Riegel vor; denn er
wollte ihn nicht sehen lassen, wie ihr Tod sich abspielte. In diesem
Gemach, in dem er auch all seine Heilmittel aufbewahrte, ließ er
das Mädchen gleich all seine Kleider ablegen. Sie war dabei so froh
und zuversichtlich, daß sie ihre Kleider geradezu herunterriß. Und
jetzt stand sie ohne Kleider, nackt und bloß, da und schämte sich
nicht im geringsten.

Als der Arzt sie so vor sich sah, sagte ihm eine innere Stimme,
daß es niemals ein schöneres Geschöpf Gottes unter den Menschen
gegeben hätte. Sein Erbarmen um sie wurde so stark, daß Herz
und Sinn vor seinem Vorhaben zurückbebten. Er hieß sie sich auf
den hohen Tisch legen, der vor ihr stand. Dann band er sie fest
und nehm nun sein scharfes, langes, breites Messer in die Hand,
dessen er sich für sein Handwerk zu bedienen pflegte. Es schien
ihm aber nicht so gut zu schneiden, wie er es wünschen mußte,
nun sie doch einmal geopfert werden sollte. Und so hatte er Mitleid
mit ihrer Qual und wollte ihr den Tod wenigstens erleichtern.

Nun sah er neben sich einen Wetzstein liegen. An dem begann
er es jetzt gemächlich zu wetzen. Als dies der arme Heinrich, der
vor der Tür stand, hörte, kam ihm voll zu Bewußtsein, was das
Mädchen ihm opferte, und heftiger Schmerz überwältigte ihn. Er
fühlte heißes Erbarmen, daß sie nicht mehr leben sollte. Und nun
spähte er herum, bis er ein Loch in der Wand fand und sie durch
die Spalte in ihrer Schönheit auf dem Tisch nackt und gefesselt
liegen sah. Bei ihrem Anblick ging er mit sich zu Rate, und dann
gewann eine neue Gesinnung über ihn Macht. Er sah ein, daß das,
was er beabsichtigt hatte, nicht das Rechte sei. Und so ging in seinem Innern plötzlich ein Wandel vor: die wahre Herzensgüte und
Menschenliebe trat an die Stelle seiner alten Überzeugung.

Als er das schöne Mädchen erblickte, sagte er zu sich: „Du hast
töricht gedacht, als du auch nur einen Tag länger zu leben Verlangen trugst gegen den Willen dessen, der über uns alle Gewalt hat.
Du weißt ja nicht, was du da vorhast, wenn du dies jämmerliche
Dasein, das Gott über dich verhängt hat, nicht freiwillig ertragen
willst, zumal du doch sterben mußt und nicht einmal weißt, ob

das Opfer des Kindes dich gesund macht. Was auch immer Gott
über dich bestimmt, laß dies geschehen! Du kannst das Todesopfer
des Mädchens nicht annehmen."

So war sein Entschluß rasch gefaßt. Er klopfte an die Tür und
bat um Einlaß. Der Arzt sagte: „Ich bin nicht bereit, euch jetzt
die Tür zu öffnen." - „Doch, ihr müßt mit mir reden." - „Ich
kann jetzt nicht, wartet, bis dies getan ist." - „Nein, ihr müßt mich
vorher hören." - „So sagt es mir durch die Wand!" - „Nein, so
geht es nicht." Darauf ließ ihn der Arzt hinein. Da trat der arme
Heinrich zu dem Mädchen, wie sie da auf dem Tisch gebunden
lag, und sagte: „Ich kann den Tod dieses schönen Menschenkindes
nicht ertragen. Möge, was Gott gewollt hat, an mir geschehen. Wir
wollen sie jetzt wieder aufstehen lassen. Euren Lohn, den ich euch
zugesagt habe, werde ich euch geben, aber bitte laßt das Mädchen
am Leben." Der Arzt freute sich, dies zu hören, und erfüllte gleich
seinen Wunsch und löste das Mädchen von seinen Fesseln.

Als das Mädchen erkannte, daß für ihren Herrn zu sterben ihr
jetzt vom Schicksal nicht bestimmt war, war sie tief bekümmert.
Sie vergaß sogar ihr gesittetes Benehmen, so überwältigte sie der
Schmerz. Sie schlug sich an die Brüste, sie riß an ihren Haaren
und gebärdete sich in ihrem wilden Schmerz, daß wer es nur angesehen, hätte weinen müssen. Sie schrie laut auf: „Weh und wieder
weh über mich Arme! Was wird jetzt mit mir geschehen, nun ich
die Krone der ewigen Seligkeit eingebüßt habe. Die wäre mir als
Lohn für den erlittenen Tod geschenkt worden. Jetzt aber bin ich
erst richtig gestorben. O mächtiger Herr Jesus Christus, was ist
jetzt an himmlischen Freuden meinem Herrn und mir geraubt!
Nun muß er ebenso wie ich diesen Lohn entbehren, der uns zustand, wenn dies Opfer vollbracht worden wäre. Dann wäre er
wieder gesund geworden, und ich hätte die ewige Seligkeit er-
langt."

So forderte sie eindringlich den Tod. Noch nie hatte sie so heftig
darum gekämpft, ihr ihre Bitte zu erfüllen. Aber als keiner ihrem
Wunsch nachgab, begann sie zu hadern. Sie sagte: „Jetzt muß ich
entgelten, daß mein Herr so furchtsam ist. Die Menschen haben

mir etwas Falsches gesagt, wie ich jetzt einsehe. Sie sagten immer, ihr wäret ein Ehrenmann, wärt tapfer und mutig wie ein rechter Mann. Aber bei Gott, sie haben gelogen. Ihr habt die Menschen getäuscht. Ihr wart und seid der größte Feigling. Das sehe ich daran, daß ihr nicht einmal ertragen konntet, was ich doch zu erleiden gewagt habe. Warum habt ihr solche Furcht, als man mich hier auf den Tisch band? Zwischen euch und mir war doch die dicke Wand. Habt ihr euch nicht getraut, den Tod eines anderen Menschen zu ertragen? Ich kann euch dafür einstehen, daß ein anderer euch nicht etwas verschafft, was euch nützt und heilsam ist.‟

Soviel sie auch bat und flehte und zürnte, es nützte ihr nichts, ihr war es bestimmt, ihr Leben weiterführen. Aber so sehr sie auch ihn anklagte, er nahm es freundlich und gut auf, wie es einem edlen Manne von ritterlicher Art ansteht. Als er, der nunmehr auf seine Heilung verzichtete, das Mädchen angekleidet und den Arzt so, wie es verabredet war, entlohnt hatte, machte er sich schnell wieder auf den Heimweg. Obwohl er voraussah, daß er dort aus aller Munde nur Spott und Schmähungen hören würde, stellte er aber alles Gott anheim.

Inzwischen hatte sich das treue Mädchen ausgeweint und war vor Schmerz fast gestorben. Da erkannte ER, der allen Menschen ins Herz blickt und vor dem kein Mensch sein Inneres verschließen kann, ihre Opferwilligkeit und ihre Herzensnot an, indem er in seinem heiligen Willen sich entschloß, sie wie den reichen Hiob nur gründlich zu prüfen. Und nun gab der heilige Christ ein Zeichen dafür, wie ihm Liebe und Barmherzigkeit wohlgefällig sind. Und er erlöste sie beide von allem Leid und reinigte ihn zugleich von seinem Aussatz, so daß er am Leben blieb.

Unter dem Schutz Gottes wurde Herr Heinrich auf seinem Heimwege von seinem Leiden befreit, so daß er wieder völlig gesund wurde wie vor zwanzig Jahren. Als ihm dieses Glück beschert, meldete er allen Bekannten zuhause davon und von der Gnade Gottes, so daß sie sich über sein Schicksal auch freuen konnten. Und mit Recht empfanden sie auch das Glück der Gnade, die Gott an ihm getan hatte.

Als die Seinen von seiner Ankunft hörten, gingen und ritten sie ihm eine Wegstrecke von drei Tagen entgegen, um ihn dort zu begrüßen. Sie konnten die Kunde nicht glauben, ehe sie es selbst gesehen hatten. Nun aber nahmen sie das Wunder Gottes an seinem schönen Leibe wahr. Von dem Meier und seiner Frau kann man es verstehen, daß sie es nicht mehr zuhause hielt. Die Freude, die sie empfanden, läßt sich nicht beschreiben; denn Gott schenkte ihnen die schönste Augenweide, den Anblick ihrer Tochter und ihres Herrn. Ein größeres Glück, als ihnen beiden jetzt widerfuhr, hat es nie gegeben. Als sie sahen, daß sie beide am Leben waren, wußten sie sich nicht zu lassen. Und ihr Willkomm äußerte sich merkwürdig zwiespältig: die Freude ihres Herzens war so groß, daß sie zugleich weinten und lachten. Ich übertreibe nicht: sie küßten ihre Tochter wieder und wieder.

Da bereiteten ihm die Schwaben mit einem schönen Geschenk einen besonders herzlichen Empfang. Jeder einsichtige Mann muß wirklich den Schwaben, wenn er sie in ihrem Lande gesehen hat, nachsagen, daß seine Landsleute niemals jemanden mit mehr Eifer empfangen haben als ihn jetzt bei seiner Heimkehr. Was sich in der Zukunft abspielte, davon brauche ich nicht viel zu erzählen. An Ehren und Besitz wurde er nun noch reicher als vordem. Aber jetzt verwandte er alles mit treuer Hingabe in Gottes Sinn und erfüllte sein Gebot treuer als vordem. Dafür ist jetzt auch sein Andenken gesegnet.

Der Meier und die Meierin hatten sich um ihn höchste Achtung und Lohn verdient. Er hatte zu ihnen das größte Vertrauen, daß sie es in edelster Weise anwandten: er gab ihnen jetzt zum Besitz das breite Rodland, Land und Leute, zu eigen, wo er als Kranker gelebt hatte. Seine kleine Freundin stattete er mit Geld und Aussteuer aller Art aus wie eine Edeldame oder gar noch besser; dies schien ihm eine Pflicht zu sein.

Nun aber rieten ihm seine weisen Ratgeber mit empfehlenden Worten zu heiraten. Doch man wurde sich noch nicht schlüssig. Er sagte ihnen seine Meinung: wenn es sie gut dünkte, würde er seine Verwandten holen lassen und sich mit ihnen darüber verständigen, wozu sie ihm raten würden. Er ließ von überall die, die ihn anhören wollten, holen. Als seine Verwandten und Untergebenen beieinander waren, eröffnete er ihnen, worum es ging. Nun sagten sie alle, es wäre gut und recht. Dann aber erhob sich untereinander ein Streit bei der Beratung: der eine riet zu der einen Frau, der andere zu einer andern, wie es die Gewohnheit der Menschen bei einer Beratung ist.

Da nun ihre Vorschläge auseinandergingen, sagte Herr Heinrich: „Ihr wißt wohl, daß ich vor kurzem noch allen Menschen widerwärtig war. Jetzt flieht keiner mehr vor mir; denn Gott der Herr hat mir die Gesundheit wiedergeschenkt. Gebt mir nun bitte einen solchen Rat, daß ich es vor Gott, der mir diese Gnade der Wiedergesundung erwiesen hat, richtig vergelte." Sie sagten: „Faßt einen Entschluß, der euch, euer Leben und euren Besitz immer in Gottes Hand gibt." Nun stand seine kleine Freundin neben ihm. Er sah sie dankbar an, dann umarmte er sie und sagte: „Euch ist doch sicher gesagt worden, daß ich diesem treuen Mädchen meine Gesundung verdanke. Jetzt ist sie, die hier neben mir steht, von gleichem, freien Stande wie ich. Mir rät jetzt eine innere Stimme, sie zur Frau zu nehmen. Möge es euch rechtmäßig erscheinen, dann soll sie meine Frau sein. Sonst werde ich unvermählt sterben; denn ich habe mein Leben und meine Achtung nur durch sie wiedergewonnen. Aber ich bitte euch vor Gott, daß es euch wohlgefallen möge."

Nun sagten sie alle übereinstimmend, es wäre ein höheres Geschick. Und da waren auch die Priester bereit und gaben sie ihm zur Frau. Nach einem langen, gottgefälligen Leben erwarben sie sich das Himmelreich. Möge es uns allen auch zuteil werden! Den Lohn, den die beiden dort empfingen, möge Gott auch uns schenken!

Moriz von Craûn

Ihr habt schon sehr oft davon gehört, und es ist euch ausdrücklich als Wahrheit zu Ohren gekommen, daß das Rittertum einstmals in hoher Geltung gestanden hat. So sollte es auch in Zukunft immer sein! Wir vernehmen aus Büchern, wo es seinen Ursprung hat und wohin es später weiter verpflanzt wurde. Griechenland heißt das Land, wo man ritterliche Standeskultur zuerst ausgebildet sah; dort verfiel sie dann später. Bei den Griechen hatte das Rittertum begonnen, als sie mit aller Macht Troja belagerten um Helenas willen. Da konnte man, wie erzählt wird, das ganze große Heer der Griechen glanzvoll vor Augen sehen, wie sie Tag für Tag gemeinsam um ritterlichen Ruhm wetteiferten. Aber Hektor und Paris und ihre Brüder Helenus, Deiphobus und Troilus, die kühnen Kämpfer, verteidigten ihre Stellung zäh gegen die Feinde vor der Stadtmauer und zahlten den Griechen ihren Übermut so wirksam heim, daß diese sich mit Toten und Verwundeten wieder in ihr Lager zurückziehen mußten. In Angriff und Verteidigung kamen die Griechen nie zur Ruhe; sie hatten viele Jahre lang die Mühen des Kampfes zu erdulden.

Ich könnte euch von Troja noch vieles Weitere erzählen, aber wozu? Wir wollen damit abbrechen; denn das kann doch niemand erschöpfend darstellen. Dares, der mit dabei war und nachts immer aufschrieb und gleich weitergab, was am Tage vorgegangen war und wie er es mit eigenen Augen gesehen hatte, bei dem fehlt die Geschichte, wie die Trojaner ihren Besitz verteidigten, solange Hektor lebte und für sie kämpfte. Aber als Hektor gefallen war, war es von Tag zu Tag schlimmer um Troja bestellt: *er* war Troja! Pandarus und Äneas kämpften auch mit Leidenschaft vor aller

Augen an der Spitze, wo man Heldentaten vollbrachte. Viele heldenhafte Kämpfe fanden da vor Troja statt(man konnte das Blitzen der einzelnen Schwerter gar nicht mehr deutlich unterscheiden). Ein Feigling hätte da keinen Platz gehabt, wo die Kämpfer aus aller Herren Länder ununterbrochen gegen die Trojaner kämpfen mußten; denn an den Kampftagen ging es heiß her. Da wäre jeder Feigling schon aus bloßer Angst gestorben; die hätte ihn überhaupt nicht losgelassen. Aber als die Trojaner ihren Hektor verloren hatten, den sie als Schutz besaßen, ging es jeden Tag mehr mit Troja abwärts, bis es schließlich zerstört wurde.

Es ging in Troja ein gewaltiges Ringen vor sich; doch das ist ein eigener Roman, den ich liebend gern ausführen würde, wenn ich Bescheid wüßte; aber ich habe es unterlassen, weil ich mit dem Stoff nicht genügend vertraut bin.

Bei den Griechen zeigte es sich: echtes Rittertum kann es überhaupt nur da geben, wo man es mit Liebe übt. Wer ritterliche Art mißachtet, dem versagt es sich. So geschah es bei den Griechen. Als das Rittertum dort schmerzlichen Niedergang erleiden mußte, verließ es Griechenland. Nach ritterlichen Idealen zu leben, verlangt natürlich großen Aufwand; das ist eine uralte Erfahrung, die aber durch ihr Alter nichts an Wert eingebüßt hat; sie wird jeden Tag neu gemacht und verbreitet sich weithin über die ganze Welt. Ehrenvolle Haltung und niedere Gesinnung schließen einander aus. So viele Länder der tapfere Alexander auch für sein Griechenvolk hinzuerobert hatte, sie verloren alles wieder, natürlich sehr unfreiwillig. Daran war ihre niedere Gesinnung schuld: einst hatte man ihnen Tribut gezahlt, jetzt müssen sie zahlen. Darum spürt ein rechter Mann den Drang, Ruhm zu erwerben – der bleibt untilgbar bestehen.

In der folgenden Zeit war keine Stadt in der Welt an Herrschermacht Rom vergleichbar; Rom war jetzt der Mittelpunkt der Welt. Die stolzen Römer übernahmen das Rittertum, und zugleich wurden sie dessen inne, welche Steigerung des Lebensgefühls damit verbunden war. Und von Tag zu Tag vermehrte sich noch dies Glück. In Rom lebte das Rittertum weiter, als es aus Griechenland vertrieben worden war. Und gleich als es dort Fuß gefaßt hatte, nahm es der große Julius Caesar wie ein echter Ritter in seine Pflege und unterwarf sich alle Reiche und Völker, daß sie ihm dienten. Er errang sich solchen Ruhm, daß kein anderer je größeren haben wird, solange die Welt steht. Wen es treibt, immer nach dem Höchsten zu streben, dem wird auch Erfolg beschert. Auf der andern Seite gibt es viele Leute, die ich wie das liebe Vieh ohne ein Gefühl für Ehre dahinleben sehe. Wofür lebt solch ein Mensch? Der vergeudet ganz sinnlos alle Gnade und Hilfe, die Gott den Menschen geschenkt hat.

Rom wahrte seine überragende Machtstellung bis zu Kaiser Nero, der später zur Herrschaft gelangte. Der war ein wahrer Unhold; denn alles, was ihm nur in den Sinn kam, gleichviel ob es gut oder böse war, setzte er auch in die Tat um, und nichts konnte ihn davon abbringen, das, was ihm seine üppig schweifende Phantasie nur vorgaukelte, auch zu verwirklichen. Er ließ sich wie ein Weib behandeln und hielt sich auch Männer statt einer Frau.

Eines Tages lag er auf seinem Lager und dachte immerfort daran, wie wohl einer Frau zumute sei, die schwanger ist und ein Kind zur Welt bringt. Das wollte er gar zu gern wissen. Da ließ er schnell einen Arzt holen und sagte: „Wie kannst du es bei mir bewerkstelligen, daß ich ein Kind kriege? Richte dein ganzes Bemühen darauf; das hast du sehr nötig; sonst mußt du sterben." Der Arzt antwortete: „Dir kann geholfen werden, deine Bitte erfülle ich", und verabreichte ihm ein Mittel, daß eine Kröte in seinem Magen wuchs. Von nun an trug der König eine sehr schwere Last, die er sich leicht hätte ersparen können. Als die Kröte in ihm heranwuchs und dicker wurde, glich er von vorne einer schwangeren Frau. Und nun tat es ihm ständig leid, daß er damit angefangen hatte; denn er fürchtete die Schmerzen der Geburt. Da sagte er zum Arzt, er solle das Kind abtreiben und ihn von der Schwangerschaft befreien. Der tat, wie ihm geheißen war, und half ihm, daß er die Kröte ohne Schaden wieder los wurde.

Nero war ein dicker Mann mit starkem Knochenbau, aber seine Mutter war zierlich gebaut. Da plagte ihn ununterbrochen die

Neugier, wo irgend in ihr eine genügend weite Stelle wäre, daß sie ihn hatte zur Welt bringen können, und er ließ nicht davon ab, er mußte auch das ausfindig machen und hieß sie aufschneiden. Das mußte sie infolge seiner niedrigen Lust über sich ergehen lassen. Er sah ihr unter die Brüste, den ganzen Körper herunter, und betrachtete alles, was ihm wissenswert schien.

Der König beging noch viele Frevel. Hört bloß, wie er es anstellte, sogar Rom zu zerstören. Man hatte ihm erzählt, wie es vorher bei der Eroberung Trojas zugegangen war. Da ließ er seine ganze Leibgarde kommen und beklagte sich bitter bei ihnen: „Die Römer haben mir so viel Unrecht zugefügt, daß ich mich nicht beruhigen kann; ich veranlasse jetzt, daß sie streng zur Rechenschaft gezogen werden. Von diesem Entschluß lasse ich nicht ab; ich verspreche lieber hoch und heilig, jeden, der mir bei meiner Rache hilft, zuguterletzt gewaltig und mächtig zu machen." Darauf brachen die Helfershelfer des Kaisers auf seinen Befehl gegen die Senatoren von Rom einen heftigen Streit vom Zaun, und nun gab er Befehl, in vielen Straßen Feuer anzulegen. Diesen ungeheuren Frevel beging er, bloß um zu wissen, was einst sich in Troja ereignet hatte. So wurde das gewaltige Rom durch die Feuersbrunst verwüstet. Auf beiden Seiten kamen viele brave Leute zu Tode. Tausend Jahre lang sind solche Schandtaten in ihrem Lande nicht vollbracht worden wie in jener Zeit. Noch heute sieht man viele Paläste zerstört; nur durch Neros Schuld ging das große Rom ganz in Flammen auf.

Nun mußte das Rittertum von dort ausziehen; denn Rom war arm geworden an Menschen und Besitz, und infolge der großen Schrecknisse hatte das Rittertum auch allen Stolz eingebüßt wie ein armes Waisenkind. In jämmerlichem Zustand gelangte es nach Frankreich und führte dort lange ein kümmerliches Dasein, bis später Karl der Große mit Macht die Herrschaft ergriff. Oliver und Roland, die Tapferen, erkoren sich das Rittertum als Ideal und dienten ihm als seine Paladine. Dadurch wurde ihr Ruhm weithin groß, und als ihre Landsleute sahen, welches Ansehen die beiden errungen hatten, eiferten sie ihnen nach. So ging es mit ih-

nen allen aufwärts. Kein anderes Land, wo immer Menschen leben,
hat je herrlicher und glücklicher als Frankreich gelebt; denn dort
steht das Rittertum noch heute in Blüte; es ist da geachtet und
geliebt. Später haben sich auch andere Länder nach seinem Vorbild
durch das Rittertum geadelt. Die Ritter dienen dort nämlich vorbildlich um die Huld schöner Frauen; denn man lohnt ihnen dort
auch bereitwilliger als irgendwo anders.

Dort lebte nun ein Ritter, es ist noch nicht lange her, der richtete
alle seine Gedanken auf die Minne zu einer Frau; sein Herz trieb
ihn dazu, der Gräfin von Bêamunt beharrlich zu dienen; denn eine
edlere Frau kannte er nicht. Er hieß Herr Moriz, und seine Stamm-
burg hieß Craûn; er war ein hochberühmter Ritter. Er war gewillt,
jeden Tag in unbeirrter Treue Minnedienst zu leisten; Turniere zu
besuchen und großzügig aufzutreten war sein höchstes Lebensideal, und all sein Hoffen war auf Minnelohn gerichtet. Wenn er
ins östliche Frankreich, ins Grenzland zum Turnier zog, gab es
auf keiner Seite irgendeinen Mann, der so tapfer kämpfte und so
oft wie er den Siegespreis davontrug. Er war stattlich und fein gebildet, von untadeligen Anlagen, ein Musterbild höfischer Vollkommenheit. Daher stand sein Name in hohem Ruhm, und mit
gutem Grunde war er bei allen Menschen sehr beliebt.

Da das Schicksal es so gut mit ihm gemeint hatte, lebte er ganz
nach Art edler und hochgemuter Ritter, die Minnedienst leisten
und in Kauf nehmen, was ihnen daraus erwachsen mag. Freilich
bleibt solch einem Mann dann das eine nicht erspart: wer in ganzer
Treue liebt, lädt unvermeidlich Opfer und Mühen auf sich! Erwirkt ihm jedoch sein treuer Dienst schließlich Belohnung, so findet er Entschädigung für alles vorher Erlittene (falls er sich wirklich
aufrichtig gemüht hat), und dann erscheint ihm alle Mühe süß und
schön; denn nie peinigt ihn der Schmerz darüber, daß er es auf
sich genommen hat, und er wird aufs reichste belohnt.

Übrigens sagen viele Leute dagegen, der Mensch mit seinen
Geisteskräften sei doch Herr über alle Geschöpfe auf Erden. Ja,
aber Frau Minne zwingt unvermutet rasch den Menschen noch
mehr zum Gehorsam, als es selbst der Kaiser vermag. So zwang

auch unsern Helden dieser Liebesbann, zu tun und zu lassen, was ihm Frau Minne gebot, ob es ihm nun lieb oder leid war.

Wer Frau Minne richtig kennengelernt hat, der weiß es ganz genau, daß sie das Herz in ihrer Feuersglut verbrennt; der muß sich vor ihr in Acht nehmen, wie er sich vor Bösem bewahre. Was ihm an Opfern abverlangt wird, soll ihm ein Nichts bedeuten. Das muß man einsehen, daß man durch Schonung seines Gutes niemals Ruhm erwerben kann. Keiner kann verlangen, ohne Opfer lieben zu dürfen, es sei denn, er hat seine Vernunft eingebüßt – denn Opfer gehören nun einmal zur Liebe. Wer sich der Göttin Minne anheimgibt und sein Ziel schließlich so erreicht, daß ihm alles zum Heile gedeiht, der versehe sich zuvor mit größter Ausdauer, damit er sie dazu bringt, ihm das höchste Glück zu schenken.

Jedem, der Minne mit Vernunft üben will, möchte ich den guten Rat geben, vor allem den Wankelmut zu lassen und sich zur Treue zu erziehen. Dann belädt er sich zwar mit einer süßen, schweren Last, aber führt alle seine Wünsche zu einem guten Ende. Untreue gibt es viel auf der Welt. Wenn einer sich der Untreue verschrieben hat, so muß ich immer an zwei Diebe denken: wird der eine von ihnen gehenkt, so denkt der andere nicht etwa daran, sein Stehlen deswegen zu unterlassen oder auch nur einzuschränken. Wie oft sieht nicht ein Treuloser, daß nur Treue belohnt wird; aber das ist wie in den Wind geredet; denn für ihn kann es nichts Schöneres als Stehlen geben.

Ich könnte Euch über dies Thema noch vieles erzählen; aber ich muß noch einen andern Schmerz abladen. Es hat sich unter den Menschen eine Gewohnheit eingebürgert, die auch vielen edlen Dienern der Minne Schaden zufügt, und das ist etwas wirklich Ehrloses. Wir wollen wünschen, daß unser Heiland sie davon abbringe. Ich umschreibe diese Gewohnheit mit den Worten Ausschweifung und Verderbtheit. Möge Gott doch die anständigen Menschen davor bewahren! Denn sie bringen sich damit ins tödliche Verderben. Für die niedrige Menge bitte ich nicht; die mögen tun, wie es ihrer Natur liegt, und die sich widerstandslos mit diesen einlassen, die bezeichne ich als übles Gelichter. Aber wo die Menschen es als Gewerbe betreiben, machen sie sich geradezu mit jenen gemein und werden noch ausschweifender. Ich würde nicht einmal für klingenden Lohn so etwas tun (wozu mich erst recht nie und nimmer jemand brächte, wenn ich etwas dafür bezahlen sollte). Das aber machen ja die Weiber: doch die Not allein macht sie leichtfertig; dagegen ist die Schande der Männer doppelt so groß, weil sie das Laster noch mit Geld erkaufen. Diesen Liebeshandel muß jeder tadeln, und mit vollem Recht; denn es ist schändlich, wenn man seine Standesehre um bloßer Lust willen aufs Spiel setzt.

Viele Männer führen nun ihr Leben so, daß sie lieber auf alle Frauen verzichten, ehe sie um einer edlen Frau willen auch nur eine kleine Last auf sich nehmen wollen. Solch ein Mann hat seine fünf Sinne nicht richtig beisammen, denn er hält für Gewinn, was in Wahrheit ein großer Verlust ist. Ich jedenfalls würde es als Gewinn betrachten, wenn ich bei einer edlen Dame durch Minnedienst zu meinem eigenen Besten um Ruhm und Lohn werben dürfte. Ja, es ist eine Verpflichtung, zu der ich mich bekenne.

Herr Moriz wußte ein untadeliges Leben zu führen, und darum erfreute er sich der Gunst edler Frauen; an sie hielt er sich allein; denn der Lohn der niedrigen Weiber ist wertlos. Aus der großen Schar der Frauen hatte er sich eine erkoren und widmete ihr ununterbrochen seinen Dienst. Wer überhaupt einer Frau dient und diesen Dienst ernst erfüllt, der mache es in einer sie beide ehrenden Form und nur bei einer Frau, bei der er auf Erwiderung hoffen kann. Denn was für Lohn unedle Frauen auch geben mögen, sie machen dem Manne sein inneres und äußeres Leben zuwider und rauben ihm alle Lebensfreude. Die edlen dagegen schenken hohes Lebensgefühl, und für die gebrachten Opfer erwirbt man als Lohn von ihnen auch die Achtung der Welt. Diesen Frauen in rechter Weise zu dienen wird ein Mann, der glücklich sein will, als Pflicht ansehen, soweit er es versteht.

Soviel unser Herr Mauritius nun auch seiner angebeteten Herrin ununterbrochen als treuer Diener gedient, er hatte doch so lange auf Erhörung von ihr warten müssen, daß er schließlich in seiner Gesinnung gegen sie schwankend geworden war. Seine Freude begann ganz dahinzuschwinden. Eines Nachts lag er allein und sann nach über seinen Kummer. Er sagte sich: „Mir ist es schon leid, daß ich überhaupt geboren wurde. Soll ich denn so ganz und gar alle Hoffnung auf einen guten Ausgang, die ich so lange nährte, aufgeben? Meine Herrin lohnt mir ja gar nicht, an die ich so viele Dienste gewendet habe; sie will nichts davon als genügend ansehen. Da kann ich doch niemals froh werden." – Sein zweiter Gedanke hinwiederum war: „Das habe ich mir nicht richtig überlegt. Gerade dieser Dienst hat meinen Ruhm verbreitet über alle Länder, so daß man mich sehr hoch einschätzt. Auf diese Weise hat mir meine Herrin schon ihren Lohn gewährt, und welche Art von Belohnung könnte wohl edler sein? – Anderseits muß ich natürlich Leid ertragen; wie könnte ich das überhaupt vermeiden? Denn jeder, der nach höherer Geltung zu streben unternimmt, muß auf ein bequemes Dasein Verzicht leisten. Doch wird ein Mann in meiner Lage, wenn er sich von Sorgen entlasten will, daran denken müssen: auch wenn es noch so hoffnungslos für ihn steht, schließlich wird noch alles gut werden. Übrigens ist schon dieser Gedanke gegen Schwermut der allerbeste Schutz. – Nein, ich glaube, ich bin kindisch. Meine Zeit geht doch ohne Zweck und Sinn hin. Ach, noch niemand ist so schmerzlich gepeinigt worden wie ich. Hört nur: ich habe mit ausdauernder Treue eine Frau geliebt, die mich zum Dank dafür mit Verachtung straft. Gefleht und gebettelt habe ich vor ihr, und doch finde ich nur Ablehnung. Wie besteht überhaupt die Möglichkeit, mit ihr glücklich zu sein, da ich die schmerzliche Gewißheit vor mir sehe, daß ich niemals Belohnung oder auch nur das Versprechen eines Lohnes von ihr erhalte, um deretwillen ich doch auf alle andern Frauen Verzicht leiste. Ich diene und mühe mich ab, bis ich noch ganz zugrunde gehe – das ist ein hoffnungsloses Sichaufreiben! Besser wäre für mich ein rascher Tod, als so in Liebesfesseln gekettet zu sein. Sie muß mich retten, sie allein unter allen Frauen, oder ich muß für immer auf alle Liebe verzichten."

Dann kam ihm sein Leiden wieder neu zu Bewußtsein: „Wozu schleppe ich diesen maßlosen Schmerz immer mit mir? Ich bringe mich noch um den Rest meiner Vernunft! Wer sich an ewige Sorgen gewöhnt hat, dem macht es schon gar nichts mehr aus, wenn er unglücklich liebt. So ist es mir auch ergangen. Ich muß es wirklich sagen: richtiges Glücklichsein war mir immer fremd; nur vom Hörensagen weiß ich es, worin das Glück für den Menschen besteht. Jedesmal wenn ich daran denke, wünsche ich mir, es ebenso wie andere zu haben. Aber wie kann ich mich von meinen tausend Sorgen befreien, wenn meine geliebte Herrin sich nicht entschließt, mich zu erlösen? Ach, es ist schändlich von ihr, daß sie mir nicht wenigstens die volle Klarheit gibt – ich bin jedenfalls keinen Tag weiter bereit, ihr um der Gloriole des Liebestodes willen mein Leben zu opfern. – Doch zuvor möchte ich es noch einmal versuchen, ob sie nicht vielleicht so gnädig ist, mich von meinem Leid zu befreien. Würde sie mich doch noch mit ihrer Liebe trösten, so wäre ich ein für allemal der glücklichste Mensch. – Natürlich muß ich darauf gefaßt sein, was mir schon früher widerfahren ist (vorausgesetzt, daß ich noch einmal den Tag erlebe, an dem ich mit ihr offen sprechen kann), daß mir ihr steinhartes Herz für meinen Dienst als Lohn nur Empörung einträgt. Darum steht es ja um meinen Erfolg bei ihr so aussichtslos. – Doch nein, das ist ein Mangel an Selbstvertrauen, wenn ich mir die Hoffnung auf einen guten Ausgang selbst raube, und eine große Dummheit, wenn ich etwas, das ja erst kommen muß, einen möglichen Erfolg, schon als Mißerfolg betrachte. Hätte es das Schicksal bisher besser mit mir gemeint, das Schicksal, das ich jetzt voll auszukosten habe, so hätte es mir doch wenigstens die Hälfte des Leides erspart. – Aber nein, sicher bedenkt sie sich noch eines Besseren! Ach, könnte ich es doch nur wissen, ehe ich vor sie trete."

Unter diesem Hin und Her von Verzweiflung und Hoffen war er wieder zu ihr gekommen. Sobald er sie erblickt hatte, erging es ihm merkwürdig. In seinem Gesicht hatte die Angst zunächst alle Blässe in Röte verwandelt, dann aber war diese wieder ganz verschwunden. Aschgrau war er geworden, ehe er auch nur die Sprache wiederfand. Er wußte nichts, kein zartes und kein lautes Wort zu sagen, so daß es der Dame schon peinlich wurde. Sie sprach: „Warum stellt Ihr euch so an?" – „Gnädige Frau, ich bin so traurig." – „Warum denn, oder dürft ihr mir gar nichts davon sagen?" – „Nein, ich muß es hinunterschlucken." – „Was ist euch denn passiert?" – „Gnädige Frau, darf ich wirklich sprechen?" – „Ja, sagt, was euch fehlt." – „Ach, ich bin tief unglücklich." – „Nun, das kann euch schon traurig machen." – „Ja, das tut es auch, o meine Herzenskönigin." – „Drückt euch vielleicht sonst noch etwas?" – „Ja, ich habe sogar körperliche Schmerzen." – „Wo?" – „Überall." – „Dann müßt ihr ein Pflaster auflegen." – „Ich kann es nicht und verstehe nichts davon." – „Aber ihr seid doch ein standhafter Mann!" – „Ach, gnädige Frau, mit meiner Kraft ist es zu Ende." – „Und ihr sucht bei mir Hilfe?" – „Ja, gnädige Frau, ich bitte darum." – „Geht doch lieber nach Salerno; wenn ihr überhaupt noch Heilung findet, da gibt's so viele Ärzte, die machen euch gesund, soweit ihr heilbar seid; das könnt ihr mir glauben."

„Ach, gnädige Frau, laßt bitte endlich diesen Hohn, darum bitte ich dringend. Ihr wißt ganz genau, daß ich aus Liebe zu euch meine Besinnung verloren habe. Ihr raubt mir damit mein Lebensglück; das bedeutet für mich einen Raub, gegen den ich mich unbedingt wehren muß. Ach, Herrin meines Glücks, bitte erhört mich doch, oder es bleibt mir nur noch der Tod. Von euch möchte ich als Entscheid ganz bestimmte Hoffnung oder den Tod. Und deswegen bin ich hier. Und nun wünsche ich zu hören, wie ich von euch gehen muß: unendlich reich oder unendlich arm."

Da erwiderte ihm die Frau: „Obwohl ich keine Schuld habe, so werde ich mich doch einmal für schuldig erklären. Ja, ihr habt mir euer ganzes Leben lang so eifrig und hingebungsvoll gedient, daß ich das Bedürfnis spüre, euch dafür zu belohnen. Ehe ich noch länger die Verantwortung für euer Lebensglück trüge, würde ich sogar – glaubt mir – lieber etwas tun, wovon ich dann vielleicht Schaden hätte. Schon lange ist es mein Vorsatz: ich möchte euch schon lohnen, soweit es in meinen Kräften steht. Aber mancher Mann, der treu gedient hat, ist in der freudigen Aussicht auf gute Belohnung voreilig zum Diebe geworden. So muß ich wohl

schließlich als Entgelt für euren Dienst meine Frauenwürde auf
die Waagschale legen: einen anderen Ausweg kann es nicht geben,
also denn: ‚Du bist mein und ich bin dein‘. (Ja, dies Wort sagte
die Frau Gräfin.) Aber für den letzten Liebeslohn vollbringe nun
auch eine besondere Leistung für mich; ich werde es dir zuliebe
heute und jeden Tag vergelten."

Nur mit großer Ungeduld konnte er erwarten, was sie forderte.
„Veranstalte ein Turnier vor der Stadt, damit ich endlich hier einmal eins mit eigenen Augen sehe. Mache es doch so, daß es rasch
zustande kommt, denn ich habe noch nie ein Turnier erlebt. Und
du sei dann hier mein Ritter, ich werde es dir, wenn es mir möglich
ist, lohnen." Da ward er der glücklichste Mensch von der Welt.
Sie zog heimlich einen kostbaren Ring mit einem Edelstein von
der Hand und steckte ihn Herrn Moriz an den Finger. Damit
dachte sie ihn als ihren Ritter zu kennzeichnen, dem sie angehören
wollte.

Er nahm sofort Abschied. Sie küßte ihn auf den Mund und sagte
ihm Lebewohl. Sie hob ihren weißen Arm und umarmte ihn liebevoll. Vor Freude darüber verging all seine Not und Mühsal, die
er ihretwegen so lange erlitten hatte.

Unser Held Moriz von Craûn beauftragte viele Knappen, dies
Turnier in den Landen weithin auszurufen. Und nun möchte ich,
so gut ich es kann, euch erzählen, wie er sich dazu rüstete. Er ließ
ein Schiff bauen von ganz wunderbarer Art, das sollte ungehindert
frei über Land sich bewegen, als ob es auf dem Meere schwimme.
(Es wurde nur um Aufsehen zu erregen gebaut). Der Baumeister
des Schiffes mußte viele Kosten und großes Können daran wenden, bis es fertig wurde. Hört bloß, wie er das Schiff sich ausgedacht hatte – hoffentlich kann ich es euch ganz deutlich beschreiben. Es ruhte auf einem Untergestell aus leichten Balken und war
genau wie ein richtiges Schiff geformt, so wie sie jetzt auf dem
Rhein nach Köln fahren. Der Baumeister ließ es mit einem Fußboden und einer Decke versehen; rundherum an beiden Seiten bohrte
man in den Boden viele Löcher, in denen Fahnenstangen stehen
sollten.

Damit das Schiff sich fortbewegen konnte, ließ er ein Fahrgestell herumbauen, und auf dieses Gerüst wurde es wie ein prachtvolles Bauwerk gestellt, so daß man es auf Rädern vorwärts bewegen konnte. Er hatte sogar einen Wagen nach Flandern geschickt, um roten Wollstoff herbeizuschaffen; damit umkleidete man die ganze Außenwand des Schiffes. Der Meister selbst ging außen herum und schlug ihn eigenhändig an den Balken mit langen kostbaren Nägeln fest; die waren aus glänzendem Silber. Die größte Mühe wandte er an dies mit Stoff umkleidete Schiff, damit es ja Eindruck vor den Leuten machte. Er verbrauchte sehr viele Nägel für das Schiff; denn er ließ auch den Schiffsschnabel und das Heck mit Gold beschlagen mitsamt dem hohen Mast. Dann richtete er den Mast auf und befestigte das Hauptsteuer; das war alles wie bei einem richtigen Schiff. Er wollte noch mehr Takelage für sein Schiff haben, als ob es wirklich aufs hohe Meer gehen sollte. Es war ein ganz fabelhaftes Vehikel. Die Anker waren aus Messing, das Geländer rundum aus Seide geflochtene Taue. Das hätte er schon bescheidener machen können – es war eine maßlose Verschwendung – denn es stand ja auf trockenem Lande. Und die das Schiff zu sehen bekamen, Fremde und Einheimische, sagten: „Was soll das bedeuten? Die Maas und der Rhein sind doch weit weg! Wie will er es denn von der Stelle bringen? Es ist doch ganz weggeworfenes Geld. Er fürchtet wohl gar die Sintflut und will sich dann darin retten – welchen Zweck kann es sonst haben?" Jedenfalls verbreitete sich das Gerücht von dem Schiff wie ein Lauffeuer, noch ehe es seine Fahrt überhaupt antrat.

Als es nun fertig dastand, wurde es überall auch mit den Wappenfarben versehen, und auch die Besatzung und die Steuerleute trugen Röcke mit demselben Wappen, wie es auf seiner kostbaren Pferdedecke war, und die sahen aus, als ob sie ihnen ein und derselbe Schneider angefertigt hätte. Nun ließ er – ach, ich kriege es alles gar nicht zusammen! – erst einmal die Ruder auf das Schiff schleppen und dann ein ganzes Fuder von Speeren mit Wimpeln. Unter denen waren dreihundert noch von den anderen unterschieden, genau abgezählt und in der Farbe des Mastes. An jedes von ihnen hatte man ein prächtiges Fähnchen angebunden wie ein Segel. Die Speerstangen ließ Herr Moriz in ihre Löcher stecken und gleichmäßig ausrichten. Außerdem hatte er noch andere weiße Speere. Es war schon fast unglaublich, daß er sie alle an einem Tag verstechen wollte, sich selbst und ihr zum Ruhm.

Nun brachte er mit List und Tücke, ohne daß ein einziger es merkte, Pferde in das Schiff, die es ziehen sollten, wenn sie losfahren wollten. Zwischen den Fußbodenplanken und den bespannten Wänden machte man Riemen fest und spannte die Pferde dort ein. Das war ein schlauer Gedanke, daß von außen keiner sehen konnte, wie es innen arrangiert war, und sie machtten es so versteckt, daß jeder, der das Ganze mit eigenen Augen sah, schwor, es wäre ein Trugbild. In halber Höhe des Mastbaumes hing man seinen Schild an; wie eine italienische Kriegsstandarte leuchtete sein Segel über das Land, so daß man ihn an dem Mast von weitem erkannte.

Als der Schiffsherr das Schiff bestiegen hatte, ließ er seine Leute ständig die Hauptstraße vermeiden, weil er dort nicht gut vorankam, und ununterbrochen querfeldein über Land fahren. Da zogen ihm die Menschen nach wie einem Brautzug und guckten, was es da wohl gäbe. Seine Schiffsmannschaft sang und ruderte, aber sie markierten ihre Anstrengung bloß (denn durch ihr Rudern ging es auch nicht ein bißchen rascher vorwärts).

In diesem ritterlichen Aufzug fuhr er durch Frankreich zu seinem Turnier. Da begegneten ihm auf dem Wege viele Leute, Ritter und Edelfrauen, alt und jung, die sich das Schifff ansehen wollten. Ein richtiger Segelwind trieb ihn ans Ziel, auf das Feld vor der Stadt. Da wurde auch sein Zelt aufgeschlagen; denn er ging dort gleich an Land. Sein Landungsplatz lag auf einer Wiese über einer Quelle, die dort entsprang. Es dauerte gar nicht lange, und es kamen alle Einwohner aus der Stadt lustig herangezogen und gafften den Schiffsherrn wie ein Wundertier an.

Sein Zelt war sehr vornehm; auf den Zeltwänden und auf dem Überzug oben war sein Wappen angebracht. Darauf hätte er nur höchst ungern verzichtet; denn er konnte es mit Stolz vorweisen.

Mit den besten Zeltschnüren war es auf dem Rasen befestigt; der
Zeltknopf an der Spitze leuchtete wie ein Spiegel. Unter dem Zelt
waren lange und breite Polster ausgebreitet, mit goldenen Brokat-
mustern verziert. Darauf konnten sich die Gäste niederlassen.
Kostbare Edelsteine waren an den Zeltstangen angebracht. Wer
seine Bewirtung in Anspruch nehmen wollte, wurde freundlich
empfangen. Da stand ein Holzgefäß voll Wein, so klar wie ein
Bergquell; darin schwamm ein Becher aus gemasertem Holz, so
daß jeder eigenhändig schöpfen und trinken konnte, wenn ihn der
Durst dazu antrieb. Noch nie hatte es einen Ritter gegeben, der
die Spielleute, die dorthin kamen, so reich beschenkte. Denn da
waren so viele von dieser Zunft in und vor dem Zelt versammelt,
daß man mit ihnen ganze Häuser hätte versetzen können. Als es
mit dem Tageslicht zu Ende ging, wurden viele dicke gedrehte Ker-
zen angezündet, so daß die Leute auf der Burg es für ein Feuer
halten mußten, als ob eine Scheune brenne. Sein Zelt war so prächtig, daß es, wenn er da im Lande rechtmäßiger König gewesen
wäre, ihnen jedenfalls keine Schande gemacht hätte.

Am Morgen nach Tagesanbruch beschlossen die Ritter, zu dem
Schiff zu gehen, nur erst die Messe zu hören; das taten sie alle
gemeinsam. Der Schiffsherr freute sich so darüber, daß er gar nicht
wußte, was er anstellen sollte. Für je zwei von ihnen briet man
ein Hühnchen, die aßen sie, als die Messe vorüber war; dazu trank
jeder von ihnen, so viel er wollte. Dann machten sie sich alle schnell
auf und waffneten sich.

Sobald der Herr von Craûn Zeit und Bewegungsfreiheit hatte,
legte er erst ein Wams aus Buckram an. Dann ließ er sich weichen
Filz reichen und band ihn als Polster auf seine Knie; so pflegte
er sie für alle Fälle zu schützen. Dann ließ er sich glänzende Stahl-
hosen anschnüren, fest, aber nicht zu schwer; denn er wünschte,
möglichst leicht gerüstet zu sein. Er konnte dann damit herum-
springen wie ein Reh. Einen wertvollen Gürtel schlang er sich um
seine Hüften und band die Hosen sorgfältig daran fest. Dann
brachte man ihm eine Eisenkappe herbei, die umschloß seine Stirn
ganz fest, so daß ihm niemand auch nur die Haut unter dem Helm

ritzen konnte. Außerdem zog er noch einen Halsberg darüber, leuchtend weiß wie Schnee, und ließ die Riemen mit Schnallen festmachen.

Als dies alles erledigt war, bestieg er wieder das Schiff und mit ihm alle, die er dazu bestimmt hatte. Ein Knappe führte sein starkes, stattliches Roß herbei; das verbarg er drinnen im Schiff. Er hatte es mit einer Decke zugedeckt zur Eingangstür bringen lassen. Die anderen hieß er auf einen Hügel vorausführen und gab Befehl, daß sie dort auf ihn warten sollten. Dann setzte er sich mit Aplomb in Bewegung und ließ das Segel des Schiffes auf die Burgmauer zu dirigieren. Man schlug die Trommeln und blies die Flöten und Hörner. Keiner, der diese Festmusik hörte, war so schlecht gelaunt, daß sie nicht seinen Ärger verscheucht hätte. Sie bliesen auf großen Posaunen, und vielstimmig klang es aus ihnen und aus anderen Blas- und Saiteninstrumenten, als ob er ein Heer von Seeräubern über das Meer zur Raubfahrt führen wollte. Oben auf der Burg, dicht neben dem Eingang, stand an einem Flügel ein schmuckes, mit edlem Marmor prächtig geziertes Haus; in den Fensternischen saßen viele vornehme Frauen, mitten unter ihnen die Gräfin, die die Urheberin von dem allen war. Sie sprach: „Was ist denn das, was dort angefahren kommt? Das ist ja etwas Fabelhaftes! Ich glaube, St. Brandan ist auf seiner wunderbaren Meerfahrt hierher gekommen. Wenn es aber gar der Antichrist sein sollte, so paßt ja auf; es könnte jemand von Angst gepackt werden: der Jüngste Tag ist nahe."

Dicht vor dem Schloß ließ er nun seine Schiffsmaschine an den Fuß des Berges heraufführen; den Anker des Schiffes ließ er in den Sand hinunterfallen – so machte er das Schiff am Lande fest. Als die Ritter von seiner Ankunft gehört hatten, erschienen sie zum Kampf auf dem Turnierfelde, und die von der anderen Seite ebenso. Ich will es kurz machen: es gab ein solches Gedränge um ihn, daß sie auf dem Platz selbst kaum noch kämpfen konnten. Das Turnier war nämlich glänzend besetzt, zwei gleichstarke Parteien. Gleich nach Beginn des Kampfes war auch der Graf von seiner Burg herabgekommen, und ausgerechnet vor den Augen seiner Frau mußte es ihm geschehen, daß er einen Ritter zu Tode stach. Aus Kummer darüber waren beide schwer niedergedrückt. Der Graf zeigte das offen: er weinte laut vor Schmerz, weil er in ritterlichem Kampf mit einer solchen Schuld behaftet sein sollte. Er legte gleich seine Waffen ab. Alle anderen waren jetzt sehr traurig infolge des beklagenswerten Unfalls. Der Graf ritt ganz gebrochen auf die Burg zurück, weil ihm dies verhängnisvolle Unglück zugestoßen war. Das Richtige aber tat der Schiffsherr, der aus fernem Lande gekommen war. Er bat alle sehr inständig und sagte: „Nun mein Schiff einmal hier steht und ich untätig herumsitzen soll – überlegt doch einmal, was euch das für Ruhm einbringen würde! Ihr habt doch für alle Zeit Schande davon, wenn ich hier auf dem Trockenen sterbe wie ein Fisch."

Da sprachen auch die anderen ihre Meinung dahin aus, es wäre ganz unerhört, wenn dies Turnier nicht weiterginge. „Wenn schon ein Mann gestorben ist! laßt uns seine Seele dem heiligen Michael empfehlen und laßt uns weiter unsere Speere verstechen." Ihr Vorschlag entsprach ganz seinem sehnlichsten Wunsch.

Und nun erhob sich ein Waffengetöse über dem Gefilde, Helme und Schilde klangen im Kampfeslärm, und reihenweise wurden die Kämpfer aus dem Sattel gehoben. Als unser Held in seinem Schiff sah, wie draußen auf dem Kampffeld viele tapfere Ritter mit Speer und Schwert kämpften, legte er seinen Überrock an, der weithin leuchtete; er war aus kostbarem Seidenstoff, passend, aber weit zugeschnitten; die feinste Borte, die es nur gab, trug seine Wappenzeichen, die waren sorgfältig hineingesetzt. Dann schnallte er seinen Helm auf, der auch weithin leuchtete: er war mit eingelegtem Goldschmuck verziert, wie es seiner würdig war. Niemand konnte etwas anderes aus seinem Äußeren erschließen, als daß ein König vor ihnen saß. Nun führte man ihm sein Schlachtroß herbei, weiß wie Schnee, das eine Taftdecke trug. Außer diesem einen hatte er noch acht andere zum Ersatz, ebenso standesgemäß mit einer Decke bekleidet. Alle Leute hieß er das Schiff nun auf den Mittelpunkt des Treibens hin eiligst in Bewegung setzen. Vorn am Schiffsschnabel war die schon erwähnte Tür ausgespart;

da kam er herrlich anzuschauen ganz allein herausgeritten. Solange er mit seinem Schiff noch auf Landwegen gefahren war, hatte er nur eine ausgesuchte Begleitmannschaft gehabt, jetzt aber war sie stattlich geworden: eine große Menge von Knappen strömte jetzt hinzu, und jeder trug einen oder zwei Speere im Arm.

Und nun hub das richtige Turnier an. Er ergriff seinen Schild und gleich auch seinen bemalten Speer; denn er brannte vor Kampfeseifer. Dann gab er seinem Roß die Sporen; ihn packte unwiderstehliche Kampflust. Wie ein Adler stieß er in das Gewimmel der kleinen Vögel: einen stach er gleich vom Roß, dann den andern hinterher, dann den dritten, mitten im Getümmel auch den vierten, den fünften warf er hart zur Erde, den sechsten noch energischer, dann stieß er den siebenten vom Pferd und den achten genau so, darauf streckte er den neunten mitten unter seinen Gefährten zu Boden, und auch der zehnte mußte auf den Rasen – was ihm nur vor die Lanze kam, fiel. So hatte er es im Kampf dahin gebracht, daß auf dem Felde die Rosse ohne Reiter herumliefen wie in einem Gestüt, und immer, wenn ihm ein Pferd in der Hitze des Kampfes zu schwitzen begann, gab er es an seine Leute weiter und bestieg ein anderes; sobald er ein neues Pferd zwischen den Schenkeln hatte, war auch schon einer da, der ihm das ermüdete abnahm. So hatte es der Schiffsherr erreicht, daß er mit Fug und Recht bei allen Spielleuten den höchsten Ruhm davontrug, wegen seines tapferen Kämpfens und wegen seiner Freigebigkeit.

Als er so seine buntbemalten Speere aufgebraucht hatte, immer im Gedanken an den Auftrag der Dame (den sie ihm mit ihrem ersten Kuß gegeben hatte) und alle in einer vorschriftsmäßigen Tjost, kamen jetzt die weißen Speere an die Reihe. Sie hätte ihm mit vollem Recht dafür danken können, daß noch nie irgendein Ritter so großen Ruhm errungen hatte, wie ihm jetzt von beiden Parteien zuerkannt wurde. Wer ihn an diesem Tage erlebt hatte, mußte ihm auch wirklich die höchste Anerkennung zollen.

Er selbst sprang siegestrunken herum wie ein Ball und ließ überall ausrufen, wer ein Andenken von ihm wünsche, solle es im Schiff bei ihm in Empfang nehmen. Da teilte er ihnen für den Rest des

Tages aus, was er mitgebracht hatte und worauf sie sich schon ge-
spitzt hatten.

Als der Abend herangekommen war, hatte er sich, vom Speer-
und Schwertkampf ermüdet, in sein Zelt zurückgezogen, um zu
ruhen. Wer ihn um ein Geschenk ansprach, der wurde durch seine
Gaben und Freundlichkeiten wirklich zufriedengestellt. Dafür
pries man ihn überall. Auch sein Schiff, das er dorthin geführt,
ließ er jetzt von seinen Knappen in Besitz nehmen: „Wem steht
es mehr zu als euch?" Und sie belegten es auch gleich ganz mit
Beschlag. Auch an Spielleuten kamen soviele hinzu, daß sie keiner
mehr zählen konnte. Da erhielt der eine zwei Ellen kostbaren
Stoff, der zweite und der dritte drei, der vierte gleich so viel, wie
er zu einem Rocke – reichlich gemessen – brauchte. Der fünfte
kam mit dem sechsten gleich ins Zanken und schlug auf seinen
Schädel ein. Der siebente nahm den Mast für sich in Besitz, der
achte das Steuer, der neunte erhielt wieder feines Tuch für ein
Kleidungsstück, der zehnte doch wenigstens genug für einen
Rockschoß. So freigebig erwarb er sich Ansehen, als das Schiff
verteilt wurde. Ihr habt bisher noch nie von einem so berühmten
Schiff gehört, das eigentlich gar kein richtiges Schiff war.

Als das Turnier längst vorüber war, kam noch einer seiner Gefangenen, der bat ihn inständig um etwas aus seinem Besitz. Da
zog er seinen Halsberg ab und gab ihm den als Geschenk. Der
dankte ihm dafür überschwenglich. Als er sich des Halsberges entledigt hatte, legte er sich als Schutz gegen die Kälte, ohne lange
zu zögern, seinen Überrock über die Schultern. Er hielt Ausschau,
ob noch einer käme, der ihm auch die Hosen abbettelte; aber zunächst wenigstens kam noch keiner. Da löste er die Riemen an
dem linken Bein. Die Knappen, die mit ihm gekommen, ließen
ihn jetzt allein; sie hatten schon von ihm gehört, sie sollten weiter
verschenken, was sie hätten, wenn einer sie um irgendetwas bäte,
und darum hatten sie sich aus seiner Nähe gedrückt.

Unterdessen war ein Bote gekommen. Der sagte, als er ihn so
allein fand: „Meine Herrin hat mich zu euch gesandt: macht euch
auf den Weg; der große Augenblick ist da. Ihr könnt ruhig in dem

Zustand, wie ihr jetzt seid, zu ihr kommen; das ließ sie euch durch mich ausdrücklich bestellen." Das tat er mit großer Freude; er setzte sich auf das Pferd des Knappen und ritt los, wie es ihm die Gräfin hatte ausrichten lassen.

Nun hört, wie und wo ihn der Knappe allein ließ. Die Gräfin hatte einer ihrer Jungfrauen Befehl gegeben, ihn in ihrem Garten zu erwarten. Diese forderte ihn jetzt auf, mit ihr ins Haus in die Kemenate ihrer Herrin zu gehen, die die Gräfin, ohne daß ein anderer es merken durfte, zu ihrer vertraulichen Zusammenkunft mit ihm bestimmt hatte. Dorthin also führte die Jungfrau unseren Helden. In dem Zimmer waren die Wände von oben bis unten so reich mit Malereien verziert, daß es darin wie in der Kirche glänzte. Die Decke des Zimmers war mit Mosaik ausgelegt, daß sie wie ein Spiegel tags und nachts leuchtete, wie wenn Fenster eingesetzt wären.

In dies Zimmer gingen die beiden jetzt hinein. Da stand ein Bett in der Mitte – hört nur, wie das ausgestattet war: seine kräftigen Füße waren gedrechselt, und aus Elfenbein geschnitzte Tiere waren erhaben daran angebracht, Tiere aller Art, wie sie die Erde hervorbringt. Zwischen das Elfenbein war Gold eingelegt, so daß ihre Gestalt dazwischen erhaben hervorleuchtete. Die Seitenbretter des Bettes waren aus solchem Holz, daß selbst der Feuergott Vulcanus es nicht zu verbrennen vermöchte, und vier Leopardenfelle, in der Mitte zusammengenäht, waren darüber ausgebreitet; das können sich nur reiche Leute leisten. Ich lüge nicht, obwohl ich es nicht mit eigenen Augen gesehen habe. In der Mitte lagen auf den Fellen viele weiche und dicke Kissen, die waren nicht etwa unbezogen; als Bezüge dienten griechische Seidenstoffe. Darüber lag eine Steppdecke – ich glaube, auch Kassandra hat nie eine vornehmere genäht oder irgend jemand aus ihrer Sippe –, ein Oberbett aus kostbarem Linnen, das mit Daunen edelster Art gefüllt war. Außen zog sich eine Zierborte aus schwarzem Zobel ein Spannbreite herum. Die Federn waren von bester Güte: das Tier, das dieses Federkleid getragen hatte, heißt der Vogel Strauß. Der König von Marokko herrscht über ein Land weit jenseits des Meeres, da kann man es fangen und nirgendwo anders; das Land heißt Karthago, und vordem hat einst Frau Dido dort geherrscht. – Am Kopfende hatte das Bett eine keilartige Erhöhung aus einem seidenen Pfühl. Das Bett konnte sogar noch feiner sein als – ach nein, das kann ich nun doch nicht sagen, aber laßt es wenigstens ebenso vornehm sein wie das, das Heinrich von Veldeke für seinen König Salomon so wunderbar beschrieben hat: das Bett, in dem Salomon lag und schlief und in dem Frau Venus ihn ansprach, um ihn zur Liebe zu wecken. Mit ihrem Bogen schreckte sie ihn aus dem Schlaf; sie traf ihn so ins Herz, daß ihn dieser Schmerz bis an sein Lebensende drückte; er konnte sich aus ihren Banden nicht befreien, so weise er auch sonst war. Sie hatte ihn ganz um den Verstand gebracht.

Unserem armen Helden war gar nicht besser zumute, als er hier neben dem Mädchen saß, das zugleich in sein Vertrauen gezogen und ihm doch fremd war. Gras, Laub und Schilf lagen vor ihrem Blick auf dem Estrich ausgestreut. Und nun erhob sich zunächst ein harmloses Wortgeplänkel. Sie fragte ihn ab und zu etwas und dann wieder er sie nach allem Möglichen, die beiden in einem Zwiegespräch. Er sagte: „Potztausend, dies Haus ist herrlich, prächtig und kostbar; wirklich, wenn ichs mir ganz richtig überlege, so denke ich: wäre nun doch meine geliebte Herrin hier, so wären meine Wünsche, so weit sie nur reichen können, erfüllt. Anderseits könnte es auch kein noch so armseliges Haus auf Erden geben: in dem Augenblick, wo sie ihren Fuß hineinsetzt, dünkte es mich schöner als dies."

Da sagte die Jungfrau: „Wie übel sich ihr Gemahl auch fühlt, sie kommt schon, sobald sie nur irgend kann. Der Herr Graf liegt heute den ganzen Tag zu Bett und weint und jammert vor Kummer. Er glaubt, überhaupt nicht mehr froh werden zu können, da ihm das große Unglück geschah, an dem ihr letzten Endes schuld seid, daß er nämlich einen Ritter im Speerkampf getötet hat. Und deswegen verwünscht er laut eure Turnierfahrt, daß sie von euch ins Werk gesetzt wurde, und flucht in einem fort, daß man überhaupt dies dumme Schiff hat machen lassen. Anderseits muß meine Herrin jetzt doch wachsam darauf achten, daß auf diese Weise euer beider heimlicher Plan in die Tat umgesetzt wird."

Da erwiderte ihr der Ritter: „Mein Unternehmen hat ihm keinen Schaden gebracht; auf der anderen Seite hat es mir bis jetzt auch keinen Vorteil verschafft. Aber so viel weiß ich, wenn ich es richtig überlege: unser Gastgeber ist doch ein Mann von Welt. Selbst wenn er aus Versehen ein ganzes Dutzend Ritter erschlagen hätte: macht ihm einer richtig klar, was für Opfer ich seiner Frau zuliebe auf mich genommen habe, er würde ihr sofort befehlen, zu mir zu kommen, wenn er erführe, daß ich hier wäre, selbst wenn er inzwischen dort auf sie Verzicht leisten müßte."

Aber das war zunächst ein frommer Wunsch, und so ließ er sein Haupt sinken, müde und abgespannt und doch gereizt und verdrossen, und gab zu erkennen, daß er sich gern ein Weilchen zum Ruhen niederlegen würde. Als das Fräulein sah, wie mißmutig er war, sagte sie teilnahmsvoll: „Legt euch doch, bis die gnädige Frau kommt, in meinen Schoß und ruht euch aus! Es wird euch sicher gut tun; ihr seid müde und zerschlagen." – „Ich würde es schon tun, könnte ich mich darauf verlassen, zur rechten Zeit wieder aufzuwachen, ehe meine Herrin mich schlafend anträfe. Wenn sie aber käme und mich mein Schlaf um das ersehnte, vertraute Zusammensein mit ihr brächte, das würde ich nie verwinden." Da sagte das Mädchen: „Dafür sorge ich, überlaßt es mir!" – „Wirklich?" – „Ja!" – „Gut, dann will ich schlafen." Da legte er, wie sie es ihm erlaubte, seinen Kopf in ihren Schoß und schlief auch gleich ein. Denn es stand ja so mit ihm: er hatte viele Nächte lang immer wieder daran denken müssen, wie er den verschwenderischen Aufwand mit seinem Schiff ins Werk setzen könnte, um Ehre mit dem einzulegen, worauf er so viel Überlegung gewandt hatte.

Er hatte noch nicht lange dort gelegen, da kam bereits die gnädige Frau, heimlich und furchtsam; sie hätte natürlich schon vorher kommen können. Als die Jungfrau ihre Herrin kommen hörte, wollte sie den müden Mann wecken. Das merkte die Gräfin; sie beschleunigte noch ihre Schritte und befahl, ihn schlafen zu lassen.

So saßen die beiden zu Häupten und Füßen des Schlafenden. Da
sagte die Frau – und sie war dabei innerlich keineswegs verärgert:
„Ich weiß wohl, es ist wahr; nie hat ein Mann mit seinem ganzen
Leben einer Frau treuer gedient als dieser mir. Wenn ich ihn dafür
unbelohnt ließe, es wäre ein so großes Unrecht, daß ich es gewiß
nicht leicht übers Herz brächte. Ich habe seine schmerzliche Klage
um Erhörung so lange vernommen, daß ich ihm eigentlich gerade
heute für all seine Opfer zu lohnen gedachte. Jetzt bin ich hier,
um ihm Erhörung zu gewähren – da liegt er wie ein totes Schaf.
Sein Schläfchen zu halten ist ihm wichtiger als das Zusammensein
mit mir. Wenn er jetzt nicht schliefe, so wäre das ein Beweis, daß
ich bei ihm wohl aufgehoben wäre. Das sehe ich jetzt. In Zukunft
aber werde ich mich besser in Acht zu nehmen wissen. Wenn ich
ihm wirklich so viel wert wäre, hätte er mich mit mehr Aufmerksamkeit erwartet. Aber wie die Dinge nun einmal sind, dürfte ihm
bislang kein Schlaf so teuer zu stehen gekommen sein. Ja, durch
sein Schlafen hat er mich verscherzt, so nützlich und erquickend
ihm selbst für später die Ruhe sein mag."

Da sagte das Mädchen zu dem Schlafenden: „Dann verwünsche
ich dein Schicksal! Das ist ein ungerechtes Urteil, das die gnädige
Frau jetzt über dich gesprochen hat. Wie werde ich von meiner
Schuld jemals frei werden? Ach, du Armer! Du bist im Vertrauen
auf meinen Schutz eingeschlafen. Ich möchte es immer wieder aufs
neue vor Gott beklagen, daß du müder, zerschlagener Mann dich
überhaupt meiner Obhut anvertraut hast, nun du all deinen Minnedienst durch meine Schuld umsonst vergeudet. Ach, daß ich dir
so zum Unglück geboren bin! – O meine Herrin, bitte, glaubt mir:
wenn man von solch einem ehrenkränkenden Verhalten im Lande
hört, so gewinnt ihr niemals euer hohes Ansehen wieder, und euch
kann ein großer Makel anhaften, da ihr solchen Verstoß gegen alle
guten Sitten begeht. Ich glaube auf der anderen Seite auch nicht,
daß es noch einen Mann gibt, der sich jemals um Frauenhuld bemühen wird, wenn er dies erfährt. Überhaupt ist eure Entrüstung
unangebracht. Wenn die höfische Gesellschaft erst durch euch mit
diesem Makel belastet ist, so bedeutet es eine große Einbuße für

uns Frauen, weil sich dann kein Mann mehr irgendeiner von uns zuwenden wird. Überlegt doch, wie *euch* das anstehen würde! Bitte rechnet es ihm nicht als Unrecht an! Die Männer sind so klug, daß dann ein jeder von ihnen sich weniger um uns Frauen bemüht, als uns lieb wäre. Bei Gott, gnädige Frau, stellt euch doch vor: nur wir drei sind im Spiel. Laßt ihn doch jetzt aufstehen! Sollte sein Minnedienst so erfolglos gewesen sein, so fühlten sich sicher gleich zahllose andere mitbetroffen, von denen ein jeder gern und willig für edle Frauen alle Mühsal auf sich nehmen würde, wenn ihm später dafür Erhörung zuteil würde. Aber wenn den Männern diese Möglichkeit durch euch geraubt wird, dann ist es ein großes Unglück, daß ihr jetzt hergekommen seid. Denn was ist das Leben ohne Frauenliebe? Wenn König Salomon noch lebte, selbst er wüßte keinen weiseren Rat als ich. Wenn unser Ritter schon schläft, was bedeutet das groß?"

Da sagte die Gräfin: „Es tut mir leid, daß ich mich so weit in ein Minneverhältnis eingelassen habe. Ich fürchte, daß ich großen Schaden davon haben werde. Wer sich der Minne ausliefert, dem folgt die Strafe sicher auf dem Fuß. Wer sich vorschnell der Minne überläßt – ich kann es sagen, wie es dem ergeht: der verfängt sich selbst darin genau wie einer, der ein Netz aufgestellt hat und dann selber hineingerät. Und davor möchte ich mich jetzt mehr als je hüten. Übrigens möchte ich auch viel lieber frei sein als jemals einem Manne gehören; denn die Männer sind unzuverlässig. Was ich auch immer diesem Mann zuliebe täte, das bliebe doch nicht geheim: morgen erführen es sicher drei oder vier andere, und übermorgen wüßten unendlich viele von unserer heimlichen Verbindung. Dann wäre mein Ansehen für nichts und wieder nichts verkauft. Und darum will ich bei meiner Entscheidung bleiben."

Da erwiderte ihr die Jungfrau: „Ihr habt nur von der schlimmsten Möglichkeit gesprochen, die euch hinterher treffen kann. Faßt bitte die gute Seite ins Auge! Natürlich wäre es das Bequemste, wenn man die Männer ganz unbeachtet lassen könnte. Aber eine alte Lebenserfahrung gilt auch immer für uns: wir müssen schon dasselbe tun und lassen wie von jeher alle Frauen. Also weckt ihn jetzt auf; es ist die höchste Zeit! Wenn ihr auch bislang die Gewalt der Minne noch nicht erfahren habt, seid versichert, daß Frau Minne doch die stärkste Macht über den Menschen zu üben vermag."

„Ich fürchte nicht ihre Macht, daß sie mich je durch ihre Verlockungen oder mit Gewalt besiegen kann. So laßt den Schläfer hier liegen, bis ich wieder in mein Zimmer gegangen bin. Dann sagt ihm, er solle aufstehen und sich nach Hause verfügen, und ratet ihm eindringlich, er möge sich in Zukunft besser in Acht nehmen, das soll ihm eine Lehre sein." Und damit ging sie ins Haus zurück.

Da wurde das gute Mädchen tief betrübt, weil der so untadlige Ritter gar nicht für seinen treuen Minnedienst belohnt worden war, und ein Schauder ergriff sie, weil er sich ihrer Fürsorge anvertraut hatte und nun am Ende so hilflos und unbelohnt abziehen sollte. Da wachte er aus einem Traum auf. Gleich als er die Augen aufschlug, sagte er zu der Jungfrau: „Noch nie habe ich so unruhig geschlafen. Mir träumte, meine Herrin sei hier, wolle aber nichts von mir wissen. Wie kann ich das wieder gutmachen? Wenn ich jetzt ihre Huld aus eigener Schuld verlöre, so müßte ich für immer und ewig verzweifeln." Da sagte das Mädchen: „Ihr wart müde, und ich habe meine Aufgabe schlecht erfüllt: wir haben beide nur Unglück gehabt, meine gnädige Frau aber hat bewußt Böses getan, dafür möge sie immer büßen; ihr unweibliches Verhalten hat sie um ihren guten Ruf gebracht. Ich glaube sicher, inzwischen wird es ihr längst leid getan haben, was sie befohlen hat. Sie kam ganz plötzlich und traf mich ahnungslos an. Natürlich hatte ich das gefürchtet und mich schon überall umgesehen. Aber sie kam richtig wie ein Nachtgespenst auf mich zugeschlichen. Sie war schon vor Angst ganz bleich." – „O hättet ihr mich doch geweckt!" – „Das wollte ich auch, aber sie verbot es mir strengstens, und ich war gelähmt wie eine Tote! Hätte sie doch einmal Güte walten lassen! Nun habe ich sie in ihrer Bosheit erst ganz richtig kennengelernt."

„So ist denn also mein ganzer Dienst umsonst gewesen", sagte der Ritter, der eben noch den höchsten Ruhm errungen hatte,

„und ich muß nun mit großem Schmerz immer an dieser bösen Erfahrung tragen. Was ließ sie mir denn bestellen?" – „Nichts anderes, als daß ich euch schlafen und dann wieder ruhig nach Hause ziehen lassen sollte." – „Das ist ja ganz unausdenkbar, daß ich, nun es mir so ergangen ist, noch Ruhe finden sollte. Also mein Schlaf ist die Ursache, daß mich nun das Unglück für lange Zeit wachhalten wird! Mein Fräulein, da ihr auch schuldig seid, so tut mir wenigstens einen Gefallen." – „Natürlich tue ich das, wenn es möglich ist." – „Meine Herrin hat mir alle Freude geraubt, das wißt ihr. Geht also bitte noch einmal zu ihr hin und ersucht sie inständig mit Rücksicht auf die Ehre aller Frauen, sie möchte ihren Zorn sänftigen und mich nicht einfach so sitzen lassen. Will sie sich aber über mich gar nicht christlich erbarmen, so ist das ein harter Entscheid von ihr. Diese Art Lohn ist sehr bitter für mich, mit dem sie mir so übereilt mein Mißgeschick vergolten hat." Damit mahnte er sie angelegentlich, sie möchte ihm zuliebe seine Bitte erfüllen.

Da ging das gute Mädchen ganz niedergedrückt zu ihrer Herrin. Die Tränen flossen ihr auf Ärmel und Hände, sie beklagte vor Gott die Schändlichkeit, die ihre Herrin zu begehen willens war. Doch tat sie es aus innerem Pflichtgefühl, und er hatte sie ja auch darum gebeten. Leise trat sie an das Bett, in dem jene lag. Sie hob die Bettdecke auf und berührte zart ihre Hand. Als die Gräfin die Berührung spürte, sagte sie: „Wo kommst du her und was willst du jetzt schon wieder?" – „Gnädige Frau, ich komme freilich noch einmal in seinem Auftrag und möchte euch bei dem Schöpfer, der euch Leben und Seele geschenkt hat, bitten: bringt jetzt nicht alle Frauen um ihre Geltung und laßt ihn nicht sein ganzes Spiel verloren haben! Ihr könntet wohl die Verwirrung, in die wir drei geraten, lösen, wie es euch doch wohl ansteht, indem ihr das Zimmer verlaßt und zu ihm geht. Ein Herz kann noch so hart sein, hart wie ein Diamant, es würde sich erweichen lassen von dem Schmerz, den er zeigte, als er die ihm durch euch zudiktierte Strafe erfuhr."

„Nun darf ich dir einmal dies sagen: seine Strafe wird sogar bald noch härter werden. Wenn nämlich mein Mann aufwacht und ihn hier im Hause findet, so kommt er überhaupt nicht wieder lebend heraus. Darum soll er vernünftig sein und sich davonmachen, wie er gekommen ist. Du weißt nicht, was du daherredest; du machst dich nur lächerlich. Also schweig, ich möchte gern die Nacht in Ruhe schlafen." Und damit drehte sie sich in ihrem Zorn auf die andere Seite und tat, als ob sie wieder einschliefe. Das Mädchen aber seufzte tief auf und weinte über diese Hartherzigkeit. Dann schritt sie stumm weg.

Inzwischen war ihm vor Ungeduld die Zeit lang geworden, und er war der Jungfrau bis zur Tür nachgegangen und wartete dort, bis sie herauskam. Als er hörte, was vorgegangen war, geriet sein Herz in Wallung vor Kümmernis, aber er beherrschte sich und sagte ruhig: „Liebes Fräulein, ich lege jetzt alles in Gottes Hand; das Leben ist mir doch leid; aber wenn ich nicht noch einmal mit ihr reden kann, dann will ich sogar mein Leben in diesem Augenblick drangeben. Ich werde also zu ihnen hineingehen und von ihr hören, was ich eigentlich verschuldet habe."

Da stemmte er sich gegen die Tür, stieß sie weit auf und schritt rasch ins Zimmer. Dort brannte alle Nacht in einer Glasschale ein Licht. Er sah nicht gerade vornehm aus, sondern die Schwertschläge hatten ihn im Kampfe so mitgenommen, daß ihm von der Stirn das Blut über das Gesicht geronnen war und nun an den Brauen festklebte. Nun spähte der tapfere, edle Ritter zornig und wild umher wie ein Löwe, der auf Raub auszieht. Er schlich leise zu den Schlafenden. Dem Grafen war nach allem schlimm zu Mute; er lag in seinem Bette wie ein leidender Mann, der vor schlechtem Gewissen nicht den Schlaf findet. Immer wieder schreckte er auf und blickte um sich; denn er rang mit seinen Gedanken. Dann schlief er wieder ein wenig, aber nicht lange. Herr Moriz schritt indessen weiter. Sein Waffenrock war zerrissen, zerschlagen, durchstochen, zerhauen und blutig. So trat er vor seine Herrin. Die Eisenschiene an seinem rechten Bein klirrte auf dem Estrich. Da blickte der Graf hoch, schreckte auf – er vermochte nicht einmal ein „Gelobt sei Jesus Christus" herauszubringen, und mit seinem Wehgeschrei weckte er auch seine Frau wieder auf. „Der Teufel steht hier vor uns. Weiß Gott – wo er hergekommen ist – oder gar die wilde Jagd. Wenn uns Gott nicht schützt, ist es um uns geschehen!" Er hatte noch größere Angst als seine Frau; denn sie hatte unsern Helden gleich erkannt. Schließlich rief der Graf: „Wer ist da?" – „Das will ich euch ja gerade sagen: der, den ihr erschlagen habt. Ihr müßt nun mit mir zur Hölle, da hilft euch kein Sträuben, da ihr mich auch dorthin befördert habt." Der Graf sprang in seiner Angst vom Lager auf, als ihm das Gespenst entgegentrat, und stieß sich so an sein Schienbein, daß er für die ganze Nacht ohnmächtig dalag.

Als der Ritter das sah, schritt er an das Bett und sagte: „Dies Bett ist halbleer; es ist mir gleich, wer da hineingehört; ich will darin ruhen." Er hob die Bettdecke auf und schlüpfte zu ihr hinein. Das war ein tolles Stück, und dabei wußte sie in ihrer Verzweiflung noch nicht einmal, ob ihr Mann noch lebe oder tot sei. Sie wagte zunächst nicht, sich dem Ritter zu nähern; der Tollkühne hatte ihr allen Verstand geraubt. Doch dann gewann sie die Sprache: „Ihr seid der verwegenste Mann, von dem ich je vernommen, weil ihr so viel aufs Spiel setzt. Ihr habt nicht gefragt, ob ich es wünsche oder nicht. Ich fürchte, es begibt sich hier etwas so Merkwürdiges, daß man bis zum Jüngsten Tag davon erzählen wird." Sie dachte dabei: „Nun hilft es nichts, da es sich einmal so gefügt hat; ich muß nun tun und zulassen, was immer er mit mir anstellen will. Ich will gute Miene zum bösen Spiel machen, damit sich sein Zorn legt." Und damit küßte sie ihn, und auch ein zweites Mal; aber er gab keine Antwort, wonach sie ihn auch fragte. Als ihr das langweilig wurde, umschlang sie ihn mit den Armen. Da taute auch er auf und nahm sie, weiß Gott, in Besitz. Warum soll ich davon viel reden, es geht auch ohne Worte. Ihr wißt, wie es dann kommt.

Doch gleich danach stand der Ritter auf und zog von seiner Hand rasch den Ring, den sie ihm einst geschenkt hatte. Er sagte: „Nehmt euern Ring zurück, ich werde euch fortan nicht weiter dienen. Ihr wißt nichts von den Regeln der Minne. Ich habe mich unentwegt abgemüht, um euch zu dienen; alles, was ich mir nur ausdenken konnte, euch zukommen zu lassen, bis zu diesem Augenblick heute Nacht. Wären alle Frauen wie ihr, kein Mann würde ihnen noch jemals weiter seinen Dienst widmen. Nun kümmert euch um euren Mann, der dort so jämmerlich liegt, und führt euer ehrloses Leben weiter. Ich werde euch nicht ein zweites Mal für diesen euren schändlichen Versuch, mich um meinen Lohn zu betrügen, bestrafen."

Mit diesen Worten nahm er Abschied. Darauf zog er mit noch mehr Eifer und noch rastloser durch die Lande als vordem, da er sich für sie aufgeopfert hatte. Mit vielen edlen Taten errang er sich Ruhm und Ehre.

Nun man überall seinen Ruhm verkündigte, wurde es ein tiefer Schmerz für die Gräfin, daß sie ihm solches Unrecht zugefügt hatte, und es ging ihr so nahe, daß die Leute es sogar merkten und alle sahen, wie ihr Aussehen sich veränderte. Jetzt kam ihr die Erkenntnis: „Es geschieht mir ganz recht, wenn ich durch eigenes Verschulden jetzt Kummer dulden muß. Ach, statt großer Freude habe ich nun Leid, und so habe ich nur die Mühsal zu tragen, die ich mir selbst aufgeladen habe. Wenn ich mir noch einmal für mein Leben einen Mann, der mir diente, wünschen dürfte, wie könnte es für eine Frau einen lieberen und edleren geben als er ist, den ich mir verscherzt habe? O ich möchte die Stunde verfluchen, wo mich mein falscher Eigensinn so ergriff, bis er ganz Herr über mich wurde. Ich habe mich selbst in Schande gebracht. Der Verlust wäre noch zu verschmerzen; aber ich muß mein Leben lang an der Schande tragen, es sei denn, Gott schenkt mir das Glück und den Verstand dazu, daß *er* mich doch noch wieder von Herzen liebgewinnen kann. Meine Zofe hat es mir damals richtig vor Augen gestellt und hat in bester Gesinnung gehandelt. Wer seinem Nächsten hilft und beisteht, wenn ihm ein Unglück zustößt, ehrt sich selbst damit. Denn zur rechten Zeit jemandem zu helfen ist besser, als beizuspringen, wenn er schon gefallen ist."

Dies sagte sie zu sich an einem Frühlingstage. Die Vögel im Walde sangen hell und frisch ihre vielstimmigen Lieder; Rosen und Ginster blühten um die Wette; es war so recht die Zeit, wo man

allen Unmut aus dem Herzen jagt. Der Wald hatte dem Sommer
zum Willkomm sein schönstes Kleid angelegt: sein grünes Laub,
und darunter das Gras, leuchtend mit Moos durchsetzt in der Fülle
der Blüten – all dies und der süße Sang der Vögel bringt jeden,
der überhaupt Sinn für Freude hat, in hohe Stimmung.

Eines Morgens ganz früh konnte die edle Frau vor lauter Sehn-
suchtsschmerz nicht mehr schlafen. Sie stand auf und ging in ihrer
Trübsal dorthin, wo über der Burgmauer ein Balkon hing. Ganz
allein schritt sie dahin und stellte sich in die Maueröffnung, wie
oft liebende Frauen tun, denen sich ihr Liebesglück in Leid verwandelt hat. Die sieht man oft gesenkten Hauptes stehen. Und
ihr war es ja auch so ergangen. Ihre blasse schöne Hand hatte sie
an die Wange gelegt und lauschte nun dem Gesang der Vögel. Und
jetzt hörte sie deutlich auch eine Nachtigall singen. Da sagte sie
zu sich: „Wohl dem, der ein glückliches Leben findet, wie es mir
beschieden gewesen wäre, wenn ich die Stunde für mich wahrge-
nommen hätte. Nun aber ist es mir bestimmt, dieses Glückes verlustig und dazu entehrt mein junges Leben hinzubringen. Wer
trägt nun die Schuld daran, daß ich fortan sinnlos einem todesähn-
lichen Dasein überantwortet und ausgeliefert bin? Dies Leben hat
der über mich verhängt, der es mir auch geschenkt hat, ja, Gott
klage ich es."

Nun war ihre Zofe, die Jungfrau, auch leise dorthin gelangt,
um sich zu ergehen, und sie hatte Wort für Wort die Klage ihrer
Herrin mitangehört. Obwohl diese selbst schuldig gewesen, war
das Mädchen doch von ihrem Kummer so bewegt, daß sie nicht
länger bei ihr zu verweilen vermochte, sondern sich wieder zurückziehen wollte; denn die Klage war herzzerreißend. Da blickte
die Gräfin sich um und sprach sie auf der Stelle an: „Bist du schon
länger hier?" – „Ja, ich habe alles mitangehört, was euch das Herz
bedrängt, und das bekümmert auch mich und weckt mein Mitleid.
Damals habe ich euch die Wahrheit gesagt, da konntet ihr es nicht
glauben. Erinnert euch doch, daß ich euch gut geraten habe." –
„Ja, ich weiß es durchaus: der mich allein wieder glücklich machen
könnte, ist der, der auch meine Sünden von mir nimmt, so wie

er die Wellen des Meeres zu stillen weiß. Ich kann aber doch niemals wieder glücklich werden, wenn Gott es mir nicht vergönnt, daß *der* Mann noch einmal in Liebe alles versöhnt, durch den ich diesen Kummer Tag und Nacht tragen muß. Ich bereue es jetzt, daß ich ihm überhaupt Leid zugefügt habe; aber die Reue kommt zu spät. Wäre ich nur deinem Rate gefolgt, das wäre das Richtige gewesen. Wer eigenwillig und selbstisch, ohne auf guten Rat zu hören, frevelt, der hat es zu büßen wie ich. Ich glaubte früher immer, daß die Frau bei allem Streit Recht behalten müsse; aber gerade dadurch habe ich den kürzeren gezogen. Nun habe ich meiner Pflicht gegen ihn nicht genügt und er hat mich bestraft, indem er sich von mir getrennt hat. So muß ich denn im Innersten Schmerz und Not leiden bis an mein Ende. Verstrickt in diese Fesseln, bin ich durch eigene Schuld gefallen. Darum gebe ich euch allen den guten Rat: wer sich der echten Minne überantwortet, soll meinen Schmerz ansehen und sich davor hüten, daß es ihm ebenso ergeht."

Und damit wollen wir unser ernstes Gedicht beschließen. Die deutsche Sprache ist ein armselig Geschöpf: wer in richtigen deutschen Versen dichten will, muß hier die Worte auseinanderspalten, dort auch wieder zusammenfügen können. Verstünde ich das vollkommener und besser, so könnte ich mich auch meines Dichtens freuen.

Wernher der Gärtner

Helmbrecht

Der eine erzählt, was ihm selbst widerfährt; was er mitangesehen hat, der andere; wiederum erzählt ein dritter eine Liebesgeschichte, ein vierter von Kämpfen und Siegen, ein fünfter von den Gütern und Schätzen der Welt, der sechste von hohen Lebensidealen des Menschen. *Ich* will hier etwas erzählen, was mitzuerleben mir beschieden war, indem ich es mit eigenen Augen gesehen habe.

Ein Meier hieß Helmbrecht, dessen Sohn war der junge Mann, von dem diese Geschichte handelt. Den Knaben hatte man nach seinem Vater benannt. Ich habe diesen jungen Bauern wirklich gekannt; er hatte blondes lockiges Haar, das ihm lang über die Schultern herabfiel. Er hatte es in einer Haube aufgefangen, die mit kostbaren Bildern geschmückt war. So viele Vögel hat noch nie jemand auf einer Haube gesehen; Tauben und auch Papageien waren daraufgenäht. Ich will euch hier erst gleich erzählen, was noch alles auf der Haube an schönen Dingen war. Es ist nicht reine Phantasie.

Von den Locken hinten im Nacken bis zum Scheitel in der Mitte des Kopfes war der Saum mit lauter Vögeln bestickt, so lebensecht, wie wenn sie eben aus dem Spessart herangeflogen wären und sich auf die Haube gesetzt hätten. Nie hat der Kopf eines Bauern eine vornehmere Bedeckung getragen, als man bei Helmbrecht sah. Auf der rechten Seite hatte man dem Narren Bilder von Trojas Belagerung auf die Haube genäht; wie der übermütige Paris dem König von Griechenland seine Frau entführte, die er so heiß geliebt; wie Troja erobert wurde; wie Äneas auf seinen Schiffen aufs Meer entkam und dann die Türme und Mauern Trojas zerstört wurden.

Schlimm, daß es überhaupt dahin kommen konnte, daß ein Bauer eine solch kostbare Haube trug: von der ist noch so viel zu erzählen. Wollt ihr weiterhören, was auf der anderen Seite fein darauf gestickt war? Ich will euch keineswegs damit zum besten haben. Links waren König Karl und Roland, Turpin und Olivier, die vier Kampfgesellen, zu sehen, wie sie die erstaunlichsten Heldentaten im Kampf mit den Heiden vollbrachten – Karl hat ja die Provence und Arles und auch Galizien, die alle noch heidnisch waren, durch seine Tapferkeit und Klugheit unterjocht. Wollt ihr auch noch wissen, was hinten zwischen den Schleifen war? Da sah man die Kinder von Frau Helche, die einst in der Rabenschlacht ihr Leben lassen mußten, als der kühne und wilde Wittich sie erschlug, und Dietrich von Bern. Und nun wollt ihr wahrscheinlich noch mehr darüber hören, was dieser Narr auf seiner Haube zur Schau trug, der gottverlassene. Vorn am Saum entlang war ein Tanz von Knappen und Jungfrauen in glänzender Seidenstickerei dargestellt: immer zwischen zwei Frauen stand, wie es noch heute üblich ist, ein Ritter, dem sie ihre Hand reichten. Und auf der andern Seite ging immer zwischen zwei Jungfrauen ein Knappe, dem diese die Hand gaben. Auch Spielleute waren darauf noch daneben zu sehen.

Nun hört, wie die Haube für Helmbrecht angefertigt worden war, für diesen einfältigen wilden Burschen; ihr wißt ja noch nichts davon, wie er überhaupt zu ihr gekommen war. Ein lustiges Nönnchen hatte sie genäht; die hatte die Sehnsucht nach der Welt aus ihrer Zelle gelockt. Und dann war es dieser Nonne so ergangen wie vielen: ich habe jedenfalls oft solche gesehen, deren Leib etwas verrät, worüber das Gesicht sich schämt. Helmbrechts Schwester Gotelind hatte für die Nonne ein stattliches Rind geopfert, und diese, die darin erfahren war, diente es mit Stickerei an der Haube und an der Kleidung ab. Hatte Gotelind die Kuh gegeben, so gab die Mutter der Nonne so viel Käse und so viel Eier, wie diese in der langen Zeit, in der sie im Kloster gewesen, nicht zu verschlingen bekommen hatte.

Außer der Haube hatte die Schwester dem Bruder noch feine

weiße Leinwand geschenkt, wie sie keiner vornehmer besitzt – damit er doch Ehre einlegen könne. Sie war so fein gesponnen, daß sieben Weber von ihrem Webstuhl weggelaufen waren, ehe sie fertig war. Und die Mutter hatte ihm den schönsten Wollstoff gegeben, der je von einem Schneider zugeschnitten wurde, und darunter zu tragen einen Pelz, den kostbarsten, den ein Schaf haben konnte, das bei uns sein Gras frißt. Außerdem hatte die Gute ihrem lieben Jungen noch eine Rüstung und ein Schwert besorgt, wie sie der Jüngling natürlich haben mußte, und schließlich gab sie ih n noch zwei Gewänder, die er sich aufheben sollte, und auch zwei Stechmesser und eine große Tasche. Wer so etwas trägt, sieht recht forsch aus.

Als sie ihn so ausstaffiert hatte, sagte er: „Liebe Mutter, ich muß auch noch einen feinen Leibrock haben: ohne den würde ich mich gering dünken. Der muß so aussehen, daß du dir bei seinem Anblick sagst, du könntest mit deinem Sohn Ehre einlegen, wohin ich auch komme!" Sie hatte noch in der Truhe einen Rest Stoff aufgehoben; den mußte sie nun natürlich für die Kleidung des Sohnes opfern! Dafür tauschte sie ein Stück feines Tuch ein; und glaubt mir: weder hier noch sonst wo trägt je ein Bauer einen Überrock, der auch nur ein bißchen feiner wäre als seiner.

Der ihm diesen Rat mit dem Leibrock gegeben hatte, verstand etwas von vornehmem Wesen und wußte, womit man sich Ansehen in der Welt erwirbt. Hinten, den Rücken entlang, saß vom Gürtel bis zum Nacken ein Knopf neben dem andern, rot vergoldet. Und wenn ihr weiter von dem Rock hören wollt, so sage ich es euch zu Gefallen gern: wo die Halsbinde an das Kinn reicht, saßen überall bis an die Schnalle Knöpfe aus weißem Silber. Noch nie hatte ein Bauer an seinem Leibrock so viel Mühe gehängt und so viel dafür aufgewendet. Das könnte euch so gefallen: diese drei Knöpfe von feinem Kristall, mit denen er vorn an der Brust das Gewand schloß, der einfältige Narr. Und diese Brust war noch überall mit Knöpfen bestickt, die leuchteten weithin gelb, blau, grün, braun und rot, schwarz und weiß – so hatte er es gewollt. Die blinkerten besonders hell, wenn er tanzte; dann wurde er von den jungen Mädchen und Frauen mit verliebten Blicken angesehen. (Ich muß schon wahrheitsgemäß sagen: neben diesem feinen Jüngling hätte ich bei den Frauen gar keinen Eindruck gemacht.) Da, wo die Ärmel ans Wams gesetzt sind, war die Naht mit Schellen besetzt. Die klangen hell, wenn er den Reigen tanzte, und das klang den Weibsleuten recht in die Ohren. Wenn Herr Neidhart noch lebte, der könnte das viel schöner vortragen, als ich es jetzt erzähle; der hatte die Dichtergabe dafür. Wißt nur so viel: die Mutter hatte viele Eier und Hühner darangeben müssen, bis sie ihm Hosen und Schuhe heranschaffen konnte.

Als sie nun für ihren Sohn auch Schuhzeug besorgt hatte, sagte er zu seinem Vater: „Lieber Vater, mich zieht es zu den Rittern. Dazu brauche ich besonders deine Hilfe. Meine Mutter und meine Schwester haben mich schon so beschenkt, daß ich ihnen mein Leben lang dankbar sein werde."

Dem Vater war das nicht recht. Spöttisch sagte er zu seinem Sohn: „Ich soll dir wohl zu dieser feinen Kleidung noch einen schnellen Hengst schenken, der alle Zäune und Gräben überspringt und dem du lange Ritte zumuten kannst. So etwas muß man natürlich am Hofe haben. Ach, es ist mein heißer Wunsch, dir den zu kaufen, wenn ich ihn dir nur kaufen könnte! Aber nun im Ernst, lieber Sohn! Laß lieber deine Fahrt zum Hofe! Die höfische Sitte ist ein hartes Leben für die, die sie nicht von klein auf geübt haben. Lieber Sohn, treibe du das Vieh und führe den Pflug für mich, so wie ich es für dich tue, und laß uns beide zusammen den Acker bebauen; dann kommst du in Ehren in dein Grab wie ich. Darauf vertraue jedenfalls."

Der Sohn sagte: „Ach, lieber Vater, sei still und rede nicht davon. Es geht doch nicht anders, ich muß mir unbedingt einmal die Luft da am Hofe um die Nase wehen lassen. Deine schweren Säcke sollen mir nicht mehr den Nacken drücken; ich werde auch auf deinem Wagen nie mehr Mist fahren. Gott strafe mich, wenn ich dir noch je Ochsen ins Joch spanne oder Hafer säe. Das würde meinem langen, blonden Haar wirklich nicht gut anstehen und meinen gekräuselten Locken, meinem feinen Kleid, meiner kost-

baren Haube und den seidenen Tauben, die die Frauen daraufge-
stickt haben. Niemals mehr helfe ich dir dein Feld bestellen."

„Lieber Sohn, bleibe bei mir. Ich weiß sicher, Meier Ruprecht
will dir seine Tochter zur Frau geben und viele Schafe dazu und
Schweine und zehn Rinder, alte wie junge. Bei Hofe mußt du hun-
gern und hast ein hartes Lager, und keiner dankt es dir. Folge doch
meinem Rat, du wirst Nutzen und auch Ehre davon haben; denn
nie schlägt es dem gut aus, der sich gegen seinen Stand auflehnt.
Dein Standeszeichen aber ist der Pflug. Hofleute gibt es in Hülle
und Fülle, wohin du auch blickst. Du kommst in große Schande,
mein Sohn, darum schwöre ich dir das eine: du wirst der Spott
der Hofleute, die es von Rechts wegen sind. Lieber Sohn, bitte
hör auf mich und lasse ab von deinem Plan!"

„Vater, habe ich erst mein Pferd, so hoffe ich fest, noch in der
höfischen Welt Erfolg zu haben, ebenso wie die, die von jeher am
Hofe gelebt haben. Wer die vornehme Haube auf meinem Kopf
sieht, der wird wohl tausend Eide darauf schwören, daß ich dir
nie einen Ochsen angespannt oder mit einem Pflug Furchen gezogen habe. In dem Augenblick, wo ich mir das Kleid angezogen
habe, mit dem mich gestern meine Mutter und meine Schwester
ausgestattet haben, sehe ich nicht mehr danach aus, als ob ich je
Korn auf der Tenne ausgedroschen oder Pfähle eingerammt hätte.
Wenn ich erst meine Beine und Füße mit diesen Hosen und Schu-
hen aus Corduanleder geschmückt habe, sagt mir keiner mehr
nach, daß ich jemals dir oder einem andern Zäune gezogen habe.
Wenn du mir jetzt den Hengst schenkst, so muß Meier Ruprecht
für alle Zukunft auf mich als Schwiegersohn verzichten. Ich will
mich keinesfalls um einer Frau willen verliegen."

Der Vater sagte: „Sohn, nun schweig einmal und höre erst, was
ich dir zu sagen habe. Wenn ein Sohn den Rat seines Vaters immer
wieder in den Wind schlägt, so ist das die schlimmste aller Schandtaten und bringt ihn außerdem ins Unglück. Wenn du unbedingt
den vornehmen Ritter spielen und ihn nachahmen willst, so wirst
du keinen Erfolg damit haben. Sie werden dich darum nur anfein-
den. Glaub mir doch: kein Bauer hat mit dir Mitleid, wenn dir

dort noch so viel Unrecht getan wird. Und wenn etwa ein richtiger Ritter dem Bauern all sein Hab und Gut abnimmt, so geht es ihm vor Gericht doch besser als dir. Doch wenn du ihm nur von seinem Essen etwas wegnimmst, mein lieber, guter Sohn, du mußt es, wenn er dich zu fassen bekommt, gleich für alle mitbüßen, die ihm jemals etwas genommen haben sollten. Du kommst gar nicht dazu, dich zu verteidigen: er erschlägt dich sofort über dem Raube, mein lieber Sohn, glaube mir das und bleibe hier und nimm ein braves Eheweib."

„Wie es mir auch gehen mag, Vater, ich gebe meinen Vorsatz nicht auf. Ich muß unbedingt in die höfische Welt. Laß deine andern Söhne sich mit dem Pflug abplagen! Vor mir sollen die Rinder brüllen, die ich den Bauern um die Ecke bringe. Daß ich mich hier noch so lange aufhalten muß! Aber daß ich nicht schon mit den andern querfeldein davonsause, daran hindert mich bloß diese Schindmähre, und daß ich die Bauern nicht schon an den Haaren durch die Hecken schleife, das tut mir wahrhaft leid. Unsere Armut kann ich nicht mehr aushalten. Wenn ich alle drei Jahre nur ein Fohlen großziehe und ebenso lange für ein Rind brauche, so ist mein Verdienst dabei ein Nichts. Ich will alle Tage frischfröhlich auf Raub ausziehen; auf diese Weise kann ich ordentlich für mich sorgen und gut leben und kann mich vor der Winterkälte schützen. Ich muß bloß Rinder haben! Darum, Vater, eile und zögere nicht mehr; besorge mir rasch den Hengst, ich bleibe nicht länger bei dir."

Ich will es kurz machen. Lodenstoff von dreißig Lagen (der größte Ballen Stoff, den es je gegeben) mußte der Vater für den Hengst opfern und obendrein vier Kühe, zwei Ochsen und drei Stiere und noch vier Scheffel Korn. O, über dies verschwendete Gut!

Als der Sohn sich angezogen hatte und fertig war, sagte er, indem er den Kopf in den Nacken warf und hochmütig über die Schulter zurückblickte: „Ich könnte einen Stein zerbeißen, so wild ist mir zumute, ach ich könnte Eisen fressen! Der Kaiser selbst sollte noch froh sein, daß ich ihn nicht gefangen wegschleppe und ihn bis auf die Haut ausplündere und ebenso den Herzog und einen Haufen Grafen dazu. Querfeldein möchte ich losgaloppieren und quer durch alle Menschen hindurch; um mein Leben bin ich nicht bange. Laß mich aus deiner Aufsicht nur erst heraus; ich will nach meinem eigenen Kopfe leben. Vater, ihr könnt leichter einen sturen Niedersachsen als mich erziehen."

Der Vater sagte: „Dann will ich dich aus meiner Erziehung frei lassen, und da ich sie nicht mehr übe, mag eine andere Sippe sich jetzt deiner annehmen! Und was deine gekräuselten Haare angeht, so nimm nur deine Haube mit der seidengestickten Taube in acht, daß man sie dir nicht antastet oder dein langes, blondes Haar nicht wild zerzaust. Wenn du nun wirklich meine Fürsorge verschmähst, so fürchte ich bei Gott, du wirst noch dereinst an einem Stock gehen müssen auf dem Weg, den dich ein kleiner Junge führt." Und dann sagte er: „Mein Sohn, lieber Junge, laß dich doch noch von deinem Vorsatz abbringen. Lebe von dem, wovon ich lebe, und von dem, was deine Mutter dir zukommen läßt. Trink lieber Wasser, mein Sohn, ehe du dir durch deine Räuberei Wein verschaffst. Unsere heimischen Semmeln hält jedermann, jung und alt, für einen Leckerbissen; die iß nur, liebes Kind, ehe du ein geraubtes Rind für ein Huhn geben mußt, wo du einkehrst. Deine Mutter weiß die ganze Woche hindurch die schönste Suppe zu kochen, damit fülle nur deinen Schnabel, ehe du für eine Gans ein gestohlenes Pferd opfern mußt. Wenn du so lebst, kommst du überall zu Ehren. Ach, iß lieber Roggenbrot und Hafergrütze, ehe du mit Schande ein feines Fischgericht ißt: das ist die Lehre deines Vaters. Folgst du mir, so bist du verständig, wenn nicht, so zieh von hinnen. Wenn du dann auch viel Geld und Ansehen erwirbst, ich will bei Gott nichts mehr mit dir gemein haben. Trag aber dann auch allein den Schaden!"

„Trink du nur Wasser, Vater, aber ich will Wein trinken, und iß du nur deine Grütze; ich will etwas anderes: Hühnerbraten. Daran kann mich kein Mensch hindern. Auch will ich bis an mein Lebensende nur Weißbrot essen, Haferbrot ist für dich das richtige. Man kann in kirchlichen Ordnungen nachlesen, daß ein Kind

etwas von dem Wesen seines Paten übernimmt. Mein Pate war
ein edler Ritter; er sei noch im Himmel gepriesen. Von ihm habe
ich meinen adligen und stolzen Sinn."

Da sagte der Vater: „Glaub mir, ein Mann, der rechtschaffen
lebt, sein Leben lang, gefällt mir viel besser; selbst wenn er nicht
so hochgeboren ist, steht er doch vor den Menschen viel geachteter
da als ein Mann von königlicher Herkunft, der nichts taugt und
für nichts geachtet wird. Ein tüchtiger Mann von einfachem Herkommen und ein Adliger, der nichts taugt und nichts gilt, wenn
diese beiden in ein Land kommen, wo man nicht weiß, wer sie
sind, dann schätzt man den Sohn des einfachen Mannes höher als
den Hochwohlgeborenen, der sich statt Ehre nur Schande erworben hat. Also, mein Sohn, willst du wirklich ein Adliger sein, so
rate ich dir gut: handle auch wie ein Adliger. Ein guter Charakter
ist bestimmt die höchste Tugend. Laß dir das gesagt sein."

Der Sohn sagte: „Alles schön und gut, aber mein feines Haar,
meine Haube, meine vornehme Kleidung lassen es nicht zu, daß
ich hier bei euch bleibe. Die sind so prächtig, daß sie besser zu
einem höfischen Tanz passen als zu Egge und Pflug."

„Weh, daß du geboren bist!" rief jetzt der Vater." Du willst
gerade das einzig Rechte lassen und das Böse tun. Sag mir doch
das eine, du vornehmer junger Herr (wenn du überhaupt noch
bei Verstand bist), welcher von beiden das richtigere Leben führt:
den man überall verflucht und verwünscht und für den die ganze
Welt büßen muß, weil er auf Kosten der andern Menschen lebt,
und der gegen Gottes Liebe sich aufbäumt – sag, wessen Leben
ist reiner, wenn auf der andern Seite einer steht, von dem alle Menschen Nutzen haben und den nichts abhält, Tag und Nacht so zu
leben und zu handeln, daß man von ihm Gutes hat, und der dazu
noch Gott sein Leben lang ehrt: ich meine, diesen muß Gott und
die ganze Welt lieben. Lieber Sohn, sag mir doch jetzt ehrlich,
wer von den beiden dir besser scheint."

„Ja, Vater, natürlich der, von dem man keinen Nachteil hat,
sondern nur Nutzen, der führt das rechte Leben."

„Siehst du, lieber Sohn, dieser Mann wärst du, wenn du meinem Rat folgtest. Führe du als Bauer den Pflug, so werden viele davon Segen haben. Arm und reich, Adler und Wolf, aller Kreatur, der Gott das Leben auf Erden geschenkt hat, bringst du dann Nutzen. Lieber Sohn, bleib bei uns! Wenn du den Acker baust, verhilfst du damit auch vielen Frauen zu einem schönen Leben; ja, Könige verdanken ihre Krone der Arbeit des Landmanns. Nur für einen Hochmütigen ist der Ackerbau etwas Niedriges."

„Vater, Gott bewahre mich vor deinem ewigen Predigen! Ja, wenn du richtiger Prediger geworden wärst, du hättest ein ganzes Heer zur Kreuzfahrt bekehrt. Nun höre aber, was ich dazu sage: wenn die Bauern viel ackern, so fressen sie auch umso mehr. Was auch mit mir werden mag, dem Pflug sage ich den Kampf an. Wenn ich vom Pflügen schmutzige Hände habe, bei Gott, ich müßte mich schämen, wenn ich so mit einer Dame tanzen wollte."

Der Vater sagte: „Laß es dich nicht verdrießen einmal nachzuforschen bei Leuten, die von Träumen etwas verstehen, was der Traum bedeutet, den ich gehabt habe. Du hattest zwei Lichter in der Hand, die leuchteten weit ins Land hinein. Mein lieber Sohn, dasselbe habe ich im vorigen Jahr von einem Manne geträumt, den ich jetzt als Blinden habe herumlaufen sehen." Der Sohn sagte: „Vater, laß gut sein. Ich gebe mein Vorhaben nicht auf wegen solcher Traumgeschichte; dann wäre ich ja ein Feigling."

Diese erste Warnung war in den Wind geredet. Der Vater sagte weiter: „Ich hatte noch einen andern Traum. Mit dem einen Fuß gingst du auf der Erde; mit dem andern Knie aber standst du auf einem Stock; aus deinem Rock ragte der Beinstumpf heraus. Frage doch die Wissenden, was dieser Traum bedeutet, damit er dir ein warnendes Zeichen ist."

„Er bedeutet natürlich Glück im Himmel und auf Erden und Freude aller Art." Der Vater sagte: „Schließlich hatte ich noch einen Traum; den will ich dir auch erzählen. Es war, als ob du hoch über Wald und Feld flögest; da wurde dir ein Flügel durchgeschnitten und mit deinem Fliegen war es aus. Wird dir dieser Traum etwa auch Glück bedeuten? Weh über deine Hände und Füße und Augen!"

„Vater, deine Träume bedeuten allesamt Glück für mich", sagte der junge Helmbrecht. „Sieh dich nach einem andern Knecht um; auf mich mußt du verzichten, und wenn du noch so viel geträumt hast."

„Sohn, die Träume, die ich bis jetzt erzählt habe, sind noch gar nichts. Nun höre erst von dem letzten und grausamsten Traum. Du hingst an einem Baum, von deinen Füßen bis zum Boden waren es noch anderthalb Klafter. Über deinem Kopf saß auf einem Zweig ein Rabe und eine Krähe daneben. Deine Haare waren wirr. Da kämmte dich der Rabe an der rechten Seite und die Krähe zog dir links einen Scheitel. O über diesen Traum, weh über diesen Baum, weh über den Raben, weh über die Krähe! Ach ich fürchte, ich werde noch Schmerz erfahren mit dem, was ich an dir großgezogen habe, wenn dieser Traum keine Lüge war."

„Bei Gott, Vater, wenn dir auch noch alles träumt, was es nur auf der Welt gibt, Böses oder Gutes: meinen Entschluß wegzugehen, gebe ich nicht auf, und sollte ich sterben. Mich drängt es unwiderruflich fort. Leb wohl, Vater, und auch du, liebe Mutter, und auch ihr, Geschwister. Gott mag für uns alle sorgen."

Und damit ritt er los. Dies war der Abschied vom Vater; durch die hintere Pforte verließ er das Gehöft.

Wenn ich nun alle seine Erlebnisse schildern sollte, so würde ich nicht in drei Tagen und nicht einmal in einer Woche zu Ende kommen.

Er kam auf eine Burg, deren Hausherr führte das Leben eines Räubers und war darauf aus, die um sich zu sammeln, die Lust hatten, auch auf Raub auszureiten und es dabei sogar auf einen Kampf ankommen zu lassen. Helmbrecht wurde in sein Gefolge aufgenommen. Er wurde sehr tüchtig im Rauben: alles, was ein anderer noch liegen gelassen hatte, steckte er in seinen Sack. Er raffte alles, was ihm in den Weg kam. Kein Raub war ihm zu gering; nichts war ihm zu schwer; alles raubte er, der Sohn des Meiers Helmbrecht. Er griff ein Pferd, er nahm ein Rind, er ließ den Leuten nicht einen Löffelstiel übrig; er raubte den Leuten das Kleid, das Schwert, den Mantel, den Rock, hier eine Ziege, hier einen Bock, hier ein Schaf, hier einen Widder. Aber später mußte er es mit der eigenen Haut büßen. Er zog den Frauen Rock und Kleid vom Leib, ebenso wie ihren Pelz und Mantel. Ja, später wünschte er ungeschehen, was er den Frauen angetan hatte, als der Scherge ihn zu fassen kriegte.

Im ersten Jahr blies seinen Schiffen ein günstiger Wind, und sie segelten fröhlich dahin. So wurde er sehr übermütig, weil ihm der beste Teil der Beute zufiel. Da dachte er eines Tages daran, wieder zu Hause bei den Seinen einzukehren, wie es ja oft geschieht. Er nahm also Abschied von seinem Herrn und seinen Genossen, Gott würde schon für sie sorgen, dachte er.

Was jetzt kommt, dürfen wir auf keinen Fall übergehen. Wenn ich es nur recht eindringlich schildern könnte, wie man ihn da zu Hause empfing! Ging man ihm etwa bloß entgegen? Nein, man lief ihm entgegen, alle auf einmal: einer stolperte über den andern. Vater und Mutter sprangen so rasch hinzu, wie wenn ihnen noch nie ein Kalb tot geblieben wäre. Wer den Botenlohn verdiente? Dem Knecht schenkte man vor Freude über seine Nachricht ein neues Hemd und neue Hosen. Riefen Magd und Knecht etwa: „Willkommen, Helmbrecht?" Nein, davon konnte keine Rede sein; sie sagten: „Herr Junker, wir heißen euch höflichst willkommen!" Seine ersten Worte waren:

„Vil liebe soete Kindekîn, got late iuch immer saelic sîn!" Die Schwester lief ihm entgegen und umschlang ihn mit den Armen. Da sagte er zu ihr: „Gratia vester!" Die Jugend eilte voran, die Alten zogen hintendrein, alt und jung in Menge begrüßten ihn. Zu dem Vater sagte er: „Deu sal!" Zu der Mutter redete er gar auf Böhmisch: „dobra utra!" Die beiden Eltern sahen sich erstaunt an. Die Mutter sagte: „Lieber Mann, wir sind wohl nicht ganz richtig im Bilde; das ist nicht unser Sohn, das ist ein Böhme oder ein Wende." – Der Vater meinte: „Das ist ein Welscher. Mein Sohn jedenfalls, den ich Gottes Schutz überantwortet habe, ist es sicher nicht, auch wenn er ihm ähnlich sieht." Da sagte seine Schwester Gotelind: „Nein, es ist nicht euer Sohn; er hat mich ja auf lateinisch angesprochen. Das kann doch nur ein Pfaffe sein." – „Ja", sagte der Freiknecht, „nach den Worten, die ich von ihm gehört habe, ist er in Niedersachsen großgeworden oder in Brabant; er sagte: ‚Liebe soete kindekîn'. Er wird sicher aus Niedersachsen sein."

Der Alte sagte ganz schlicht: „Bist du mein Sohn Helmbrecht, so überzeugst du mich gleich, wenn du so sprichst, wie wir sprechen und unsere Voreltern gesprochen haben, so daß ich es verstehen kann. Du sagst immer: ‚Deu sal', so daß ich gar nichts damit anzufangen weiß. Nimm doch auf deine Mutter und mich Rücksicht, dafür werden wir dir dankbar sein – rede doch deutsch. Ich werde dir deinen Hengst putzen, mein lieber Sohn Helmbrecht, ich selbst und nicht mein Knecht, daß du dich freuen kannst."

„Ach, was redet ihr dummer Bauer und jenes verächtliche Weib? Mein feines Pferd oder gar mich selbst wird mir auf keinen Fall ein einfacher Bauer anfassen."

Da zuckte der Vater schmerzlich zusammen. Aber er redete trotzdem weiter: „Bist du wirklich mein Sohn Helmbrecht, so will ich noch heute ein Huhn kochen und dir außerdem noch eins braten; das meine ich ganz ehrlich. Wenn du nicht mein Sohn Helmbrecht bist, sondern ein Böhme oder Wende, dann schert euch auch dorthin! Ich habe schon genug mit meinen Kindern zu schaffen. Auch den Pfaffen gebe ich nicht mehr als rechtens ist. Wenn ihr nicht Helmbrecht seid, dann sorge ich dafür, daß ihr nicht einmal an meinem Tisch als Gast sitzt, wenn ich feine Fische im Überfluß hätte. Seid ihr ein Niedersachse, Brabanter oder aus Frankreich, so solltet ihr lieber eure Futtertasche mitgebracht haben. Ihr rührt mir nichts von dem an, was mir gehört, und wenn diese Nacht ein Jahr dauert. Ich habe keinen Met und keinen Wein. Bleibt bei euren vornehmen Herren, Herr Junker."

Nun war es aber schon sehr spät geworden. Der junge Bursche überlegte bei sich: „Hilf Himmel, ich werde ihnen nun doch lieber sagen, wer ich bin; denn es ist in der Nähe hier kein Wirt, der mich aufnehmen könnte. Es ist doch nicht klug von mir, wenn ich anders rede, als meine natürliche Sprache ist." Er sagte also: „Ich bin derjenige." Der Vater sagte: „Na, wer denn?" – „Nun,

der ebenso heißt wie ihr." Der Vater sagte: „Nun sagt doch den
Namen!" – „Ich heiße Helmbrecht. Euer Sohn und euer Knecht
war ich noch vor einem Jahr. Ich sage die Wahrheit." Der Vater
sagte: „Nein!" – „Doch, es ist wahr!" – „Dann sagt mir, wie meine
vier Ochsen heißen!" – „Gleich, gern. Der eine, den ich in meiner
Pflege hatte und über den ich meine Geißel schwang, der heißt
Auer; der paßt auf den Acker des vornehmsten und tüchtigsten
Bauern. Der nächste hieß der Schwarze: ein so tüchtiges Rind ist
noch nie unter ein Joch gespannt worden. Den dritten nenn ich
euch auch: der hieß der Böse. Bin ich nicht sehr klug, daß ich euch
noch alle nennen kann? Wollt ihr noch mehr wissen, damit ihr
mich endlich wiedererkennt? Der vierte hieß Sonne. Nun ich sie
euch doch wohl richtig genannt habe, belohnt mich auch dafür
und schließt das Tor auf." Der Vater sagte: „Du sollst nicht länger
da draußen stehen bleiben, auch Stuben und Schränke sollen dir
offen sein."

Alle Wetter! So vornehme Bewirtung, wie sie jetzt der junge
Helmbrecht genoß, habe ich noch niemals erlebt. Sein Pferd wurde
abgezäumt, und ihm selbst wurde von Mutter und Schwester das
schönste Bett bereitet. Der Vater schaffte reichlich gutes Essen
heran. So weit ich auch kreuz und quer in der Welt herumgekom-
men bin, ich bin nirgends so gut aufgenommen worden wie er jetzt.
Die Mutter herrschte die Tochter an: „Lauf ein bißchen zu und
geh nicht so langsam in die Kammer und hole weiche Polster und
Kissen!" Die wurden ihm unter die Arme gelegt auf der warmen
Ofenbank, wo er sich ausruhen konnte, bis das Essen fertig war.

Als er aufgewacht war und sich die Hände gewaschen hatte, war
inzwischen das Essen fertig. Nun hört, was ihm vorgesetzt wurde.

Als erster Gang (selbst wenn ich ein hoher Herr wäre, würde
ich dies Gericht nicht vorübergehen lassen): feingeschnittenes Ge-
müse, dabei lag eine ordentliche Portion gutes Fleisch, mager und
fett. Dann weiter: fetter, guter Käse; davon wurde ein ganzes Gericht aufgetragen. Ich weiß Bescheid: eine fettere Gans ist noch
nie gebraten worden; sie machten das gern für ihn und waren geradezu mit Begeisterung dabei. Die Gans war groß und dick wie

eine Trappe, die setzte man dem jungen Mann vor. Ein gebratenes
Huhn und ein gekochtes, wie der Vater es angeordnet hatte, wurden auch noch aufgetragen. Ein hochgeborener Herr würde, wenn
er auf der Jagd auf Anstand läge, sich gern solchen Braten verschaffen. Noch vielerlei, was die Bauern sonst gar nicht kennen,
vornehmste Speisen trug man ihm auf. Der Vater sagte: „Ja, wenn
ich Wein hätte, der müßte heute abend dran glauben. Lieber Sohn,
nun trink dies schönste Quellwasser, das aus der Erde gesprudelt
ist. Ich weiß keine Quelle, die der unseren gleich ist: so klares
Wasser kann uns keiner bringen."

Als sie mit Appetit gegessen hatten, nahm der Vater die Gelegenheit wahr und fragte, wie es denn am Hofe, wo er gewesen,
zugehe.

„Sag mir, Sohn, wie es dort aussieht. Dann erzähl ich dir auch,
was ich in meiner Jugend von den Gewohnheiten der Menschen
dort gesehen habe."

„Vater, erzähl du mir das, dann will ich dir auch gleich sagen,
wonach du fragst, denn von unserm neuen Leben weiß ich sehr
viel zu berichten."

„Vor langer Zeit, damals als ich noch jung war und mein Vater,
dein Großvater Helmbrecht, mich mit Eiern und Käse zu Hofe
zu schicken pflegte, wie es die Bauern tun, da beobachtete ich die
Ritter genau und habe mir ihre Lebensart eingeprägt. Sie waren
von vornehmer Gesinnung und dabei lebensfroh und wußten
nichts von irgendwelcher Schlechtigkeit, wie sie heute bei Männern und Frauen leider häufig geworden ist. Die Ritter pflegten
besondere Bräuche, womit sie sich bei den Frauen beliebt machten: eines nennt man einen Buhurd: den erklärte mir ein Mann,
als ich ihn danach fragte, wie man dies Kampfspiel heiße. Wie die
Wilden fuhren sie aufeinander los, eine Schar gegen die andere.
Und damit erwarben sie sich Ruhm. Ja, zwei ritten aufeinander
zu, um sich gegenseitig vom Pferd zu stoßen. Was ich da am Hofe
erlebt habe, hat es bei uns Bauern nie gegeben. Und wenn sie damit
aufhörten, traten sie zum Tanz an unter heiterem Gesange, und
damit verkürzten sie sich die Zeit. Dann kam auch bald ein Spiel-

mann dazu und fing an zu geigen. Da standen die Frauen auf, deren Anblick für jeden eine Freude war; die Ritter schritten ihnen entgegen und faßten sie bei der Hand, und Fröhlichkeit und süße Lust im Übermaß herrschte unter Herren und Frauen, Jünglingen und Mädchen; alle tanzten froh miteinander, und wenn dann der Tanz vorüber war, trat einer vor und las aus einem Buch vor, das hieß Herzog Ernst, und jeder fand das, was er wünschte. Dann schoß wieder ein anderer mit dem Bogen nach der Scheibe. Freuden aller Art gab es, einer ging auf die Jagd, ein anderer auf die Pirsch. Der geringste unter diesen wäre heute hochangesehen. Ja, einst habe ich noch erlebt, was Treue und Ehre galten, ehe das Böse die Herrschaft gewann! Die schlechten und zuchtlosen Menschen, die heimtückisch Recht und Billigkeit zerstören, hatten am Hofe nichts zu suchen. Aber heute wird ein leichtsinniger Lügner als kluger Mensch betrachtet; er gilt sogar am Hofe etwas und hat viel mehr Besitz und Ansehen als ein Mann, der rechtschaffen lebt und Gottes Gnade zu erringen sucht. So viel hab ich von dem Leben der alten Zeit erfahren. Nun Sohn, sei du so gut und schildere mir das neue Leben."

„Das tue ich gern. Heute gilt als höfische Regel: trink, mein Herr, trink! Trink aus, ich geb dir Bescheid! Etwas Schöneres gibts nicht für uns. Versteh, wie ich es meine: einst sah man die vornehmen Leute bei den schönen Frauen, heute trifft man sie da, wo der Wein in Strömen fließt. Das ist ihre größte Sorge morgens und abends, wie sie es anstellen, daß der Hausherr, wenn der Wein ausgegangen ist, einen eben so guten heranschafft, damit ihre frohe Laune vorhält. Und ihre Liebesbriefe lauten jetzt so: ,Süße Schenkmaid, füll uns den Becher. Ein Affe und ein Narr ist überhaupt der, der sich nach einem Weib statt nach einem guten Wein sehnt.' Wer sich aufzuspielen weiß, ist darauf stolz. Und Betrügen ist eine höfische Kunst geworden. Wer heute einem Menschen seine Ehre abschneiden kann, gilt als wohlerzogen. Und wer über das Leben von euch Alten noch herzieht, ihr könnt es glauben, der gilt als besonders tüchtig. Die so leben wie ihr, werden jetzt verachtet und sind Männern und Frauen als Gesellschaft gerade

so lieb wie der Henker. Jemanden in Acht und Bann zu tun ist
geradezu ein Vergnügen."

Der Alte sagte: „Das mag Gott erbarmen, und es soll ihm laut
geklagt sein, daß das Böse sich jetzt so breit macht."

„Die alten Turniere", fuhr der junge Helmbrecht fort, „verschmäht man jetzt. Dafür ist eine neue Art aufgekommen. Einst
war das Feldgeschrei: ‚Heia, Ritter, seid doch fröhlich!' Jetzt ruft
man bei Tag und bei Nacht: ‚Auf Ritter, zur wilden Jagd! Stich
zu, schlag zu. Stich ihm die Augen aus, er hat lange genug gesehen!
Schlag dem einen den Fuß ab! Hau einem andern die Hände ab!
Hänge diesen da auf und nimm den Reichen gefangen, der bringt
uns hundert Pfund Lösegeld ein!' Solch ein Leben ist mir ganz
vertraut. Ich könnte dir jetzt noch viel von diesen neuen Gewohnheiten erzählen, wenn ich nur wollte. Aber ich muß jetzt schlafen.
Ich bin weit geritten und brauche Ruhe."

Gleich folgte man seinem Wunsch. Bettücher gab es nicht; aber
ein frischgewaschenes Untergewand breitete seine Schwester Gotelind über sein Lager. Er schlief da bis in den hohen Tag.

Nun hört, wie es weitergeht. Es ist natürlich nur recht und billig,
daß der junge Helmbrecht nun auspackt, was er etwa von Hofe
an Überraschungen mitgebracht hat für Vater, Mutter und Schwester. Ja wirklich, wenn ihr all das jetzt sähet, ihr müßtet lachen.
Dem Vater hat er einen Wetzstein mitgebracht, wie kein Mäher
einen besseren in seiner Lade hängen hat. Das war für einen Bauern
schon ein Kleinod! Dann hat er ihm eine Axt mitgebracht, so gut,
wie seit langem kein Schmied eine geschmiedet hatte, und eine
Hacke auch noch.

Einen Fuchspelz bester Sorte hatte er für seine Mutter. Den
hatte er einem Pfaffen ausgezogen. Ob er ihn nun offen geraubt
oder heimlich entwendet hatte, das erzählte ich euch am liebsten
ganz genau, wenn ich es herausbekommen hätte. Bei einem Krä-
mer hatte er ein seidenes Haarband entwendet, das schenkte er
Gotelind, und einen mit Gold beschlagenen Gürtel, den von rechts
wegen eine Prinzessin statt seiner Schwester Gotelind hätte tragen
sollen. Für den Knecht gab es Schuhe mit Riemen, die hatte er

selbst weit hergebracht für ihn; sie waren noch ganz unbenutzt. Ja, so aufmerksam war er! Denn wenn Helmbrecht noch seines Vaters Knecht gewesen wäre, hätte er ihm die Schuhe nicht mitgebracht. Und für die Freimagd hatte er ein Kopftuch und ein rotes Band; beides hatte sich die Magd lange gewünscht.

Nun hört, wie lange Helmbrecht zu Hause blieb! Wirklich ganze sieben Tage. Die Zeit dünkte ihn wie ein Jahr, weil er nicht auf Raub ausziehen konnte. Dann aber nahm er plötzlich von Vater und Mutter Abschied. „Aber nein doch, lieber guter Sohn, wenn du doch nur mit dem, was ich dir zu bieten habe, auskommen wolltest, bis ich sterbe. Bleib doch hier bei uns und iß hier dein Brot. Geh hier aus und ein. Laß ab von dieser höfischen Lebensweise, die ist bitter und verderblich. Ich möchte viel lieber Bauer sein als ein armer Hofmann, der nie Einkommen von Grund und Boden hat und immer unter Lebensgefahr früh und spät herumzieht und inzwischen fürchten muß, daß seine Feinde ihn fangen, verstümmeln und aufhängen."

„Vater", sagte der junge Helmbrecht, „für deine Bewirtung werde ich dir immer dankbar sein. Aber es ist schon über eine Woche her, daß ich keinen Wein getrunken habe. Ich muß den Gürtel deshalb drei Löcher enger schnallen; bis die Schnalle wieder da steht, wo sie vorher war, muß ich mir wieder ein paar Rinder schaffen. Erst müssen wieder ein paar Pflüge angehalten und Rinder weggetrieben werden, ehe ich ausruhen kann und wieder Fett ansetze. Mich hat ein reicher Mann so beleidigt, wie noch nie ein anderer Mensch: ich sah, wie er einmal über ein Feld meines Paten ritt. Ihr werdet es noch erleben, daß er mir gehörig dafür büßt: seine Rinder sollen das Rennen kriegen und ebenso seine Schafe und Schweine. Daß er meinem lieben Paten seinen mühsam bestellten Acker so zerstampft hat, hat mich tief beleidigt. Außer ihm weiß ich noch einen andern Reichen; der hat mich ebenfalls beleidigt: er aß zu seinen Krapfen noch Brot dazu. Wenn ich ihn nicht dafür strafe, will ich mich lebendig begraben lassen. Ich kenne schließlich noch einen Reichen, der so viel wie kein anderer mir Böses zugefügt hat. Selbst wenn ein Bischof es mir verböte, ich würde es ihm nicht durchgehen lassen, was er mir zugefügt hat."

Der Vater sagte: „Was heißt das?" – „Na, er machte seinen Gürtel weiter, als er bei Tisch saß. Wenn ich mir erst von dem etwas hole, was ihm gehört! Alles soll mir gehören, was sein Pflug und Wagen zieht. Das verhilft mir dazu, daß ich zu Weihnachten feine Gewänder tragen werde. Ganz gleich, wie ich mir auch die Dinge ansehe: was denkt sich bloß der dumme Narr und andere auch, die mir solche Beleidigungen zugefügt haben? Ließe ich das ungerochen, so wäre ich ein Feigling.

Da blies mir einer den Schaum von seinem Bier in meinen Becher. Wenn ich das nicht sofort strafe, so verdiene ich bei Gott nicht, bei einer Frau etwas zu gelten oder auch nur ein Schwert an der Seite zu führen. Bald wird man von Helmbrecht hören, daß ein großer Hof durch ihn leergeworden ist: wenn ich den Kerl selbst nicht treffe, so treibe ich ihm doch die Rinder fort."

Der Vater sagte: „Ich wäre dir dankbar, wenn du mir die jungen Gesellen nenntest, die dich so gelehrt haben, daß du dem Reichen, der zu den Krapfen noch Brot ißt, dafür seine Habe raubst. Nenn sie mir, ich bitte dich dringend."

„Das sind meine Freunde Lämmerschling und Widderschluck; das sind die beiden, die mich darin unterwiesen haben. Ich nenne dir auch noch Höllensack und Schrankknacker, das sind meine Lehrmeister, auch Kühefraß und Kelchräuber. Seht, Herr Vater, was für junge Ritter dabei sind! Die sechs habe ich dir genannt Aber nun erst mein Freund Wolfsrachen! So lieb ihm seine Base und Tante, sein Oheim und Vetter sind: er läßt, selbst wenn schlimmster Winter ist, keinem etwas am Leibe, weder Männern noch Frauen, keinen Fetzen, um ihre Blöße zu bedecken, Fremden so wenig wie Einheimischen. Mein Freund Wolfskehle öffnet ohne Schlüssel alle eisernen Schlösser und Riegel. In einem Jahr habe ich hundert solche festen Schlösser gezählt, die sofort aufsprangen, wenn er sich von ferne nahte, und die Pferde, Ochsen und Kühe sind ungezählt, die er aus ihrem Stall getrieben hat, wo dann das Schloß in dem Augenblick, wenn er sich davorstellte, aufging. Ich habe noch einen Kameraden mit so feinen Namen, wie keiner sonst hatte; den hat ihm eine mächtige Herzogin verliehen, die edle und freie Narrie von Nonarre: er heißt nämlich Wolfsdarm. Ob es Sommer oder Winter ist, nie wird ihm das Rauben zu viel. Diebstahl tut ihm so wohl, daß er ihm nie über wird. Nie hat er einen Schritt vom Bösen zum Guten gemacht. Er fühlt sich geradezu zu grausamen Taten gedrängt, so wie es die Krähe zum Saatfeld treibt."

Der Vater sagte: „Nun sag mir auch, wie sie dich anreden, all deine Kumpanen, wenn sie dich rufen wollen."

„Vater, das ist ein Name, auf den ich immer stolz sein werde: ich heiße nämlich Schlingesland. Ein Glück bin ich für die Bauern niemals, die in meinem Bereich wohnen. Ihren Kindern kommt allerdings nichts anderes zu, als Wasserbrei zu löffeln. Noch mehr Leid tue ich den Bauern an: dem einen steche ich das Auge aus, den andern hänge ich in den Rauch; diesen wieder werfe ich gebunden in einen Ameisenhaufen und jenem reiße ich mit der Zange die Haare aus dem Bart; wieder einem andern ziehe ich die Haut vom Kopf, jenem zerschlage ich die Glieder, diesen hänge ich mit seinen Sehnen auf der Weide auf. Was die Bauern besitzen, gehört mir alles: Wo zehn von uns angeritten kommen, laßt selbst zwanzig von ihnen auf uns lauern, es ist um sie geschehen, auch wenn es noch mehr wären."

„Sohn, alle die du da nennst, wenn du sie auch besser kennst als ich, laß sie so wild sein wie sie wollen, wenn Gott selbst nur darüber wacht, kann ein einziger Scherge sie dazu zwingen, ihm nachzufolgen, wären es auch dreimal soviel!"

„Vater, das was ich früher noch getan habe, werde ich fürder, auch wenn es mir alle Könige befehlen, nicht weiter tun. Bis jetzt habe ich so manche Gans, manches Huhn, Rinder und Viehfutter für dich und meine Mutter vor meinen Gesellen beschützt; das alles werde ich jetzt nicht mehr tun. Ihr beleidigt meine tapferen Gefährten, von denen doch keiner etwas Schlechtes tut, auch wenn er raubt oder sich heimlich etwas verschafft: das ist nichts Böses. Hättet ihr es nicht durch euer Gerede verdorben und uns so ge-

schmäht, ich wollte schon eure Tochter Gotelind meinem Freund
Lämmerschling zur Frau geben; dann hätte sie das vornehmste Leben führen können, das je eine Frau bei ihrem Mann gehabt hat.
Pelze, Gewänder und Leinenkleidung so kostbar, wie sie die
Geistlichkeit besitzt, hätte er ihr geschenkt, wenn ihr nicht jetzt
so scharfe Worte gegen uns gesprochen hättet. Ja, selbst wenn Gotelind jede Woche frisches Rindfleisch hätte essen wollen: sie hätte
es bekommen.«

»Aber nun hör zu, Schwester Gotelind! Als mein Freund Lämmerschling zum ersten Mal bei mir um dich anhielt, sagte ich
gleich: ,Wenn es dir, mein Freund,und auch ihr durch das Schicksal
gewährt wird, dann wird es dich, glaube mir, nicht reuen; ich
kenne sie als so treu – sei ohne Furcht: du brauchst nicht lange
zu hängen, sie schneidet dich eigenhändig vom Galgen und
schleppt dich zu deinem Grabe am Kreuzweg. Mit Weihrauch und
Myrrhen – verlaß dich darauf – wird die Edle und Reine ein ganzes Jahr jede Nacht um dein Grab wandeln; ja, Lämmerschling, deine Gebeine wird sie umräuchern. Und wenn dir das Schicksal widerfährt, daß du erblindest, sie wird dich auf Weg und Steg durch
alle Länder an ihrer Hand geleiten. Wird dir der Fuß abgeschlagen,
sie wird dir die Stelzen alle Morgen ans Bett bringen. Sei unbesorgt, wenn man dir zu dem Fuß auch noch die Hand abschlägt,
sie schneidet dir bis zu deinem Tod Fleisch und Brot klein'. Da
erwiderte mir Lämmerschling: ,Nimmt mich deine Schwester Gotelind zum Mann, so will ich ihr eine solche Brautgabe schenken,
daß sie das glücklichste Leben führen kann. Ich habe drei gefüllte
Säcke, schwer wie Blei. Der eine ist gefüllt mit einem Ballen feinsten Linnens von der Güte, daß die Elle, wollte man es kaufen,
fünfzehn Kreuzer wert ist. Durch dies Geschenk wird sie sich sehr
geehrt fühlen. In dem anderen Sack liegen viele Röcke, Unterge-
wänder und Schleier. Sie weiß nichts mehr von Armut, wenn ich
ihr Mann werde und sie meine Frau: denn dies alles schenke ich
ihr gleich am Morgen nach der Hochzeit; und später alles, was
mir in die Hände fällt. Der dritte Sack ist über und über vollge-
stopft mit kostbarem, feinem dunklen Wollstoff und Fuchspelzen,

darunter zwei, von denen jeder mit Scharlach unterlegt und gefüttert ist; einer davon heißt schwarzer Zobel. Die Säcke habe ich in einer Schlucht in der Nähe verborgen. Die gebe ich ihr am andern Tag.'

Dein Vater hat das jetzt ja alles verdorben. Gotelind, darum leb wohl. Dein Leben wird jetzt bitter. Wenn dich jetzt ein Bauer zur Frau nimmt, so hast du es schwer wie nur eine. Bei dem mußt du Flachs stampfen, brechen, schwingen und schlagen, außerdem mußt du Rüben hacken. All das hätte dir der edle Lämmerschling erspart. O Schwester Gotelind, dies Unglück tut mir weh, daß ein niedriger Bauer mit seinen lästigen Liebkosungen auch nur eine Nacht an deinem Herzen ruht. Wehe, wehe über deinen Vater! Ach es ist ja gar nicht mein Vater: als meine Mutter mich fünfzehn Wochen trug, machte sich ein vornehmer Hofmann an sie heran. Von dem ist mir das angeboren und auch von meinem Paten; sie sollen beide dafür gesegnet sein, daß ich von klein auf so stolzen Sinnes bin!'«

Da sagte seine Schwester Gotelind: „Auch ich glaube, daß ich in Wirklichkeit seine Tochter nicht bin. Meiner Mutter hat ein feiner Ritter beigelegen, als sie mich im Schoß trug. Dieser Ritter griff sie sich, als sie abends spät Kälber im Busch suchen ging. Daher bin ich auch so stolz. Lieber Bruder Schlingesland, Gott soll es dir danken!" – „Mach doch", sagte sie weiter, „daß Lämmerschling mein Mann wird: dann höre ich das Fett in der Pfanne brutzeln, und ich habe Wein zu trinken, und meine Schränke sind gefüllt, und Bier wird mir gebraut und das beste Mehl gemahlen. Kriege ich die drei Säcke, so kenne ich keine Armut mehr. Ich habe dann Essen und Kleidung. Was sollte mich dann noch grämen? Dann habe ich all das, was eine Frau sich von ihrem Mann wünscht. Auch traue ich mir zu, ihm zu gewähren, was ein Mann von einer kräftigen Frau haben möchte. Was er will, habe ich alles aufzuweisen. Der einzige, der mich hindert, ist mein Vater. Ich bin mindestens dreimal so kräftig wie meine Schwester war, als man sie verheiratete. Sie konnte am Morgen nach der Brautnacht auch ohne Stütze gehen und war nicht von der Anstrengung ge-

storben. Ich glaube auch, daß ich davon nicht tot bleibe, es sei
denn durch einen Unglücksfall. Lieber Bruder, behalte es mir zuliebe für dich, was ich jetzt noch mit dir bereden möchte. Ich gehe
mit dir den schmalen Weg am Kiefernhang entlang. Ich werde
seine Frau, auch wenn ich damit Vater und Mutter und Geschwister aufgebe."

Der Vater hörte nichts von dieser Verabredung und die Mutter
ebensowenig. Der Bruder kam also mit der Schwester überein, daß
sie ihm heimlich nachfolgen sollte. „Ich übergebe dich dem Lämmerschling, so ärgerlich es deinem Vater ist. Du wirst seine Frau
und kommst zu Ehren und Reichtum. Wenn du fest entschlossen
bist, Schwester, werde ich dir meinen Boten hersenden, der dich
dann führt. Da du Lämmerschling magst und er dich, wird es euch
in allem gut gehen. Ich richte deine Hochzeit aus und sorge dafür,
daß man dir zu Ehren auf deiner Hochzeit den Gästen Kleider
und Gewänder in Fülle spendet. Nun bereite dich zu allem vor,
Schwester. Lämmerschling tut es auch; leb wohl, ich muß weg.
Mit dem Vater bin ich fertig; leb wohl, Mutter!"

Damit ritt er seinen alten, ihm schon vertrauten Weg und erzählte Lämmerschling von der Zustimmung Gotelindens. Der
küßte ihm vor Freude die Hand und sogar den Saum seines Klei-
des. Er verbeugte sich in der Richtung, aus der ihm der Wind Go-
telinds Grüße zutrug.

Nun hört von etwas Furchtbarem. Viele Witwen und Waisen
waren um ihren Besitz gebracht und in Kummer versetzt worden,
als sich jetzt Herr Lämmerschling und seine Gemahlin Gotelind
auf den Brautstuhl setzen wollten. Was sie aßen und tranken, war
von weither zusammengebracht oorden. Denn sie waren inzwischen keineswegs müßig geblieben. Die Burschen hatten Tag und
Nacht mit Wagen und auf Rossen alles herangeschleppt und ein-
getrieben und in das Haus von Lämmerschlings Vater gebracht. Als
König Artus seine Gemahlin Ginevra heiratete, war dies Fest ärmlich im Vergleich zu der Hochzeit Lämmerschlings; sie lebten wahrlich nicht von Luft. Als die Vorbereitungen fertig waren, sandte
Helmbrecht seinen Boten, der ihm eilends die Schwester holte.

Als Lämmerschling hörte, daß Gotelind kam, ging er ihr sogleich entgegen. Hört nur, wie er sie begrüßte: „Willkommen,
Frau Gotelind!" – „Von Herzen Dank, Herr Lämmerschling!"
– Und nun gingen freundliche Blicke zwischen beiden hin und
her. Er sah sie an, sie ihn. Lämmerschling schoß mit artigen und
feinen Worten einen Pfeil auf Gotelind ab, und die Frau vergalt
es ihm mit ihren Worten, so gut sie es verstand.

Nun werden wir also die Gotelind dem Lämmerschling zur Frau
und den Lämmerschling der Gotelind zum Manne geben. Ein alter
Mann mit weißem Haar erhob sich, der war der Worte kundig
und verstand sich auf die Sache.

Er stellte sie beide in einen Kreis und sagte dann zu Lämmerschling: „Wollt ihr Gotelind zur Frau nehmen, so sagt ja!" – „Ja",
sagte der Jüngling gleich. Er fragte ihn zum zweiten Male: „Ja,
ich will", antwortete er wieder. Zum dritten Male fragte er ihn
wiederum: „Wollt ihr sie wirklich nehmen?" Der Jüngling sagte:
„So wahr ich lebe, ich setze Leib und Seele zum Pfand: ich wünsche sie mir zur Frau." Da sagte er zu Gotelind: „Wollt ihr Lämmerschling zum Manne nehmen?" – „Ja, wenn Gott ihn mir gewährt!" – „Wollt ihr ihn?" fragte er wiederum. „Ja Herr, ich will
es, gebt ihn mir." Und zum dritten Male: „Wollt ihr ihn?" – „Ja,
Herr, ich will, gebt ihn mir doch." Da gab er Gotelind dem Lämmerschling zur Frau und gab Lämmerschling der Gotelind zum
Manne. Dann sangen sie alle ein Lied, und er trat ihr auf den Fuß.

Nun ist auch inzwischen das Festmahl bereitet. Wir dürfen nicht
vergessen, für Bräutigam und Braut Hofbeamte zu ernennen. Der
Stallmeister wurde Schlingesland, er sorgte dafür, daß die Rosse
sich den Bauch füllten. Der Schenke war Widderschling. Höllensack wies den Gästen und den Einheimischen die Plätze an; er war
nämlich zum Truchseß auserkoren. Schrankknacker, der kein zu-
verlässiger Haushalter war, wurde Kämmerer. Küchenmeister war
Kühefraß; der spendierte alles, was aus der Küche kam, Gesottenes
und Gebratenes. Kelchbrecher teilte das Brot aus. Nein, ärmlich
war die Hochzeit nicht. Wolfsrachen, Wolfsdarm und Wolfskehle
leerten viele Schüsseln und viele gewaltige Becher auf diesem

Hochzeitsfeste. Bei den Burschen verschwanden die Speisen
ebenso rasch, wie wenn der Wind sie vom Tisch geweht hätte. Ich
fürchte, jeder verschlang alles, was ihm der Truchseß aus der Küche heranschleppte. Ob überhaupt die Hunde noch etwas fanden
beim Knochenabnagen? Nein, denn die Erfahrung lehrt: „Jeder
Mensch giert noch nach Speise, wenn ihm sein Ende naht." Darum
stürzten sie sich auf ihr Essen: es war ihr Henkersmahl. Niemals
wieder sollten sie so fröhlich beisammen sitzen.

Da sagte plötzlich die junge Frau Gotelind: „Ach, lieber Läm-
merschling, mir graust es in meiner Haut! Ich fürchte, fremde
Menschen sind in der Nähe und wollen uns ans Leben. Ach, Vater
und Mutter, daß ich von euch beiden jetzt so weit entfernt bin!
Ich fürchte, Lämmerschlings Säcke bringen mir Unglück und
Schande: das fürchte ich gar sehr. Ach wie schön wäre es, wenn
ich doch zu Hause sein könnte! Ach, mein Herz ist mir so schwer.
Die Armut meines Vaters wäre mir jetzt viel lieber, als hier mit
Sorgen im Reichtum zu sitzen. Denn immer habe ich die Leute
sagen hören, daß der gar nichts bekommt, der zuviel begehrt: die
Habgier stößt uns in den Abgrund der Hölle, denn sie ist Sünde.
Aber ich besinne mich zu spät. O weh, daß ich so schnell meinem
Bruder gefolgt bin! Das werde ich ewig bereuen müssen."

(So rasch sehnte sich die Braut danach, lieber an ihres Vaters
Tisch das Kraut als Lämmerschlings Fische zu essen.)

Als sie nach dem Essen eine Weile zusammengesessen und die
Spielleute ihren Lohn von Gotelind und Lämmerschling empfangen hatten, sah man plötzlich den Richter mit vier Mann heran-
kommen. Ohne Gegenwehr überwältigte er die zehn. Wer nicht
hinter den Ofen entwischte, schlüpfte unter die Bank; dabei suchte
jeder den andern wegzudrängen.

Wer sonst vor vier Männern nicht geflohen wäre, den zog ein
Schergenknecht allein schon an den Haaren hervor. Und wirklich:
ein Dieb, der noch so kühn ist und manchen Tag drei Menschen
erschlagen hat, ist vor dem Schergen nie imstande, sich zu wehren.
So wurden die zehn also jetzt mit starken Banden von dem Schergen gefesselt. Gotelind hatte ihr Brautgewand wieder hergeben

müssen, an einem Zaun sah man sie kaum bekleidet in jämmerlichem Zustand; sie bedeckte ihre Brüste mit den Händen. Sie war grausam aufgeschreckt worden. Vielleicht ist ihr noch mehr geschehen. Wer es gesehen hat, mag es sagen.

Gott ist der größte Wundertäter, das seht ihr an dieser Geschichte. Wenn ein Dieb sogar ein ganzes Heer allein in die Flucht schlagen könnte, gegen den Schergen kann er sich nicht wehren. Wenn er den nur von ferne sieht, wird ihm dunkel vor Augen. Seine roten Backen werden fahl; wie kühn und tapfer er auch gewesen sein mag, ein lahmer Scherge schon fängt ihn. Mit all seiner Tapferkeit und Klugheit ist es vorbei, wenn Gott selbst das Richteramt antritt.

Nun hört die schreckliche Geschichte von ihrer Verurteilung, wie die Diebe mit ihrer Diebeslast vor Gericht krauchen mußten, wo sie aufgehängt wurden. Gotelind hatte wenig Freude, als dem Lämmerschling gleich zwei Rinderhäute um seinen Hals gehängt wurden. Dabei war seine Last noch die leichteste, weil er die Ehre eines Bräutigams genoß. Die andern schleppten noch mehr: sein Schwager Schlingesland Helmbrecht trug drei grobe Häute vor dem Schergen her, und das rechtens. Jeder mußte nämlich seine Last selbst hinschleppen. Das bekam der Richter als seinen Anteil. Ein Fürsprech ward ihnen nicht gewährt, der ihnen jetzt etwa noch ihr Leben verlängern wollte. Solchem Verteidiger sollte Gott selbst das Leben kürzen, das ist meine Meinung. Ich kenne sogar Richter, die so gesonnen sind: gäbe ihnen ein Wolf Geld und risse dann ihnen und anderen Leuten das Vieh: sie ließen ihn frei, obgleich das nicht sein dürfte – das ist meine Erfahrung.

Der Scherge hängte da die neun auf; den einen ließ er leben, nämlich den zehnten. Und das war Schlingesland Helmbrecht. Was vorbestimmt ist, das geschieht auch. Gott vergißt es niemals einem, der etwas tut, was er nicht tun darf. Das zeigte sich bei Helmbrecht, an dem er die Beleidigung des Vaters rächte: der Scherge stach ihm die Augen aus. Damit war die Strafe noch nicht zu Ende. Man rächte auch die Mutter, indem man ihm Hand und Fuß abschlug. Weil er Vater und Mutter mit Worten erniedrigt hatte, wurde ihm jetzt das Brandmal der Schande aufgedrückt. Als er zu seinem Vater gesagt hatte: „Was redet ihr dummer Bauer?" und seine Mutter ein verächtliches Weib genannt hatte: für diese Sünde litt er jetzt so schwere Strafe, daß ihm der Tod tausendmal lieber gesesen wäre als schimpflich weiterzuleben.

An einem Kreuzweg nahm Helmbrecht, der blinde Dieb, in Reue und Schmerz von Gotelind Abschied. Ein Knecht führte den Blinden an seinem Stab heim ins Vaterhaus.

Der Vater nahm ihn nicht auf; er trieb ihn fort; er half ihm nicht in seinem Unglück. Hört, wie er ihn anredete: „Deu sal, blindér Herr. Als ich einst am Hofe diente (es ist lange her), habe ich diese Grußform gelernt. Geht nur immer, Herr Blindekin; ich weiß, ihr habt alles, was ein Junker sich wünscht. Ihr seid auch in Welschland willkommen. Den Gruß will ich euch nicht vorenthalten; so grüße ich blinde Junker. Aber wozu langes Verhandeln? Bei Gott, mein junger blinder Herr, ihr räumt mir jetzt das Haus. Wenn ihr lange fackelt, laß ich euch von meinem Freiknecht schlagen, wie noch kein Blinder Schläge gespürt hat. Es wäre Sündenbrot, das ich heut abend an euch vergeudete. Raus aus der Tür!"

„Oh, nicht doch, Herr, laßt mich hier den Tag abwarten," sagte der Blinde. „Ich möchte euch sagen, wie ich heiße. Um Gottes willen, erkennt doch, wer ich bin!" Der Vater sagte: „Sagt es rasch, beeilt euch, es ist schon spät. Sucht euch nur einen andern Wirt, ich geb euch nichts."

Da sagte er (es kam ihn hart an und er schämte sich) dem Vater seinen Namen. „Herr, ich bin euer Sohn." – „Ach, dann ist der junge Mann, der den schönen Namen Schlingesland führte, blind geworden? Er fürchtete doch nicht den drohenden Schergen oder die Richter, und wenn es noch so viele wären. Ha, wie ihr Eisen fressen wolltet, als ihr auf eurem Hengst saßet, wofür ich euch meine Rinder dahingab. Wenn ihr jetzt blind herumkriecht, regt mich das nicht auf. Mein schöner Loden und mein Korn tun mir leid, da mir das Brot jetzt so rar geworden ist. Und wenn ihr vor Hunger umfallt, ich geb euch keinen Pfifferling. Also schert euch fort und wagt es ja nicht, jemals wiederzukommen."

Da sagte noch einmal der Blinde: „Da ihr mich nicht mehr als Kind annehmen wollt, so sollt ihr euch doch um Gottes willen überwinden und mich als armen Bettler in eurem Hause unterkriechen lassen. Wenn ihr einem armen Kranken aus christlicher Liebe etwas schenken wollt, bei Gott, gewährt es mir hier bei euch. Alle Bauern hassen mich; ihr seid leider nicht anders zu mir. Ich kann nicht weiterleben, wenn ihr mir nicht Erbarmen schenkt!"

Der Hausherr lachte voll Hohn, obwohl ihm im Innersten das Herz brach; denn es war sein Fleisch und Blut, das da blind vor ihm stand: „Ihr fuhrt ja wild in die Welt hinaus. Euer Pferd durfte nie ruhig gehen; es mußte immer traben und galoppieren. Viele habt ihr in Verzweiflung gebracht. Ihr wart so unmenschlich. Viele Bauern mit ihren Frauen haben alles durch euch verloren. Sagt jetzt, ob die drei Träume an euch in Erfüllung gegangen sind! Aber die Geschichte geht noch weiter, und es wird für euch noch schlimmer kommen. Macht euch schnell hinweg, ehe der vierte Traum sich erfüllt. Knecht, sperre die Tür zu und schiebe den Riegel vor. Ich will heute nacht meine Ruhe haben. Ehe ich euch ein halbes Brot gäbe, will ich lieber einen Unbekannten bis an mein Lebensende beherbergen!"

So warf er dem Blinden alle seine Untaten vor; er war ihm ein Bild des Abscheus. „Sieh dir deinen Blinden an und schleppe ihn weg von mir, Knecht, selbst der Sonne ist er zuwider!" Er gab dem Knecht einen Schlag: „Da hast du dein Teil. Ich würde ebenso deinen Herrn schlagen, aber es ist schimpflich für mich, einen Blinden zu schlagen. Ich bin so gut erzogen, daß ich darauf verzichte. Doch kann es noch anders kommen: darum zur Tür hinaus, du Schandbube. Eure Not kümmert mich nicht." Aber die Mutter gab ihm doch ein Stück Brot in die Hand, war es ja ihr Sohn.

Damit zog der blinde Dieb weiter. Überall, wo er über das Feld ging, schrie jeder Bauer ihn und seinen Knecht an: „Ha, Helmbrecht du Dieb, wärst du zu Haus geblieben bei deinem Acker, man würde dich nicht blind an der Hand herumführen."

So führte er ein Jahr lang ein qualvolles Leben, bis er doch noch an den Galgen kam.

Und nun erzähl ich euch, wie das kam. Ein Bauer sah ihn, wie er eines Tages durch den Wald ging, um sich etwas zu essen zu suchen. Der Bauer war an dem Vormittag gerade beim Holzhauen, wie es die Bauern zu tun pflegen. Dem hatte Helmbrecht eine Kuh, die siebenmal gekalbt hatte, gestohlen. Als der Bauer ihn, der nun blind war, erkannte, fragte er seine Freunde, ob sie ihm beistehen wollten. „Ja," sagte der eine, „wenn es mir keiner verwehrt, zermalme ich ihn zu Staub, den man nur in der Sonne sieht! Er hat mir und meiner Frau die Kleider vom Leibe gezogen. Dafür soll er mir jetzt richtig büßen." Da sagte der dritte, der dabeistand: „Und wenn statt seiner drei da wären, ich wollte sie alle umbringen. Der Hund, er brach mir meinen Keller auf und stahl mir alles, was ich darin hatte." Der vierte, der gerade Holz schlug, bebte vor Rachgier. Er sagte: „Ich dreh ihm den Hals um wie einem Huhn. Das ist meine Pflicht; er hat mir mein schlafendes Kind in einen Sack gestoßen und ins Bett gestopft. Es war Nacht, als dies geschah. Als es aufwachte und schrie, warf er es in den Schnee. Es wäre mir dort jämmerlich umgekommen, wäre ich ihm nicht zu Hilfe geeilt." – „Bei Gott", sagte der fünfte, „ich freu mich, daß er jetzt da ist, so daß ich meine Lust an ihm auslassen kann: er hat mir meine Tochter geschändet. Und wäre er noch dreimal so blind, ich werde ihn an dem nächsten Ast aufhängen. Völlig nackt und ausgeplündert bin ich ihm selbst nur mit Mühe entkommen; und wenn er wer weiß wie stark wäre, jetzt räche ich mich an ihm, wo er sich in diesem tiefen Wald verloren hat."

„Auf ihn", riefen sie, und sie stürzten alle zusammen auf ihn los. Während sie an ihm ihre Rache übten, riefen sie: „Nun nimm deine Haube in Acht, Helmbrecht!" Was der Knecht des Schergen noch heil an ihr gelassen hatte, auch das wurde jetzt noch ganz zerfetzt. Es war grausig: nicht einmal in der Größe eines Pfennigs blieb ein Fetzen von ihr übrig. Die Papageien und Lerchen, die Sperber und Turteltauben, die da auf die Haube genäht waren, die wurden jetzt auf den Weg gestreut. Hier lag eine Locke von seinem Haar, dort ein Fetzen von der Haube; und wenn ich sonst nie die Wahrheit gesagt habe, diese Geschichte von der Haube müßt ihr mir glauben. Und den Kopf eines Menschen habt ihr niemals so kahl gesehen, wie jetzt bei Helmbrecht. All seine blonden Locken lagen im Schmutz auf der Erde herum. Das war noch gar nichts. Sie hörten jetzt dem elenden Menschen noch die Beichte ab, und einer hob ein Erdklümpchen auf und gab es dem Sünder als Schutz gegen das Höllenfeuer in den Mund, und dann hängten sie ihn an einem Baum auf. Ja, so erfüllte sich, was dem Vater im Traum prophezeit war; und damit ist meine Geschichte zu Ende.

Wo noch eigenwillige Kinder gegen das Gebot von Vater und Mutter verstoßen, mag ihnen dies eine Warnung sein. Handeln sie wie Helmbrecht, so spreche ich ihnen mit Fug und Recht das Urteil: es soll ihnen auch wie Helmbrecht ergehen. Vorher hatte auf Straßen und Wegen schon Handel und Wandel aufgehört, jetzt fahren alle wieder in Sicherheit auf der Landstraße, nun Helmbrecht an einem Baum hängt.

Bittet Gott, daß er jedem, der euch diese Geschichte vorträgt, seine Gnade schenken möge und ebenso dem Dichter, Werner dem Gärtner.

Rüdiger von Hünkhofen

Der Schlegel

Wer Lust hat, kann sich viele herrliche Geschichten anhören, die sich jetzt unter uns abspielen oder sich früher einmal ereignet haben. Eine solche Geschichte möchte ich euch jetzt erzählen. Ich heiße Rüdiger von Hünkhofen. Und zwar handelt es sich um eine wahre Geschichte; sie ist um ihrer Moral willen auch für alt und jung sehr heilsam zu hören, damit nämlich die Jugend nach dem vierten Gebot Vater und Mutter ehren lernt, und damit das Alter sich vor der Undankbarkeit der Jugend künftig schützt. Denn noch nicht einmal jedes zehnte Kind erweist seinem Vater die Liebe, die dieser ihm schenkt. Mit den Menschen geht es schmerzlich abwärts; denn von Tag zu Tag erleidet die Welt in ihren Tugenden Einbuße; vieles Gute, was früher das Natürliche war, gibt es, wenn man es richtig bedenkt, heute überhaupt nicht mehr. Wenn es euch nun nicht unangenehm ist, hört euch also diese Geschichte an, die wirklich wahr ist.

Es war einmal ein wohlhabender Bürger, redlich, zuverlässig, freigebig; er bemühte sich, Gott zu Ehren und der Welt zur Freude zu leben; man rühmte ihn überall, wo man ihn kannte.

Dieser Mann hatte außerdem noch anderen Besitz: zwei Töchter und drei Söhne. Schon zu Lebzeiten hatte er jedes Kind mit reichlichem Gut angemessen ausgestattet, so daß sie in angesehener Stellung lebten und es ihnen an nichts fehlte. Aber nun war der bittere Tod gekommen und hatte ihm sein braves Weib genommen. Und so wurde er des Lebens überdrüssig. Er dachte bei sich: „Ich möchte am liebsten all meinen Kindern meinen Besitz überlassen und werde ohne Frau mit ihnen allein leben und mich noch einmal als guten Menschen zeigen; denn nun bin ich alt geworden, meine Tage sind gezählt, und das Ende naht. Ich schicke also zu meinen Kindern und sage ihnen, wie ich mir alles denke. Was nützt mir nun noch mein großes Vermögen, da ich doch bald sterben muß. Und wenn ich den letzten Atemzug tue, bin ich doch im Grunde arm. Es ist schon das beste, daß ich mein Vermögen jetzt meinen Kindern zuwende, damit sie später in Dankbarkeit an mich denken.

Und so ließ er denn seine Kinder zu sich holen und eröffnete ihnen seinen letzten Willen; er vermachte ihnen rund tausend Mark und sagte: „Liebe Kinder, nun zeigt eure Kindesliebe und helft mir mit Ehren ins Grab. Ich gehe nun leider schon am Stabe und kann nicht mehr einen eigenen Hausstand führen. All mein Hab und Gut will ich euch vermachen, denn wenn ich mir noch einmal eine Frau nähme, das würde sich für mein Alter nicht schikken und wäre sicher auch für euch unangenehm. Ich möchte also lieber als Witwer leben zur Buße für meine Sünden, die ich im Leben begangen habe seit dem Tage, an dem ich die erste Sünde tat. Liebe Kinder, nun versucht es mit mir, daß ihr meinen Lebensabend ehrt, wie es euer Gewissen euch lehren sollte."

Der älteste Sohn sagte: „Lieber Vater, es ist nur recht und billig, daß du bei mir in meiner Obhut lebst. Ich will dir all meine Dankbarkeit wie ein wirklicher Sohn beweisen." Er nahm ihn bei der Hand, führte ihn in sein Haus und behandelte ihn freundlich und gut, wie es ein Sohn seinem Vater gegenüber tun soll, ohne auch nur etwas zu vergessen. Er durfte oben am Tisch den Ehrenplatz einnehmen, solange es das Schicksal wollte. Die Zeit ging angenehm dahin, bis sieben Wochen verstrichen waren. Da sagte der Sohn zu ihm: „Lieber Vater, nun hör meinen Rat, wie ich dir weiter helfen will. Mein Bruder nimmt es sicherlich schon übel, daß du so lange bei mir warst. Nun meine ich, laß es dir einmal bei ihm gefallen und nimm das nicht für ungut; deine andere Schwiegertochter will dich auch einmal bei sich haben, also halte dich eine Weile dort auf und komm dann hübsch wieder her."

Der Alte sagte: „Schön, ich werde jetzt einmal deinen Bruder besuchen. Ich fürchte auch, daß er es sonst übel nimmt." Damit nahm er also Abschied, sagte ihm Lebewohl und klopfte bei dem zweiten Sohn an. Es wurde ihm auch gleich die Tür geöffnet. Sein Sohn und seine Schwiegertochter liefen ihm in größter Eile entgegen und hießen ihn willkommen. Kissen und Polster aus Daunen wurden ihm schön hingebreitet; es wurde, wie es ihm zukam, für ihn gesorgt: bei Tisch, in der Nacht, hie und da, ob er saß oder lag, wo er ging und stand.

Aber als er seinen alten Vater kaum sechs Wochen bei sich behalten hatte, spürte der Sohn das Verlangen, ihn ein Haus weiter zu schicken, und er sagte: „Liebes Väterchen, du mußt nun auch einmal unseren jüngsten Bruder besuchen und sehen, was für ein Haus er hat und wie gut er für dich sorgen wird. Halte dich also eine Weile bei ihm auf und komm dann hübsch wieder. Deinen Unterhalt will ich dir dann treulich weiter gewähren.‟

Der Alte sagte: „Damit bin ich einverstanden; ich werde auch einmal den Jüngsten in seinem Hause aufsuchen und seine liebe Frau.‟

Also hieß es wieder Abschied. Er kam zum dritten Sohn und klopfte da an die Tür. Die Kunde war ihm schon vorausgeeilt. Der Sohn spielte gerade Schach; er unterbrach das Spiel sofort, lief seinem Vater entgegen und bot ihm gleich einen weichen Sitz an. Er setzte ihm das beste Essen und edlen Wein vor und ließ ihm, was er nur Gutes hatte, freigebig zukommen. Aber schließlich machte er es doch so wie die andern: als fünf Wochen vergangen waren, sagte der Sohn: „Vater, nun suche einmal unsere Schwagersleute auf und sieh zu, wie es bei ihnen schmeckt, bei meinen beiden Schwestern. Aber du sollst nicht Abschied nehmen, ohne binnen kurzem wiederzukommen. Bei Gott, meine kindliche Liebe geht dir damit nicht verloren.‟

Der Alte sagte: „Mein Sohn, du hast recht, ich will für acht Tage auch dorthin und sehen, wie meine Töchter haushalten.‟

Man gab dem alten arglosen Mann eine Hilfe mit, das war sein fester Stock, mit dem er sich gegen die Hunde schützen konnte.

Er schlich aus dem Haus und kam zur ältesten Tochter und klopfte oben an die Tür. Die ließ ihn auch gleich ein. Nun, ich

will es kurz machen: man behandelte ihn da gut, bis acht Wochen
um waren. Dann sagte sie: „Vater, nun geh einmal zu meiner jüngeren Schwester, die hat nämlich gestern geschlachtet und hat
Schweine- und Rinderbraten."

Er sagte: „Liebe Kinder, habt schönen Dank, ihr seid gut zu
mir; dafür wird euch Gott immer lohnen."

Er nahm also Abschied von dieser Tochter und ging zur jüngsten. Die war besonders gut mit reichem Besitz und Hausrat versehen. Sie ließ denn auch gleich Teppiche auf die Bänke legen und
seidene Decken als weiche Rückenlehnen aufhängen und ließ groß
auffahren. Den besten Wein und bekömmliche Speise, sorgfältig
abgeschmeckt, gab man ihm zu essen, morgens und abends. Doch
allzu lange wollte die jüngste Tochter sich auch nicht in Unkosten
stürzen. Kaum daß eine Woche verstrichen war, gab sie ihm auch
den Abschied.

Da war der Greis ganz verdutzt. Er sagte: „Ja, meine Liebe,
wo soll ich mich nun noch niederlassen?" – „Lieber Vater, du wirst
jetzt zu meinem ältesten Bruder gehen, dem hat man eben hundert
Fässer vom Rhein ins Haus geliefert mit dem besten Wein, den
je ein Kenner geschmeckt. Halte dich bei ihm ein Weilchen auf."
Er entschloß sich, dies zu tun. „Ja, mein ältester Sohn ist doch
der beste, ich gehe wieder zu ihm zurück, wie er es mich geheißen
hat. Meine Tochter hier hat genug von mir."

Er vergaß nicht seinen Stock, der an die Wand gelehnt da stand
und nun seinen Schritten vorangehen sollte. Den nahm er gleich
wieder zur Hand. Dann nahm er also Abschied und schleppte sich,
noch immer ganz arglos, von dannen zum Haus des ältesten Sohnes. Vor dem Haus war eine schöne Laube und eine Tür daneben.
Er hob den Riegel achtsam hoch und bat um Einlaß. Der Hausherr
und seine Frau saßen fröhlich oben am Tisch und hatten ein köstli-
ches Fischgericht vor sich. Dem Sohn wurde berichtet, sein Vater
stünde vor der Tür. Zögernd sagte er: „Nun, laß ihn herein. Bei
Gott, er fällt mir schon etwas lästig, ich hatte wirklich gehofft,
er würde uns ein Jahr wenigstens in Ruhe lassen." Der Alte trat
an den Tisch. Der Sohn sagte: „Vater, sag mal, wie is es dir so

lange ergangen?" Die Worte waren die reine Heuchelei; denn sein Herz und sein Mund standen in bösem Widerspruch zueinander. Der Vater sagte: „Ich habe doch noch meine Töchter besucht. Ich komme dir wohl zu früh. Nur so viel sage ich: ich bin eine Woche bei deiner jüngsten Schwester gewesen, die setzte mich vor die Tür und sandte mich zu dir. Ich hatte das Gefühl, sie wäre meiner überdrüssig; sie gab mir jedenfalls den Abschied." Der, Sohn sagte: „Nun, das ist ja nicht so schlimm. Aber etwas sehr früh ist sie deiner überdrüssig geworden. Nun geh und setz dich dort beim Herd in die Ecke. Ich merke es dir an, daß dich friert." Als man ihm jetzt etwas vorsetzte, war es statt einer Silberkanne ein Krug und ein schmutziger Becher. Man enthielt ihm die gute Mahlzeit vor, an die man ihn beim ersten Mal gewöhnt hatte, und die gute Behandlung mußte er jetzt entbehren, er, der früher für viele Bettler immer ein Almosen in der Tasche getragen hatte. Der Sohn kümmerte sich nicht ein bißchen um ihn, denn wie ein alter Hahn auf der Tenne und wie eine Henne mit vollem Kropf, die schon gar nicht mehr gackern kann, stolzierten sie, er und seine Frau, den ganzen Tag hochtrabend im Hause herum.

Den Alten verdroß dies Benehmen, daß man ihn wider alle Pflicht so schlecht behandelte: „Hier bin ich nicht gut aufgehoben, ich werde doch zu meinem zweiten Sohne gehen. Der erinnert sich doch sicher an seine Kindespflicht und gibt mir Wein und bisweilen gutes Brot. Hier muß ich ja vor Hunger sterben. Mein ältester Sohn ist hochfahrend mir gegenüber. Ach, daß ich überhaupt noch lebe! Wozu habe ich meinen Kindern alle Schätze in den Rachen geworfen, während ich selbst nichts mehr habe? Nun bin ich ein unglücklicher Mensch. Aber es geschieht mir recht, wenn mir die Zeit lang wird; ich bin nun alt und krank und bin am Ende. Wollte Gott, ich wär schon unter der Erde!"

Er schleppte sich heimlich aus dem Haus. Die Schuhsohlen waren ihm schon verschlissen und das Gewand schlecht geworden, ohne daß es irgendeinen Menschen gerührt und er ihm etwa ein neues Gewand geschenkt hätte. Der Mantel war ihm unten am Ärmel und am Ellbogen durchlöchert. So ging der Arme niedergedrückt jetzt wieder zu dem zweiten Sohne. Der saß in seiner prächtigen Stube und empfing ihn ganz herablassend. „Gott grüße dich", sagte der gute Alte ganz arglos, „meine Glieder sind mir kalt geworden, mein Gewand ist zerrissen, und meine Sohlen sind durchlöchert. Ich möchte mich an den Ofen setzen." Der Sohn sagte: „Mir ist es recht, wenn du dorthin gehst, wo dir warm werden kann." Da setzte sich der Arme auf die Ofenbank. Während er dort eine Weile saß, wurde nicht etwa besser für ihn gesorgt. Man gab ihm Zusammengekochtes und Bier, und sein Herr Sohn sah ihm von früh bis spät dabei aufmerksam zu. Aber weiter kümmerte er sich nicht, wie es ihm ging: seine Zunge war ihm trocken; denn der arme Alte war so elende Speise nicht gewohnt. Unfreundlich behandelte ihn auch seine Schwiegertochter. Er dachte: „Welch Unglück für mich; ich fürchte, es läuft noch schlimm mit mir ab. Diese beiden Söhne sind über einen Leisten geschlagen."

Er wollte jedenfalls nicht länger bleiben und kam zum dritten Sohn. Da waren sie beim Reifenspiel. Immerhin fand er noch mit einiger Anstrengung Einlaß. „Vater, sei willkommen", sagte der Sohn, „ich habe gehört, daß meine Brüder nicht gut für dich sorgen und dich wie einen Bettler behandeln. Das ist eine Schande. Geh, setz dich auf die Ofenbank und wärm dir die Hände; ich sehe, du bist schon ganz schwach."

Da stellte er den Stab aus der Hand. Dann brachte man ihm dorthin ein ganz armseliges Essen aus einem ganz klein wenig Nichts, ohne Käse und ohne Schmalz, darauf Salz gestreut. Als Nachtisch erhielt er Milch und eine Birne. Das war keine Freude für ihn. Jetzt tat es ihm langsam leid, daß er sein Vermögen abgegeben hatte, und seine Gedanken wanderten rückwärts. „O ich Unglücklicher, was habe ich mir selbst angetan, daß ich nicht einmal so viel Geld für mich behalten habe, um mir nun, da ich alt und bedürftig bin, wenigstens eine Erquickung verschaffen zu können. Es hat sich mit mir nicht gut gewendet in meinem Alter. Ich möchte es Gott im Himmel und allen seinen Heiligen klagen. Jetzt weiß ich wirklich nicht, wie ich noch satt werde. Wo finde ich nun noch Fürsorge, da ich meinen Kindern zur Last geworden bin? Man behandelt mich jetzt besonders schmählich. Ach, ich möchte nicht länger leben."

Er hielt sich nicht länger auf, verließ rasch das Haus und ging zu seiner ältesten Tochter. Durch die schlechte Behandlung war er schon ganz krank geworden. Diese Tochter benahm sich nun, das muß ich schon sagen, als hätte sie ihn überhaupt noch nie gesehen. Sie fragte, was er überhaupt wolle; wenn er an Händen und Füßen Schmerzen hätte, so sollten ihn nur seine Herren Söhne davon befreien, denn denen hätte er zeitlebens so viel geschenkt! Bei denen hätte er nur bleiben sollen. Der Alte dachte: „Bin ich den Frauensleuten schon ebenso zuwider wie den Söhnen, so bin ich nunmehr von allen Kindern in den Bann getan. Ich bin in furchtbares Unglück geraten; aber ich werde es mit Geduld ertragen müssen, denn es ist meine eigene Schuld."

Als er eine Weile herumgestanden hatte, sagte die Tochter, er solle sich an den Ofen setzen. Dann gab man ihm gleich zu essen: einen dünnen Brei mit dem Löffel gleich darin. Seine geliebte Tochter Josephine pflegte ihn ganz wunderbar: Bohnen und Erbsen gab sie ihm statt Braten. Die reine Bosheit trieb sie dazu, ihm so schlechte Speise zu geben, denn sie hatte übergenug an Vorrat. Er hatte jedenfalls dort bald genug und nahm wieder einmal Abschied, der alte Mann. Aber seinen treuen Freund nahm er mit sich, den Stab, der ihn nie verließ und ihn jeden Schritt auf der Reise begleitete. Der war bis zuletzt bei ihm. Er kam also noch einmal zur jüngsten Tochter. Die hatte sich gerade auf einen seidenen Diwan gelegt, um der Ruhe zu pflegen. Da sah sie ihren alten Vater am Stabe daherwanken, schon halb ohnmächtig, denn sein Magen war schon ganz verschleimt von dem elenden Brei. Widerwillig bot sie ihm Willkomm. „Na, so abgerissen?" sagte sie, „wo ist deine übrige Kleidung?" Er antwortete: „Mir ist so schlecht vor Hunger, daß ich an meine Kleidung gar nicht denke." – „Dann setz dich hin und iß." So sagte die junge Dame in höhnischem Ton und gab ihm etwas Brot mit Käse. „Wie merkwürdig, daß dich der Tod noch nicht abgeholt hat; dein verwahrloster Zustand paßt nicht zu uns, du läufst herum, daß es uns geniert, wo

du doch ganz zerlumpt und verhungert bist." Dann ließ sie ihm
nach dem Käse noch etwas Dünnbier bringen. Heimlich fielen
seine Tränen auf die Speise. Er sagte: „Meine Augen müssen nun
dafür büßen, wenn ich früher einmal nicht die Armen gespeist
habe. Dafür werde ich nun so belehrt, daß man mich ebenso armselig und frierend sieht."

Nun hatte der brave alte Mann einen Nachbarn zum Freunde
gehabt in der Zeit, in der er noch wohlhabend gewesen war. Der
war über das stürmische Meer zum Heiligen Grab gefahren, hatte
sich dort ein Jahr oder länger aufgehalten und war jetzt gerade
wieder zurückgekommen. Dem war in der Stadt, wo er Frau und
Kinder und viele andere reiche Verwandte hatte, von seinen guten
Bekannten ein herrlicher Empfang bereitet worden. Nun stand er
an einem Sonntag vor der Tür seiner Pfarrkirche. Da kam der
Arme an ihm vorbei und hatte den Hut tief vor die Augen gezogen,
denn als er den Freund erblickte, zuckte er vor Scham zusammen.
Der Heimgekehrte bemerkte es und dachte: „Bist du das, lieber
alter Freund? Das ist doch bei Gott unmöglich, daß du im Laufe
eines Jahres so elend geworden bist." Er paßte auf, bis jener zurückkam, und griff ihm dann schüchtern an seinen Mantel. „Seid
nicht böse, daß ich euch anrühre", sagte der vornehme Pilger,
„ich muß euch doch fragen: bist du's, mein alter Freund?" Da
gingen dem die Augen über, und er gestand ehrlich, daß er es sei.
Den Heimgekehrten überwältigte dies, so daß er auch seinen Tränen freien Lauf ließ. „Aber Freund, was hat dich so ins Elend gebracht. Dein Unglück geht mir wahrlich zu Herzen."

„Ach, lieber Freund, wie es mir ergangen ist, kann ich euch in
diesem Augenblick gar nicht erzählen. Ich werde euch mehr davon
sagen, wenn bessere Gelegenheit ist." Der Wallfahrer sagte:
„Freund, so kommt mit mir nach Hause zum Essen. Ich werde
doch nicht meine Freundschaft zu euch vergessen, denn wir haben
viele Jahre so glücklich und angenehm miteinander verlebt." Da
nahm ihn der hilfsbereite Freund an die Hand, ließ ihn da nicht
länger stehen und nötigte ihn, mit ihm nach Hause zu gehen. Dort
sorgte er erst einmal für sein leibliches Wohl. Dann erzählte ihm

der gute Mann, wie er sein ganzes Hab und Gut allen seinen Kindern geschenkt hätte, die ihn jetzt so in Niedrigkeit leben ließen, so ärmlich und mit Mühsal beladen. „Gott erbarme sich über uns", sagte der alte, brave und redliche Bürger, „wenn wir uns unseren Kindern in die Hände geben und sie zu uns so undankbar sind. Während wir Leib und Leben und sogar unsere Seele für sie opfern, so ernten wir damit nur, daß sie uns je länger desto mehr nun Undank und Feindschaft zeigen und unserer gar überdrüssig werden. Daran sollte jeder erfahrene Mann, solange er lebt, denken." Der andere sagte: „Freund, nun hör zu, ich will dir helfen, damit du in Ehren dein Leben zu Ende bringst." Der Alte versprach, seinem Rat zu folgen und sagte: „Vergelt's euch Gott!"

Sogleich ließ der Freund eine Riesentruhe aus Eichenholz mit aller Kunst herstellen, aus vier dicken Bohlen und oben fest verschlossen und mit eisernen Spangen beschlagen, daß man sie nur mit Mühe tragen konnte. Der Deckel war mit starken Eisenbändern daran befestigt. Außerdem wurde dieser Kasten mit starken Schlössern aus Eisenguß verschlossen; dazu wurden fünf ganz blanke, feine Schlüssel gefeilt, die Schlüsselschäfte waren innen hohl. So wurde die Kiste von allen Seiten gesichert. Zwanzig Männer hatten schwer an ihr zu schleppen. Man brachte sie in ein Gewölbe; dort setzte man sie leer hin, und es sah aus, als ob sie dort schon zehn Jahre gestanden hätte.

Während dies vor sich ging, sagte der Freund zu dem Alten: „Nun höre zu, der Schlüssel wird dir nützlich sein; den mach dir innen am Rock an einem Riemen fest und laß ihn jeden sehen, und zwar so, als ob es ohne dein Wissen geschieht." Dann gab er ihm noch nähere Anweisung, wie er es machen und sich selbst dabei anstellen sollte.

Nun machte sich der Alte voll guter Zuversicht auf den Weg, wie es ihm sein Freund geraten hatte, und er ging zu seinem ältesten Sohn und bat dort um Einlaß. Man fragte, wer da draußen wäre. „Ich bin's, der arme Wandersmann. Ich bitte darum, bei meinem Sohn ein Stück Brot zu bekommen, denn mich hungert, und ich brauche es sehr." Der Hausherr saß oben an der Tafel und um ihn herum das Gesinde, sie waren gerade beim Mahl. Der Pförtner ging zu ihm hin und sagte, der Alte wäre wieder an der Tür; ob der Herr wolle, daß man ihn überhaupt einlasse. Auf die Frage antwortete der Herr. „Mein Vater läßt mich überhaupt nicht mehr in Ruhe und besucht meine Brüder gar nicht mehr. Soll ich dafür büßen, daß ich sein ältester Sohn bin? Nun geh schon und laß ihn ein. Mich ärgert, daß der alte Mann von einem zum andern herumkraucht. Warum der Tod ihn in seiner Schwäche noch müh-selig ans Leben fesselt und dafür irgendeinen Gesunden holt, das möchte ich wirklich wissen." Der Alte wurde also eingelassen. Er ging wieder dahin, wo er früher gesessen hatte, zum Ofen, um dort zu essen, und er kehrte seine linke Seite so, daß der Sohn sehen konnte, wie in Höhe des Ellbogens der Schlüssel an dem Riemen hing. Der Sohn blickte wiederholt dahin, denn das Loch im Mantel war groß, und der Schlüssel hing da deutlich sichtbar und glänzte wie Silber.

Als das Gesinde gegessen hatte und der Tisch abgeräumt und die Stube leer geworden war, stand der Sohn zögernd auf und ging an das andere Ende des Tisches. Da saß der arme Umherge-triebene gedrückt auf der Bank. Seine ihm zugemessene Mahlzeit war sehr gering gewesen, so daß er darüber im stillen weinte. Der Sohn lehnte sich an ihn von der Seite heran, wo der Schlüssel hing. Er bekam ihn bei dem Riemen zu fassen und betrachtete ihn genau, denn er war allerliebst. Der Vater tat so, als ob es ihm unangenehm wäre, daß der Sohn den Schlüssel erblickt hatte, schreckte zitternd zusammen und wollte ihn schnell verstecken. „Hab keine Angst", sagte der Sohn eifrig," sag mal, lieber Vater, besitzt du eine Schatz-truhe? Ich habe noch nie einen so feinen und zierlich gearbeiteten Schlüssel gesehen." Er rief seinen gewandten Knecht Helmbrecht, er sollte ihm dort die silberne Schale mit Maulbeerwein bringen: „Das richtet dich wieder auf."

Er setzte sich neben dem Vater auf die Bank und gab ihm zu trinken: „Trink tüchtig, dann wirst du wieder kräftig und sehnst dich nicht so rasch wieder von hier. Ich will dir meine Kinderliebe zeigen. Trink doch ordentlich, Alterchen! Laß den Becher nicht

dauernd still stehen! Du bist draußen ganz heruntergekommen.
Wärst du doch bei mir geblieben! Ich hab ein wohlbestelltes Haus
wie kein anderer meinesgleichen. Und nun lieber Vater, erzähle
mir noch mehr, was es mit dem Schlüssel auf sich hat." – „Ja mein
Sohn, da du ihn einmal entdeckt hast, muß ich dir die volle Wahrheit sagen. Ich bin ja nun ein alter Mann und werde bald zu Staub
geworden sein, und doch denke ich, daß mein ganzer Besitz nach
meinem Tode eigentlich meinen Kindern gehören müsse, und das,
was ich habe, würde für einen vernünftigen Mann noch von Wert
sein. Ich habe mir noch eine Truhe aufgespart, die noch nie aufgeschlossen worden ist. An der sind fünf feste Schlösser und drinnen,
ich weiß nicht wieviel tausend Mark. Die habe ich mir bis jetzt
aufgehoben. Was nützt sie mir altem Mann noch? Sie hat bis jetzt
lange bei meinem Freund in einem Gewölbe gestanden: der ist gerade von Jerusalem wieder zurückgekommen, du hast wohl von
seiner Ankunft gehört. Ich habe ihn die ganze Zeit über schmerzlich entbehrt. Einen von den fünf Schlüsseln habe ich hier, den
habe ich noch nie aus der Hand gelassen, und ich weiß, daß ich
die anderen vier gleich finde, wenn ich will. Und wenn man die
Truhe öffnen will, müssen alle Schlüssel zugleich da sein. Von den
Schlüsseln werde ich nach meinem Tode jedem Kinde einen vermachen."

Der Sohn ließ seine Leute laufen und springen, ein Gewand aus
Fuchspelz herschaffen, einen Hut aus Otternfell, dazu einen feinen
Übermantel, auch Schuhe und Leinenzeug, alles wurde gleich her-
angebracht. „Lieber Vater, das zieh alles an und zieh dein altes
Zeug aus; du tust mir leid. Und dann wollen wir gehen und ein
Bad nehmen, ich will dich selbst begleiten." Der Vater sagte:
„Nein, mein Sohn, ich will mich für den Rest meines Lebens vor
Sünden bewahren. Gott möge für mich sorgen! Laß dies Kleid
wieder wegtragen, es ist Sünde, wenn ich es anziehe. Ich werde
kein vornehmes Kleid mehr anlegen, denn der Tod sitzt mir schon
im Nacken. Ich bin freilich seit einem halben Jahr nicht mehr im
Bade gewesen. Ob es kalt oder warm war, während der Zeit habe
ich keine Pflege gehabt."

Der Sohn sagte: „Ach Väterchen, laß das doch beiseite, aber in dem andern gebe ich dir nicht nach. Es wäre nämlich für uns keine Ehre, wenn man dich so ärmlich herumlaufen sieht." Er nahm ihm seinen alten Hut weg, ebenso Rock und Mantel, Schuhe und Hosen. Er legte ihm dann sein eigenes Gewand an und führte den alten Herrn zum Bade, wo er ihn aufmerksam bedienen ließ. Der dachte: „Gott soll dir lohnen, lieber alter Freund! Gott hat dich mir als Retter in der Not gesandt mit deinem fürsorglichen Rat, den du mir gegeben hast." Der ehrwürdige Mann wurde aufmerksam und höflich nach Hause geleitet, um auf einem Bett auszuruhen, das sehr kostbar war; es war mit einer Samtdecke überzogen, mit Pelzwerk bedeckt und mit wohlriechenden Kräutern besteckt. Da war der Kranke bald wieder obenauf, denn man sorgte aufmerksam mit den herrlichsten Speisen für ihn, wie es sich dem Rang und der Stellung nach für einen alten Herrn ziemt.

Am andern Tag ging er gleich erst einmal zu seinem Freunde und dankte ihm für seine Hilfe. Der sagte: „Laß nur gut sein; der eigentliche Nutzen für dich muß sich erst noch zeigen, so Gott will. Wenn die anderen Kinder dich jetzt zu sehen bekommen, so wirst du erst merken, was die dazu sagen."

Als am dritten Tage danach zur Messezeit alles Volk in die Kirche strömte und auch die Söhne gerade zur Kirche gehen wollten, sahen sie ihren Vater dort in einem schönen Pelzgewande stehen, so daß ihn der Jüngste zuerst nicht wieder erkannte, so gute Augen er auch hatte. Dann sagte er zu seinem Bruder: „Sieh doch mal hin, wie der Vater aussieht! Weißt du nicht, wer oder was ihn so ausgestattet hat? Das möchte ich zu gern wissen. Er hat doch sicher noch etwas von alten Zeiten sich aufbewahrt. Siehst du nicht, daß er wie ein junger Mann dasteht in seinem prächtigen Pelzhabit?" – „Ich möchte eher etwas anderes annehmen", sagte der zweite Sohn, „er trägt ja das Gewand meines Bruders, das neue aus Fuchspelz." – „Das stimmt, bei Gott!" – „Und dabei denke ich mir, daß er es ihm bestimmt nicht ohne Grund gegeben hat. Wir werden doch mal Erkundigungen einziehen und der Wahrheit auf den Grund gehen; das dürfen wir uns nicht verdrießen lassen."

Sie gingen gleich wieder in die Kirche, wo der Vater kniete und betete und jetzt nicht mehr fror. Dort begrüßten sie ihn. Er überhörte ihren Gruß nicht, sondern dankte ihnen beiden, indem er mit dem Kopf nickte. Sie blieben ruhig neben ihm stehen, bis der Segen gesprochen und der Schlußgesang erklungen war und die Leute aus der Kirche drängten, um nach Hause zum Mittagsmahl zu gehen. Die beiden Söhne faßten ihn von der Seite beim Rocksaum. „Bitte, komm von hier mit uns, lieber Vater, du solltest aus Liebe zu deinem ältesten Sohn uns doch nicht benachteiligen, indem du gar nicht mehr an unsern Tisch kommst. Das ist unrecht gegen uns! Gott möge uns davor bewahren, daß wir schon von der Wiege an als Wechselkinder gelten. Wir sind doch, bei Gott, ebenso deine Kinder wie er." Sie wollten nicht locker lassen, er mußte mit ihnen nach Hause gehen. Der eine Sohn sagte: „Lieber Vater, du wirst noch heute mein Gast sein." Der andere sagte: „Nein, Vater komm bitte mit mir nach Hause." Es war ein lautes Gezänk unter ihnen. Der Vater sagte: „Überlaßt mir nur die Entscheidung!" Die wurde ihm dann zugebilligt." Dann will ich mit dir zum Essen gehen und heute dich bei der Mahlzeit beehren und morgen den andern aufsuchen." Das wurde ihm zugestanden. Mit dem einen ging er mit, und dem andern versprach er, am andern Tag zu ihm zu kommen. Nun wurde ihm eine Mahlzeit mit so viel Speisen und edlem Wein vorgesetzt, daß er nur zu wählen brauchte. Das kam alles nur von der Truhe, was darin aufgehoben sein könnte: nun, euch werde ich darüber noch genau aufklären. (Wenn ihr wollt, daß ich es erzähle, müßt ihr auch schön still sein.)

Als man nun gegessen hatte, setzte sich der Alte dem Sohne so gegenüber, daß der Schlüssel am Riemen gut sichtbar herunterhing und der Sohn ihn gerade sehen konnte. Der Alte hatte nämlich einen Schmied gebeten, ihm noch eine feine Kette zu dem Riemen zu machen, so als ob er fürchtete, daß ihm der Schlüssel gestohlen werden könnte.

Als der Sohn den Schlüssel sah, sagte er zu seinem Vater: „Sag mal, ist das dein Schlüssel?" – „Ja, natürlich ist das meiner." – „Ja, dann kann ich nicht mehr dazu schweigen: du hast deine

Schatztruhe zu meinem ältesten Bruder bringen lassen. Der hat sie dir aufgehoben. Ich weiß wohl, da ist allerhand darin – du wolltest natürlich diese Kiste nicht bei uns hier stehen lassen. Du wolltest immer nur in sein Haus gehen und nie mehr zu uns kommen. Das hätte ich dir eigentlich nicht zugetraut. Und das sage ich nicht ganz ohne Grund: der ist schon ein ganz schlauer und weiß genau, was er will. Das hat er damit bewiesen, daß er dir sein altes Kleid geschenkt hat. Und außerdem kann man es daran sehen: erst hat er dich dies ganze Jahr frieren lassen, und nun ist ihm die Truhe so recht zupaß gekommen. Darin weiß er Bescheid bis auf das Tüpfelchen: er weiß schon mit großer Kunst sein Schäfchen ins Trockene zu bringen. Wir haben alle guten Grund, ihm das übel zu nehmen, daß er es uns so lange verschwiegen hat. Er soll uns auch noch einen Brocken abgeben, wenn schon wir die Truhe nicht haben: ihm soll seine Schlauheit nichts helfen."

Der Sohn hatte sich richtig in Zorn geredet; das merkte der Vater sehr wohl. Er sagte: „Nun laß nur das Schimpfen. Ich werde dir etwas ganz anderes sagen: du bist mir ebenso lieb wie er, und ich habe es mir mit dir ebenso sauer werden lassen. Erinnere dich der Liebe und Fürsorge, die ich an dich gewandt habe. Es ist vielmehr so: Gott hat mir meinen lieben alten Freund wieder zurückgeschickt, und in dessen Kellergewölbe steht meine Truhe, die mir mein Vater hinterlassen hat. Die ist noch niemals von eines Menschen Hand geöffnet worden, mit eisernen Bändern beschlagen, wie sie ist. Als meine liebe Frau starb, ging ich einen Schmied darum an (der soll inzwischen auch gestorben sein), daß er mir fünf Schlösser daran legte und fünf Schlüssel dazu machte. Wenn nun der Tod kommt, um mich zu holen, heute oder morgen, dann soll man jedem meiner Kinder einen Schlüssel geben und was man darin findet, ihnen zu gleichen Teilen geben, so daß sie es nicht etwa mit Schlägen unter sich ausmachen. Ich hätte es noch länger verschwiegen, aber dein ältester Bruder ist ein höllischer Aufpasser. Der hat den Riemen, an dem der Schlüssel hing, gesehen, und gleich ließ er nicht locker, ich mußte ihm die Wahrheit sagen. Und das ist der Grund, wie du siehst, daß er mir dies Kleid geschenkt hat."

Der Sohn sagte: „Wenn es sich so verhält, laß es dich nicht verdrießen, zieht doch bitte diese alten Lumpen aus und lege meine
Kleider an." – Und damit rief er seinem Knecht Irnfried und gebot
ihm streng, daß er ihm sein mit Borten verziertes Gewand brächte
und nicht bloß einen Hut aus Filz, sondern eine feine Kappe aus
purpurnem Stoff mit ottergrauem Pelzbesatz. Das mußte er sofort
vor aller Augen anlegen. Nun wurde ihm auch für seine verschlis-
senen Schuhe Ersatz gegeben, und er wurde nach aller Bequemlichkeit ausgestattet. Für dieses plötzliche Zeichen von Kindesliebe dankte er im stillen seinem Freund, der es dahin gebracht
hatte, daß man ihn jetzt so gut behandelte.

Als des Morgens die Sonne aufging, bedeckte er seine alten
Knochen wieder mit den warmen Kleidern. Das andere Gewand
schenkte er den Armen, denn er hatte auch früher, als es ihm besser
ging, vieles den Armen geopfert. Er ging nun wieder zur Kirche,
hob seine Hände zu Gott, kniete nieder und betete an seiner vertrauten Stelle nahe bei dem Chor. Alle die ihn sahen und vorher
gesehen hatten, fragten, was für ein Wunder an ihm geschehen
wäre und was ihn, den Kranken, in kurzer Frist wieder so hätte
aufleben lassen.

Sein jüngster Sohn hatte von dieser Geschichte noch nichts gehört. Er suchte ihn überall und sah sich hier und dort nach ihm
um. Als das Meßamt zu Ende war, sah er ihn in der Kirche allein,
wo er stand und betete. Er blieb stehen und lud ihn ein: „Lieber
Vater, kommt nun mit mir nach Haus zu euer Schwiegertochter.
Es ist meine Pflicht, daß ich euch nach Haus zu ihr in unsere Wohnung führe. Sie hat es mir aufgetragen und wäre mir sonst gar nicht
mehr gut." Er mußte nun also mit ihm gehen, Tür und Tor wurden
ihm groß aufgetan; er wurde so ehrenvoll empfangen, wie man
es nur verlangen konnte. Die Schwiegertochter nahm ihn bei der
Hand und setzte ihn an ihre Seite. Es dauerte nicht lange, da tat
sie mit ihrem Schwiegervater ganz vertraulich. Der Sohn fragte
ihn schließlich, wann er zu diesem Gewande gekommen sei oder
woher er es erhalten habe. Ihn dünkte, seine beiden Brüder steck-
ten da unter einer Decke. „Ich erkenne es doch an der Borte. Für-

wahr, hinter dieses merkwürdige Verhalten werde ich doch noch eines Tages kommen, so wahr ich hier sitze oder stehe."

Der Alte ruckte rasch an seinem Gürtel, so daß der Schlüssel an der Kette auf das Bein rutschte. Und sogleich fiel er dem Sohn ins Auge, denn er war ja kunstvoll aus glänzendem Silber hergestellt. Nun sagte der Sohn: „Zeigt doch mal meiner Frau und mir diesen feinen Schlüssel." Da wurde auch schon eine Schüssel mit edlem Wildpret und vielerlei Zutaten aufgetragen, dazu Wein und gutes Brot. Inzwischen zeigte der Alte seinem Sohn den Schlüssel. Der ließ das Essen kalt werden und hatte nur Augen für den Schlüssel, wie schön er ausgefeilt war. Man nahm sich Zeit, saß da in Ruhe und aß und trank fröhlich.

Aber dann konnte es der Sohn nicht erwarten, daß man die weißen Tischtücher abnahm. Er fragte den Vater sofort, was für eine Bewandtnis es mit dem Schlüssel hätte; der Vater solle ihm doch verraten, wozu der Schlüssel gehöre. Der Vater antwortete: „Das ist eine Truhe, die mir gehört; dazu passen dieser und vier andere Schlüssel. Über das, was du vielleicht vermutest, werde ich dich gleich aufklären. Du hast wohl von der Ankunft des Mannes gehört, der eben jetzt heimgekehrt ist; er ist schon länger als dreißig Jahre mein guter Freund. Der hat von früher her eine Truhe von mir in Verwahrung gehabt, zu der eben diese fünf Schlüssel gehören. Von denen will ich dir einen anvertrauen und jedem meiner anderen Kinder auch einen. Und was man nach meinem Tode etwa in dieser Truhe findet, das sollt ihr, ohne euch zu zanken, untereinander teilen. Dann wird man ja sehen, was darin ist." Nun erzählte er ihm, wie es gekommen sei, daß der Bruder den Schlüssel gesehen und wie er ihm dann gleich den Fuchspelz geschenkt hätte; weiter berichtete er auch von dem anderen Bruder. Der Sohn sagte: „Ich will auch mein Segel nach dem Winde drehen. Sie wollten den ersten Schachzug mit ihrer List tun. Nein, an den Schätzen in der Truhe muß ich, bei Gott, auch meinen Anteil haben. Die halten mich wohl für einen Narren. Leg den alten Plunder ab! Sie wollten mich wohl übergehen. Du mußt ein Gewand aus feinstem Scharlach haben, das beste, was es auf der Welt gibt." Er rief seiner

Dienerin Prange: „Bring mir aus dem Schrank mein Gewand, Rock und Mantel. Du mußt die Kleider wechseln; die dir mein Bruder gegeben hat, sind ja zu weit und passen dir überhaupt nicht. Gott möge dir gewähren, daß du noch recht lange lebst."

Der Vater gab das andere Gewand wieder den Armen; so ehrte er das Heilige Grab, wo sein Freund gewesen und von wo er lebend zurückgekehrt war. Er bat Gott, daß er ihn noch lange wegen des guten Rates leben lasse, den er ihm gegeben hatte, so daß er jetzt wieder so zu essen hatte, wie es ihm gebührte. – Frau Fama, die nie ruht und nie schweigt, gelangte auch zu seinen Töchtern, diesen vorbildlichen Vertreterinnen des weiblichen Geschlechtes. Zu Josepha und Hilda kam nämlich die Kunde, daß eine ungeheuer schwere Truhe in des Vaters Besitz gefunden sei; in ihr wären unerhört viele Schätze enthalten; sie hörten auch, daß ein Bruder nach dem andern dem Vater mit Speisen und Gewändern um den Bart gegangen sei. „Es ist, um aus der Haut zu fahren!" sagte die eine zu der anderen. „Soll uns die Truhe vielleicht entgehen? Die Kränke könnte man kriegen! Es juckt mir förmlich in den Fingerspitzen. Unsere lieben Brüder haben ihn schon vorher wegen seines Schatzes mit Beschlag belegt. Aber so ganz haben sie unsern Vater noch nicht betrogen. Wir besitzen ja schließlich auch noch etwas zu essen, und der Schrein darf uns nicht aus den Händen gehen."

Sie konnten den Tag, an dem man wieder zur Kirche ging, kaum erwarten. Sie legten ihr feinstes Feiertagskleid an und setzten ihre Hüte mit großen Federn auf; so stolzierten sie einher, als sei die blühende Heide ins Wandern geraten. Da sahen sie alle Verwandten auf dem Kirchhof stehen, ihren Vater wie einen Bischof unter ihnen und die Söhne an seiner Seite. Sie zögerten keinen Augenblick und überfielen den Vater geradezu mit ihren Reden: „Nun sag uns doch, was haben wir dir denn getan, daß du uns so lange gemieden hast? Weißt du denn gar nicht mehr, daß du auch unser rechtmäßiger Vater bist? Warum behandelst du uns nicht ebenso wie unsere Brüder? Wir müssen wirklich mit dir schimpfen. Sind wir dir etwa lästig oder unsere Ehemänner? Oder denkst du, du wirst uns zu teuer? Nein, lieber Vater, das ist unnötige Rücksicht. Wir geben es dir von Herzen gern. Hör nur also: auf keinen Fall verzichten wir darauf, daß du jetzt mit zu uns kommst. Und dann ißt du mit dem gleichen Recht unser Brot wie das eines deiner Söhne." Sie blieben ihm auf den Fersen, bis mit dem Segen der Gottesdienst zuende war. Keinen Schritt gingen sie von ihm weg, bis er sie schließlich begleiten mußte. Und nun fuhren sie auf, was Küche und Keller bieten konnten. Ebenso umschmeichelten sie ihn mit feingesetzten Worten, bis er auch ihnen endlich verriet, was er schon seinen Söhnen erzählt hatte; wie diese nämlich den Schlüssel gesehen hätten, der eigens für die Truhe geschmiedet war, und daß zu diesem noch vier andere gehörten, von denen sie nach seinem Tode ganz bestimmt zwei bekommen würden. Dann würde ihnen auch haargenau ihr Anteil zugemessen. Als sie das gehört hatten, waren sie außerordentlich froh und küßten ihn; niemals wurde ein Vater freundlicher behandelt als er von ihnen.

Sie verabredeten sich dann gleich, daß jedes der Kinder ihn jeweils ein ganzes Jahr in volle Pflege nehmen sollte. So wurde nun an dem Alten von seinen Kindern alles Unrecht wieder gutgemacht. Allein um der Truhe willen wurde er in ehrenvolle Obhut genommen, bis es schließlich dahin kam, daß er den Tod nahen fühlte. Er ließ seine Kinder holen, dazu vier Mitbürger sowie den Geistlichen. Er wollte seine letzten Anordnungen treffen und sagte: „Nun hört, meine lieben Kinder, hier stehen vier Zeugen und mein Pfarrer, treffliche, ehrbare Leute. Die fordere ich hiermit auf, dafür zu sorgen, daß eure Schlüssel gut aufgehoben werden, bis ich in rechter Weise begraben werde, wie es christliche Sitte ist. Alsdann soll sogleich jeder von euch einen Schlüssel empfangen, dann tut alle zusammen die Truhe auf und teilt das schöne Gold. Und damit behüt euch Gott. Ich fürchte wahrlich, würde die Truhe jetzt schon geöffnet, so entstünde sicher ein Streit, und meine Sorgen würden noch vermehrt; denn gewiß ließet ihr dann meinen Leib liegen, über den der Tod jetzt Macht gewinnt. Nun erfüllt an mir das vierte Gebot; bald habt ihr mich nicht mehr."

Seine Beichte hatte er schon abgelegt; er hatte noch mit voller

Überlegung gehandelt. Darauf befahl er seinen Geist in Gottes Hände und starb. Er erhielt ein ehrenvolles Begräbnis. Das wäre ihm nicht zuteil geworden, wenn nicht sein Freund und die Truhe gewesen wären. Der hatte klugerweise dafür gesorgt, daß ihn die Kinder nicht unwürdig behandelten und auch für sein Seelenheil Sorge trugen.

Der Alte war kaum begraben, da machten sie sich allesamt auf den Weg zur Truhe. Diese wurde nun erwartungsvoll von ihnen mit den fünf Schlüsseln aufgeschlossen. Den Deckel konnte man kaum bewegen. Oben aus der Truhe ragte der Stiel eines großen Schlägers (Schlegels). Ich will es kurz machen. Es war weiter nichts darin als dieser schwere Schlegel. Und nun etwas, was euch nicht langweilen wird. An dem Stiel des Schlegels hing ein beschriebenes Blatt, nicht zu groß, nicht zu klein. Das mußte nun vor allen denen vorgelesen werden, die da um die Truhe herumstanden. Auf dem Zettel aber stand: „Wenn ein Mann von Ansehen und Vermögen die Torheit begehen sollte, daß er seinen Besitz an seine Kinder verschenkt und selbst in Armut und Mangel lebt, dem sollte man die Breitseite dieses Hammers auf den Schädel hauen, daß ihm das Hirn gleich auf die Zunge fällt, und dann sollte man ihn auf den Misthaufen fegen." Mehr stand nicht darauf. Als man den Zettel vorgelesen hatte, waren alle Anwesenden sprachlos und starrten sich verblüfft an. Alle Freude war wie ein Strohfeuer erloschen. Sie hatten gehofft, einen großen Schatz zu finden, aber ein anderes Pfand war ihnen mit großer List zugeschoben worden. Ich finde, der Vater hatte ihnen verdientermaßen den Streich heimgezahlt, und das dachten auch die Augenzeugen. Nun stritten sie nicht miteinander um die Beute; sie gingen davon, wie sie gekommen waren, nämlich ohne irgendeinen Schatz aus der Truhe.

Und damit will auch ich diese Geschichte schließen. Jedem wurde wirklich genau so viel zugewogen wie dem andern, und ohne daß es Zank und Prügelei gab. Auf diese Weise hatte der gute Freund, was manchmal noch gute Freunde, die anhänglich und klug sind, machen, dem Alten gegen seine bösen Kinder geholfen, wie wir ja nicht selten einen Nachbarn finden, der mehr Gutes tut als Blutsverwandte. Nicht einer von zehn bewährt sich unter diesen; deshalb lobe ich mir getreue Nachbarn.

Und nun zum Schluß sage ich euch auch den Titel meiner Geschichte: sie heißt der Schlegel.

Rittertreue

Ich möchte den Rittern als Lebensregel mitgeben, immer ihre Standespflichten hochzuhalten und vor allem die Pflicht der Treue zu wahren. Kein Ritter darf ein Versprechen brechen, das er ehrlich gegeben hat. Treue ist das schönste Kleid für ihn, und wenn ein Ritter es zu recht trägt, weiß er sich kein besseres. Das ist meine feste Überzeugung.

Ich hörte einst erzählen, wie es einem Ritter ergangen ist, der niemals sein Wort gebrochen hat. Gottlob, daß es so etwas noch gibt! Darum muß man ihn mit Fug und Recht rühmen. Wer zuverlässig ist und als zuverlässig gilt, dem wird es am Jüngsten Tage wohl ergehen. Haltet dies im Herzen fest, ihr Ritter, daß ein Mann, der sein Wort hält, auch Ruhm und Ansehen erwerben kann; und selbst wenn alle treuen Menschen ausgestorben sein sollten, preist man sie noch nach hundert Jahren.

In Frankreich lebte einst ein angesehener Ritter; er stammte aus dem Geschlecht Montaburg und hieß Graf Willekin. Es gab zu seinen Lebzeiten keinen besseren. Im Turnier und im ernsten Kampf zeichnete er sich vor allen anderen aus. Er hielt unverbrüchlich und treu an allen Rittertugenden fest. Soviel er sich auch vornahm, sein stärkstes Verlangen ging auf ritterliche Taten, so daß er schon Zweidrittel des väterlichen Erbes aufgebraucht hatte. Mit seinem Vermögen hatte er kein Glück. Er tat alles, wozu er als Ritter Lust hatte, bis seinem Vater leid wurde, noch mehr von seinem Geld zu opfern. Das bedrückte den Ritter sehr. Er, der zu vielen Rittertaten bereit war, saß zu Hause herum und mußte sich viele böse Worte von seinem Vater gefallen lassen. Das war die Folge des häufigen Turnierens. Aber nun waren wirklich schon

fünf Jahre verstrichen, daß der Ritter zu Hause geblieben war. Schon hatte man ihn zu seinem Leidwesen ganz vergessen, wie es noch immer einem Menschen ergeht, der sein Vermögen einge- büßt hat.

In einem fernen Lande war eine schöne Jungfrau aufgewachsen; sie war auch von so edler Bildung, daß es eine Freude war, sie anzusehen, und auch die Ritter ihr Lob sangen. Sie war so reich, daß sie keinen ebenbürtigen wußte, den sie zum Manne hätte neh- men wollen und der zu ihr gepaßt hätte. Sie glaubte aber, nicht länger mehr so leben zu können. Daher ließ sie ihre Ratgeber holen und sagte: „Äußert euch, ihr Herren, zu meiner Absicht, und gebt mir einen guten Rat, wie ich einen Mann bekomme, der euch allen als Herr wohl ansteht." Auffallend schnell taten sie ihre Ansicht kund: „Herrin, was ihr im Sinn habt, wird ausgeführt werden. Laßt ein Turnier ausrufen und teilt es allen Verwandten und Be- kannten mit. Wer dann die anderen im Kampf übertrifft, und wem Gott das Glück des Sieges schenkt, den nehmt zum Manne, falls die Euren damit einverstanden sind." Die Dame sprach: „Das ist ein guter Rat; wer es auch sei, Ritter oder Knappe, wenn er noch unvermählt ist, soll er mein Mann werden." Nun wurden Einla- dungen in alle Welt ausgeschickt, die die Dame mit zarter Hand selbst den Knappen übergab; sie setzte ihnen ihre Aufgabe aufs sorgfältigste auseinander und sagte: „Meine lieben jungen Knap- pen, richtet diese Botschaft auch ja gut aus! Bleib ich am Leben, so schenk ich jedem zehn Pfund Gold zum Entgelt; ich werde euch alle gleichmäßig belohnen!" So sagte die schöne Frau. Sie bedank- ten sich alle überschwenglich, trugen die Sendschreiben in die Länder und riefen das Turnier aus.

Eines Tages in der Frühe kam ein Knappe dorthin, wo unser Ritter sich aufhielt. Der war gerade auf einer Wiese spazieren ge- gangen, als er den Knappen auf der Straße vorbeieilen sah. Da dachte der Ritter: „Ich muß ihn doch einmal fragen, was es Neues gibt. Vielleicht, daß sich mein schweres Los durch irgend etwas erleichtert, so daß doch noch alles gut mit mir wird." Als der Knappe in seine Nähe kam, forderte der Ritter ihn auf, einen

Augenblick zu verweilen. Er fragte ihn, was sich in der Welt ereignet hätte. Als er dies gesagt hatte, fing der Knappe gleich an zu reden: „Ja, ich will euch eine Neuigkeit erzählen, die überall bekannt werden soll. Meine Herrin ist eine wunderschöne Jungfrau, das könnt ihr mir glauben. Sie ist auch sehr reich, und sie möchte sich einen Mann erwählen, der sich im Turnier auszeichnet und Sieger im Turnier wird." Da seufzte der Ritter auf und dachte: „O Schmach, daß mich Gott als Ritter geschaffen hat und ich nun zu Hause tatenlos herumsitzen muß." Der Knappe wollte sich nicht länger aufhalten, aber unser Ritter schloß sich ihm an. So gelangten sie zu der Burg. Da stand sein Vater vor der Tür. Als er ihn erblickte, sagte der Ritter zu dem Knappen, er solle doch ja nicht unterlassen und diese Botschaft ihm auch bringen, damit er es schwarz auf weiß sehen könnte. Da versprach ihm der Knappe, das wolle er sehr gern tun. Er ging gleich auf den alten Herrn zu; der empfing ihn sehr höflich und forderte ihn auf, einzutreten mit ihm; er gab ihm sogleich zu essen und zu trinken und bewirtete ihn aufs beste. Der Knappe dankte seinem Gastgeber, während er aß und trank. Dann griff er zu dem Schreiben und sagte: „Wer von den Anwesenden lesen kann, sehe sich dieses Schreiben an und lese vor, wann das Turnier stattfinden soll, das meine Herrin anberaumt hat: zu diesem Turnier werden viele Ritter kommen, und alles wird sich so abspielen, wie es in dieser Einladung steht." Der Schreiber nahm sie und las sie vor. Der Ritter erkannte jetzt, wer die Dame war, die das Turnier ausrufen ließ, denn ihr Name stand darin. Der Knappe sagte: „Ja, sie ist so schön und edel, und sie hat sogar großes Vermögen; ich kenne keine, die ihr zu vergleichen und nur ein Zehntel so wohlhabend wäre. Herr Graf, vielleicht freut ihr euch darauf: vierzehn Tage nach Pfingsten kommen viele tapfere Ritter dorthin, der edlen Frau zu Ehren. Meine Herrin ist noch jung und weiß über den Sinn des Turniers Bescheid; denn dem Ritter, der da den Sieg erringt, wird sie für immer ihre Liebe schenken. Sie belohnt ihn so reich – wer es auch sei, den sie sich erwählt – daß er sein Leben lang daran denken wird."

Danach ging der Knappe fort. Unser Held kam gar nicht auf

den Gedanken, daß er der Ritter sein könnte, von dessen Ruhm dereinst die Lande erfüllt sein würden. Er hatte zwar nie etwas getan, was man ihm als ehrenrührig vorwerfen konnte, aber er war völlig mittellos. Nun kam der Tag des Turniers schon langsam näher. Da war der Kummer des Herrn groß. Er hätte durchaus seinen Mann im Turnier stehen können, aber er hatte ja weder ein Kampfroß noch ein Beipferd. So bat er denn den Knappen seines Vaters, er möchte diesem gut zureden, damit er ihm etwas beisteure und er zum Turnier reiten könne.

Dieser Auftrag wurde ausgeführt. Der Alte sagte zu dem Knappen: „Gut, ich will ihm siebzig Mark zugeben, mag er nun damit verschwenderisch oder sparsam umgehen. Mehr kann ich ihm überhaupt nicht geben, denn ich hoffe, selbst noch einige Zeit zu leben. Außerdem soll er noch zwei gute Beipferde haben, dazu Kampfgewänder und Schwerter. So will ich euch dann ziehen lassen." Der Knappe überbrachte dem Ritter diese Botschaft, worüber dieser sehr glücklich war. Dann rüstete er sich sogleich zur Fahrt: die Sättel wurden auf die Pferde gelegt, er gürtete sich mit dem Schwert, und mit einem Satz schwang er sich auf das Pferd. Als er aufgesessen war, verabschiedete er sich und ritt fort. Dies geschah vor den Augen seiner Mutter, und unter Tränen blickte sie ihm nach; sie war schon alt, und er war ihr lieb wie ihr eigenes Leben. Sie eilte zu ihrer Schatztruhe und sandte ihm noch zehn gute Dukaten nach. Da war er von seinen Sorgen befreit. Seine Mutter tat es, damit er standesgemäßer leben konnte und unterwegs nichts zu verpfänden brauchte.

Die Ansage des Turniers war schon sechs Wochen vorher ergangen; der Herr mußte also sehr eilen, um dahin zu kommen, wo man die schöne Jungfrau antreffen sollte.

Er schickte nun seinen Knappen voraus, um Unterkunft zu suchen. Er sagte: „Jetzt hast du die Auswahl, wir sind immer noch unter den ersten Gästen; nimm bei einem wohlhabenden Mann Quartier, der so steht, daß er uns vorschießen kann und als Wirt uns angemessen ist. Du weißt ja, ich habe nicht viel, die siebzig Mark sind ein Nichts, denn ich möchte hier doch auf großem Fuße leben. Ich möchte so freigebig austeilen, daß ich mir einen Namen mache, mag's mir nun gut oder übel ausschlagen."

Der Knappe ritt gleich in die Stadt, fragte überall nach Unterkunft, aber er konnte keine finden, die für seinen Herrn paßte. Er überlegte hin und her, denn er war ja auf einen vornehmen Wirt bedacht. Aber sooft er es versuchte, unsern Gast wollte keiner aufnehmen. Da rief er laut: „O heilige Gertrud! Was soll ich armer Knappe anfangen? Laß mich doch einen Wirt finden, bei dem mein Herr standesgemäß wohnen kann!"

Da sah er gerade drei vornehme Herren vor einem großen Portal stehen. Der Knappe ritt an sie heran und klagte ihnen gleich sein Unglück. Der eine Bürger jedoch sagte sofort: „Das ist mir völlig gleichgültig. Kein Ritter noch der Sohn eines Ritters wird jemals mein Gast. Viele von ihnen haben keinen Anstand. Ein Ritter hat sich einmal von mir Geld geborgt, dann starb er in meinem Haus, der war mir siebzig Mark schuldig geblieben. Seine Verwandten sind so geizig, daß keiner seine Schuld einlösen will, obwohl sie durch ihn reich genug geworden sind. Da haben wir es dann im Zorn so mit ihm gemacht: wir haben den Toten in eine Wasserkufe geworfen, seinen Standesgenossen zur Schande. Bald darauf ließ ich ihn im Mist meines Pferdestalles verscharren. Es ist mir gleich, wie ihr darüber denkt; der Ritter wird da bis zum Jüngsten Tag liegen bleiben. Mein geliehenes Geld habe ich in den Schornstein geschrieben. Ja, ich bin ein Münzherr, ich habe hier das Münzrecht; ich habe es weiß Gott nicht nötig, jemanden anzubetteln, ich bin der reichste Mann in der ganzen Stadt."

Nun gerade bat ihn der Knappe sehr inständig. Er sagte: „Nehmt doch meinen Herrn auf, er macht euch Ehre!" Der Bürger antwortete: „Nein, ich tue nichts für ihn, eure Bitte ist in den Wind geredet. Ich habe es abgeschworen, und wenn mich darum einer umbringen sollte. Lieber wollte ich mein Haus anstecken und ein neues bauen. Wer bei mir einziehen will, muß mir vorher für den toten Ritter siebzig Mark geben. Wenn ich das erlebte, könnte ich natürlich Vorschub leisten. Dieser Ritter brauchte dann keine Sorgen zu haben, daß sein Wort bei mir nicht gilt. Dann könnten

es sogar dreitausend Mark und noch mehr sein." Diese hohe Be-
zahlung glaubte der Knappe nicht anbieten zu können. Er dachte:
„Nun ist das Spiel verloren." Er gab dem Pferd die Sporen und
sprengte zu seinem Herrn, der vor der Stadt wartete. Er berichtete
ihm: „Es tut mir leid, Herr, daß ich überhaupt mitgekommen bin.
Ihr findet keine Herberge, wenn ihr nicht die Schuld eines toten
Ritters einlöst." Der Herr sagte: „Das ist eine schöne Geschichte;
wenn ich die Toten noch einlösen muß, bin ich völlig verarmt.
Hast du denn etwa gehört, was sich mit dem Ritter zugetragen
hat? Laß doch den Wirt kommen und sagen, um wieviel Geld es
sich handelt!" Der Knappe sagte: „Ihr könnt es doch nicht bezahlen, jener Ritter schuldete ihm siebzig Mark, und davon wollte
dieser nicht einen Pfennig ablassen." Der Ritter sagte: „Nun bring
sie ihm und sag, daß er mir dafür vier Rotten mieten möge, jede
Rotte zwölf Mann stark, die besten, die er nur zu finden weiß. Die
sollen im Turnier an meiner Seite kämpfen. Dann laß ihn guten
Wein besorgen und reichlich Verpflegung, so viel, wie ich hier
verbrauchen möchte."

Der wackere Knappe erledigte alles, was ihm sein Herr auftrug,
und sprengte bald wieder zurück. Hinterher war er nun doch froh
darüber. – Er ritt vor dasselbe Haus. Der Wirt kam gerade heraus;
als der Knappe ihn sah, sprang er vom Pferd und sagte: „Einen
Augenblick, edler Herr! Ihr wißt noch nicht, wie mein Herr über
diese Sache denkt. Er möchte den toten Ritter einlösen, ob er es
verdient oder nicht. Das tut er aus Standesbewußtsein. Es wäre
eine Schande für meinen Herrn, einen Ritter im Mist Eures Stalles
begraben zu wissen. Soviel es auch kostet, mein Herr wird ihn
einlösen."

Gleich darauf ließ der Wirt eine Waage holen. Der Knappe gab
ihm das Silber und kümmerte sich nicht weiter um das Abwiegen.
Während der Hausherr das Silber wog, wurde dem Knappen ein
Trunk gereicht. Als das Silber abgewogen war, war der Zorn des
Wirtes verraucht. Alles, was der Knappe des Herrn gefordert
hatte, wurde nun ausgeführt. Der Wirt mietete sofort vier stattli-
che Rotten, die feierlich den Ritter in die Stadt einholten. Diese

Knappen waren ihm immer zur Seite, wie es ihre Pflicht war. Und in seiner Freigebigkeit schenkte er ihnen dann Sattel, Schilde und gute Kleider. Leider dürfte es heute nur noch wenige geben, die ritterliche Ehre so hoch halten und so freigebig sind.

Nun geht unsere Geschichte weiter: Der Tote wurde jetzt wieder hervorgeholt, ein neuer Sarg wurde gemacht, und des Nachts hielt man Totenwache. Auf Wunsch des edlen Herrn mußte man den Leichnam sorgfältig betten, wie wenn es sein eigener Vater gewesen wäre. So berichtet unsere Geschichte. Am nächsten Tag trug man ihn zur Kirche. Laut läutete man die Glocken für ihn. Mit einer großen Schar gab ihm unser Herr das Geleit.

Er wußte wirklich standesgemäß aufzutreten. Er ließ an alle, arm und reich, rundherum Pfennige austeilen, damit sie für den Toten opfern konnten. Darum erscholl sein Preis weithin in der ganzen Stadt, so daß sogar viele ihn rühmten, die ihn nie gesehen hatten.

Da hörten auch die Spielleute von ihm, und sehr viele versammelten sich vor der Tür des vornehmen Wirtes. Da ließ der Ritter gleich Kleider und Geld herausbringen. Und überall, wo Gelegenheit war, schenkte er jedem nach Verdienst. Er erwarb sich aller Gunst und entließ sie in der fröhlichsten Stimmung. Tag und Nacht war es seine größte Sorge, so zu leben, daß man ihm Erfolg wünschte.

Der Herr diente seinen Standespflichten, indem er auf großem Fuß lebte. Er ritt oft in die Stadt, lud die edelsten Ritter in großer Zahl in sein Haus und bewirtete sie aufs beste. So machte er sich durch Freigebigkeit einen Namen. – Auch wer ihn nicht kennenlernte, war ihm gewogen, und viele wünschten ihm Heil und Segen. Auch der Tote trug später seinen Teil dazu bei; dafür sorgte Gott; er war ihm der beste Fürsprecher vor Gott.

Am folgenden Morgen sollte der Aufbruch vor sich gehen. Da sagte der Ritter: „Was soll ich nun anfangen? Ich habe noch kein Kampfroß, wie es mir zukommt." Er wurde ganz mutlos. Der Wirt aber sagte zu ihm: „Seid guter Dinge! Und wenn ich Euch ein halbes Schock kaufen soll, Geld habe ich vorrätig. Mir braucht keiner vorzuschießen. Auch wenn euch etwas mißlingt, sollt ihr guten Mutes sein. Ich leihe euch das nötige Geld, wenn ihr erlaubt, wirklich für ein ganzes Jahr. Der Ritter sagte: „Ihr helft mir so freundlich, daß ich euch immer dankbar sein werde."

Darauf erprobte er viele Kampfrosse, ohne daß ihm eines gefiel; kein Ritter oder Knappe brachte ihm ein passendes. „Nun ihr keins erwerben könnt, wartet bis morgen früh", sagte der Münzherr, „das ist das beste. Sicher hat noch irgendeiner ein Ross, das Euch gefällt und das er Euch verkauft."

Der Ritter sagte: „Gut." Er war jetzt wieder in froher Stimmung. Er suchte sich inzwischen einen Platz am Fenster und setzte sich da, wo es nicht so heiß war, nieder. Die Luft war ihm dort erträglich, und er konnte auf die Straße blicken. Da kam ein Ritter angeritten, der hatte ein graues Roß zwischen den Schenkeln. Er trug Kleider von der gleichen Farbe. Unser Ritter nahm ihn genauer in den Blick. Er war in mittlerem Alter, und sein Roß war untadelig. Er gab ihm gerade die Sporen, da trug es ihn im Schwung bis dicht vor das Fenster. Der graue Ritter ritt sehr rasch und wäre beinahe schon wieder vorbeigesprengt, da sagte unser Ritter höflich zu ihm: „Bitte laßt mich euer Roß einmal näher ansehen, tut es doch im Gedanken an die edlen Frauen." Der fremde Ritter sagte: „Ja gern. Ich würde es sogar in Stücke reißen, wenn es um die Ehre aller Frauen ginge. Ich habe ohnehin ununterbrochen Ärger mit dem Pferd." Darauf erhielt unser Ritter das Roß von ihm. Das ganze Volk war schon zusammengelaufen, und alle betrachteten das Roß wie ein Wundertier. Alle Ritter waren sich darin einig, ein so prächtiges Roß hätten sie noch nie gesehen. Der Graf wollte das Roß kaum wieder aus der Hand geben. Unser Held sagte: „Unter welchen Bedingungen laßt ihr es mir?" „Es ist mir nicht verkäuflich, es sei denn, daß ihr den Lohn mit mir teilt, den ihr euch auf dem Roß kämpfend erringt, vorausgesetzt natürlich, daß ihr nicht das Leben verliert. Die Hälfte des Lohns soll mir gehören."

Der Graf sagte: „Das geht nicht an, überlaßt es mir um einen bestimmten Betrag." – „Dazu bin ich nicht bereit", sagte der fremde Ritter gleich, „ihr wißt nicht, mit wem ihr es zu tun habt.

Ich bin nämlich ein Mensch, der mit Silber und Gold nichts mehr zu tun hat." Da mischte sich der Münzherr ein: „Aber wollt ihr vielleicht Edelsteine haben, da ihr mit Silber nichts mehr anzufangen wißt?" Der Graf sagte: „Laßt mich doch einmal mit dem Roß über das Feld sprengen, damit ich sehe, ob ich ihm wirklich ein so gutes Zeugnis ausstellen kann." Da sagte der graue Ritter: „Reitet erst einmal ein Stück mit ihm hin und her. Wenn ich mich nicht irre, gehorcht es jedem Wink des Reiters und ist hervorragend für das Turnier geeignet."

Als unser Graf das Roß zur Probe geritten hatte, gab er zu erkennen, daß es ein sehr wertvolles Tier sei und wohl hundert Mark wert wäre. Der fremde Ritter sagte: „Ihr seid wohl nicht bei Sinnen. Ihr bekommt es nicht, wenn ihr mir nicht in die Hand das feste Versprechen gebt, mit mir redlich zu teilen, sobald ihr die Herrin und das Land gewinnt." Darauf sagte unser Ritter: „Nun gut, ich verspreche es euch. Wenn mir Gott morgen den Sieg verleiht, gebe ich euch bei meiner Ehre den euch zustehenden Anteil." Als er ihm so die Hälfte des Lohnes zubilligte, dachte er freilich nicht an die Frau. Er ließ jetzt das Roß in den Stall führen und sagte zu dem Fremden: „Möge Gott es nun zum Guten wenden! Ich glaube nicht, daß jemals ein Ritter ein so edles Roß erworben hat, und wenn ich jetzt im Kampf erfolgreich bin, wird das Pferd seinen Anteil daran haben."

Am andern Morgen machte sich unser Ritter mit seinem ganzen Gefolge auf dem Weg zum Turnier. Laut ertönten dort die Pfeifen und Fideln. Auf einem vornehmen Sitz nahm unser Herr Platz. Man brachte ihm jetzt seine Rüstung und legte sie ihm an. Nun beteten alle für ihn, Männer und Frauen, daß Gott den tapferen Ritter im Kampf schützen und ihm zu Ruhm und Ehre verhelfen möge. Jetzt war er gerüstet und sein Roß mit einer kostbaren Decke bedeckt, auf der man weithin die Edelsteine glitzern sah. Dieses Roß ritt der edle Herr. Man erkannte ihn an seinem Waffenrock, die ihm die Herrin gesandt hatte. Der war von blutroter Seide, so daß sie von der Zinne aus ihn erkennen konnte, falls ihm der Sieg beschieden wäre.

Und nun kam er auf den Turnierplatz. Zuerst wurde der Ritter öffentlich vorgestellt, und alle, die ihn sahen, riefen seinen Namen. Die edle Frau sagte gleich: „Herr Gott, hilf mir doch, daß er, der junge Herr von Montaburg, den Sieg im Turnier erringen möge." Der ritt jetzt mit einem armdicken Speer auf den Kampfplatz, um den Tjost zu beginnen. Da kam ein Ritter ihm entgegengeritten, und bald sprengten sie mutig aufeinander. Hei, wie sie die Speere schleuderten; beide Speere zerbrachen, aber unser Held hatte den Ritter aus dem Sattel gehoben. So ging es noch vielen anderen hinterher. Jeder, der sich zum Tjost mit ihm einließ, mußte, kaum daß er das Roß bestiegen hatte, wieder zu Boden. Wie freute sich die edle Frau, als sie mit eigenen Augen sah, daß er so viele vom Pferde stach. Eine Unzahl von Speeren zerbrach er. Und jetzt ging erst das richtige Turnier an, wie man es in Frankreich treibt: bei uns herrscht der Tjost, dort auch eine andere Kampfesweise. Jetzt bekamen die edlen Frauen noch etwas anderes zu sehen: wie man mit scharfen Schwertern auf Helme und Schilde loshieb. Unser edler und großmütiger Ritter schlug auf dem Kampffeld so wacker drein, daß ihm alle, die ihn dort sahen, den Sieg zusprachen. Als er sich den Preis errungen hatte, ritt er wieder nach Haus, legte den Harnisch ab, zog sich sein Festgewand an und setzte sich frohgemut unter die Gäste.

Die Frau empfand nun große Lust, den Ritter, den sie als Sieger hatte rühmen hören, kennenzulernen. Sie war von einer großen Zahl anderer schöner Frauen umgeben. Da wurde er also von vielen begrüßt und mit dem Empfangskuß geehrt; doch die Herrin des Landes blickte ihn besonders liebevoll an und sagte: „Ich habe jetzt die mir willkommene Pflicht, zu sagen: Ihr werdet jetzt von mir belohnt werden. Niemand wird uns mehr trennen. Ich will euch jetzt als Gatten behalten, solange ich lebe. Mich selbst und meinen Besitz möchte ich euch jetzt schenken."

Graf Willekin dankte ihr höflich und sagte: „Oh, daß ich diesen Tag erleben durfte! Ihr seid so liebreizend; Gott schenke es uns, daß wir mit seinem gnädigen Beistand alt werden zusammen, bis wir sterben." – „Das walte Gott", sagte sie, „aber nun können

wir hier nicht länger stehen bleiben. Laßt uns zu Tische gehen!"
Er sagte: „Und wenn ich tausend Heere im Stich lassen müßte,
euch folge ich ohne Widerrede."

Nun schritten sie zum Mahle; die ausgewähltesten Fischgerichte
und was man sonst noch ausgedacht hatte an feinsten Speisen,
wurde ihnen auf die Tafel gebracht. Überall schenkte man reichlich
edlen Wein aus und sorgte freigebig für alle Gäste. Ich glaube, eher
könnte die Welt untergehen, ehe so viele Ritter zur festlichen
Hochzeit eines Grafen wieder versammelt sind. Denn in aller Herren Länder war die Botschaft ergangen, und überall hatte man von
dem Turnier gehört. Die Vornehmsten, die auf die Hand der Königin gerechnet hatten, waren dorthin gekommen in festlicher
Pracht.

Nun wurde unter ehrenvollem Geleit das Beilager gefeiert.
Selbst wenn unser Held sich das Wunschbild einer Frau ausgemalt
hatte: sie war doch viel schöner, als er es sich überhaupt hatte träumen können. Wem Gott es vergönnt hätte, sie zu sehen, der hätte
etwas Wunderbares erlebt. Wie sie jetzt nebeneinander lagen – wer
sie gefragt, ob einer von ihnen geschlafen hätte, sie hätten geant-
wortet: „Die Nacht ist wie eine Stunde vergangen." Sie küßte ihn
wieder und wieder mit ihren roten Lippen und schenkte ihm alle
Liebe. Und als er sie bei Tagesanbruch neben sich erblickte, war
es die Erfüllung seines höchsten Wunschtraumes. Ihre Wangen
leuchteten wie weiße Lilien und rote Rosen, und mit all seinen
Sorgen, die ihn so niedergedrückt hatten, als er noch mit Armut
zu ringen hatte, war es vorbei. Die Hochzeit der edlen Menschen
war so prächtig, daß weder vordem noch später ein so herrliches
Fest gefeiert worden ist. In dem herrlichen Kranze von Rittern
und Edelfrauen war die Freude ohne Grenzen. Als man das Mahl
beendet hatte, gab es Festlichkeiten einen langen Sommertag hindurch. Da sah man viele Ritter zum Kampfspiel reiten, aber jetzt
nicht zum ernsten Kampf, sondern zur Unterhaltung der Gäste.
Es herrschte ausgelassene Festesfreude, und das alles geschah zu
Ehren der jungen Frau.

Als man am nächsten Abend gegessen und noch ein Weilchen

zusammengesessen hatte, sagte man der jungen Frau, nun sei es
Zeit, wieder schlafen zu gehen. Sie stand auf, verabschiedete sich
und schritt gemessen in ihr Schlafgemach. Ihre Kammerjungfrauen
entkleideten sie, und sie legten sich nieder. Der Ritter brannte vor
Verlangen und folgte ihr bald. Als man ihn entkleidet hatte, sagte
er: „Ich will die Tür schließen." Er hieß sie alle fortgehen, wollte
den Riegel vor die Tür legen und sich zu seiner Frau begeben. In
dem Augenblick forderte ihn der Ritter, der ihm aus seiner Not
geholfen hatte und ihm das Kampfroß vorgeführt hatte, auf, ste-
henzubleiben und sagte: „Mein Herr, ihr wißt, daß ich mit euch
teilen darf. Ihr habt gestern nacht schon bei ihr gelegen, teilt jetzt
bitte brüderlich mit mir."

Der Graf sagte: „Wartet noch bis morgen. Ihr wißt, daß ich
euch euren Anteil nicht vorenthalte. Seid nur geduldig, dann gebe
ich euch die Hälfte von dem erworbenen Besitz." Der Ritter sagte:
„Davon ist nicht die Rede. Auch die Frau gehört zur Hälfte mir."
Der Graf erwiderte: „Unterlaßt bei Gott solche Rede. Das wäre ja
ein Teufelsstreich. Wenn ich euch jetzt die Frau überließe, was
bedeutet mir dann noch mein Leben! Ehe ich auf sie verzichte,
möchte ich lieber mein Leben hingeben." – „Wenn es mit eurer
Zuverlässigkeit so schlecht bestellt ist, braucht ihr euer Versprechen natürlich nicht einzulösen. War euer Versprechen aber ehrlich gemeint, dann überlegt es euch ernsthaft. Ich lasse euch wählen: auf *eins* müßt ihr verzichten, auf die Frau oder auf eure Ehre.
Wählt so, daß ihr es nicht zu bereuen braucht! Als er ihn so an
der Ehre packte, zerriß ihm der Schmerz sein Inneres, und er erschrak im Tiefsten. Das Glück, das er den ganzen Tag gefühlt
hatte, war verloren. Er sagte: „Jetzt wird mein Unglück wahrhaft
groß. Oh daß ich Armseliger nicht vorher gestorben bin, ehe ich
die Frau errungen habe, das muß ich vor Gott klagen. Oh wäre
ich doch im Kampf getötet worden! Wirklich, dann wäre ich
glücklich. Man sollte mich wie einen Dieb erhängen, das verdiente
ich. Weh über das elende Roß, daß ich es überhaupt zu sehen bekommen habe!"

Unter Tränen rang er sich schließlich zu dem Wort durch: „Ich schlage mich auf die Seite der Treue und Ehre, wie immer das Schicksal es auch zwischen der Frau und mir bestimmen mag." Der Ritter sagte gleich: „Dann geht, warum zögert ihr noch so lange?" Da sah er ihn schmerzerfüllt an: „Ihr seid doch, denke ich, ein Edelmann. Erweist mir die Güte und stellt euch vor, daß euch jemand von der geliebten Frau vertriebe. Könntet ihr den in Stücke hauen, ihr tätet es. Gebt mir nun gar keinen Anteil an dem Vermögen, aber laßt mir die Frau ganz." Bei diesen Worten weinte er bitterlich. Der Ritter sagte: „Ach was, euer Vorschlag hilft euch bei mir gar nichts. Und wenn mir die ganze Welt, von heute bis zum Jüngsten Gericht, gehören sollte, ich achte es für einen Pfifferling. Haltet euch an euer Wort und geht weg." Der Graf sagte: „Wenn ich nun so wählte, daß ich meine Ehre drangäbe, sagt einmal, wie würde dann die Sache aussehen? Ihr handelt doch viel vorteilhafter, mir die Frau zu lassen und euch den ganzen Besitz zu nehmen." Der Ritter sagte: „Ihr liebt sie, aber wenn selbst alle Steine aus Gold wären, ich möchte sie nicht für meinen Anteil an ihr haben. Ich will mein Recht an der Frau wahrnehmen. Wenn ihr nicht hinausgeht, laßt mir eure Ehre als Pfand verfallen. Dann will ich euch sofort die Frau und ihr ganzes Land überlassen." „Allmächtiger Gott!" sagte der Graf," „so hat mir der Teufel aus List das Roß zu meinem Verhängnis besorgt. Jetzt werde ich von der Sorgenlast erdrückt. Ihr habt es auf meine Ehre abgesehen; aber solange ich lebe, meine Treue und Ehre gebe ich nie auf." Und damit leistete er Verzicht auf die Frau.

So ging er hinaus. Nicht einen Deut wußte oder ahnte auch nur die Frau, daß er jenem das Recht über sie zugesprochen hatte. Als der Graf hinausgegangen war, zog der Ritter die Tür zu, aber nicht ganz, sondern ließ sie einen Spalt offen. Der Graf mußte also fort. Glaubt mir, er verhüllte sein Haupt und weinte bitterlich. Gäbe es wohl heute noch jemanden, der so handelte? Sein Charakter war wahrhaft treu.

Als der Ritter das erkannte, ging er ihm nach und sagte: „Herr, ich habe euch nur auf die Probe gestellt. Ihr sollt sehen, daß Gott mit euch ein Einsehen hat. Jetzt will ich euch offen sagen, wer ich bin. Von eurer Ankunft habe *ich* mehr Gewinn davongetragen als ihr durch mich. Denn ihr habt mich aus dem Mist herausholen lassen. Es ist euer Verdienst, daß ich jetzt der himmlischen Freuden teilhaftig werde. Ich bin nur der Schatten eines sterblichen Leibes. Ihr habt mich aus großer Not befreit." – „Oh Herr, ihr tröstet mich wie ein Vater", sagte der Graf, „woran erkenne ich das, daß Gott mich nur auf die Probe gestellt hat? Dann wäre ich für mein ganzes Leben glücklich." – „Das kann ich euch klar vor Augen führen. Ich stehe jetzt ganz nah vor euch, wie ein lebendiger Mensch. Greift nun zu, und ihr merkt, was ich eigentlich bin." Da griff er nach ihm wie nach einem Schatten an der Wand. Da flog es wie Freude über sein Gesicht. „Solch Wunder kann nur Gott wirken. Was wollt ihr auch mit irdischem Gut oder mit einer Frau anfangen?" – „Nein Herr, ich führe kein irdisches Leben. Ich bin von Gottes Gnade erfüllt. Durch euch und euer Opfer bin ich erlöst. Niemand braucht es zu bereuen, wenn er Treue und Opferwilligkeit an seiner Seite fühlt. Dann wird es ihm am Jüngsten Tage wohl ergehen. Aber nun muß ich Abschied nehmen. Gott möge euch beide vereint in seiner Hut halten. Ich will für eure Seligkeit beten, hier auf Erden verzichte ich auf allen Besitz."

Mit diesen Worten fuhr er als strahlender Engel auf zum himmlischen Thron. Unser Graf ging wieder zur Tür hinein und legte sich zu seiner Frau. Er war noch glücklicher als vorher; denn er hatte jetzt mehr von Gottes Gnade erfahren als irgendein Mensch. Ja, wer Treue und Ehre sich unter so viel Schmerzen zu bewahren weiß, der kann wohl am Jüngsten Tage Gottes Huld erwerben.

Und damit ist unsere Geschichte zuende. Nach seinem Hauswirt ließ unser edler Gast senden und schenkte ihm einen großen Silberschatz, den jener in sein Münzhaus trug. Er zog es ihm nicht von seiner Rechnung ab, sondern gab es ihm noch als Geschenk. Und später bezahlte er ihm alles, was jener gut hatte, denn er war freigebig und machte so auch den Wirt und dessen Kinder reich. Er sagte: „Herr Wirt, solange ich lebe, werde ich *euch* jetzt borgen und schenken."

So waren nun alle, der Wirt und seine beiden Gäste, von allen

Sorgen befreit, weil die Treue unverletzt geblieben war. Ja, Treue ist auch heute noch das Allerhöchste. Darum, ihr Ritter, haltet sie in Ehren. Wenn euch Gott auch nicht für euer irdisches Leben ein Pferd schenkt, er öffnet euch für euer zukünftiges Leben als Lohn das schönste Himmelreich.

Konrad von Würzburg

Das Herzmäre

Ich bin zu der Erkenntnis gekommen, daß echte, reine Minne den Menschen fremd geworden ist. Darum sollen Ritter und Edelfrauen in dieser Geschichte ein Vorbild sehen; denn sie erzählt von der vollkommenen Liebe. Meister Gottfried von Straßburg ist unser Kronzeuge: wer auf dem Wege wahrer Minne sicher schreiten will, der muß sich vorher etwas von den Liebeserfahrungen erzählen lassen, die vor ihm andere Menschen gehabt haben, die sich liebend in die Augen geschaut haben. Denn es ist doch unleugbar: wer etwas von Minneerlebnissen hat erzählen hören, erlebt die Liebe selbst viel tiefer. Daher will ich mich bemühen, meine schöne Geschichte so wahr erscheinen zu lassen, daß man darin ein Vorbild der Liebe finden kann, die lauter und rein und frei von allem Falsch ist.

Ein Ritter und eine vornehme Dame hatten ihr inneres Leben so miteinander verwoben, daß sie ganz eins geworden waren. Wenn die Frau irgend etwas Böses bekümmerte, so bekümmerte das auch den Ritter. Infolge davon ward auch ihr beider Ende so bitter; denn die Liebe hatte sie beide mit solcher Gewalt ergriffen, daß auch ihre Schmerzen vervielfacht wurden: durch die süße Minne erfuhren ihre Herzen großes Leid. Die hatte sie bis auf den Grund mit ihrem Feuer entflammt und so mit heißer Liebe erfüllt, daß ihre Gewalt überhaupt niemals mit Worten beschrieben werden kann. Keiner könnte es aussagen, mit wie reinen Gefühlen sie immer aneinander dachten. So völlige Einheit der Seelen hatte es noch nie zwischen einem Mann und einer Frau gegeben wie zwischen ihnen. Doch durften sie nach den Gesetzen der Welt nicht zueinander kommen und konnten den Wunsch nach Erfüllung ihrer Liebe nicht verwirklichen.

Die schöne Frau war mit einem angesehenen Mann vermählt. Das bedeutete für sie ein schmerzliches Hindernis; denn sie wurde in so strenger Hut gehalten, daß der edle Ritter niemals das Verlangen seines kranken Herzens an ihr stillen konnte, das aus Liebe zu ihr tief verwundet war. So duldeten sie harte, gefahrvolle Not. Er zermürbte sich so sehr im Verlangen nach ihrer süßen Gestalt, daß er seine Qualen auch nicht einmal vor ihrem Mann verhehlen konnte. Er ritt, wenn es nur sein konnte, zu der schönen Dame und klagte ihr die Not seines Herzens. Schließlich wurde sein Leid immer drückender.

Der Ehemann der Dame überwachte sie beide so lange aufmerksam, bis er zu seinem eigenen Leidwesen schon an ihren Mienen merkte, daß die süße Minne sie in ihre Bande verstrickt hatte und daß sie aus Sehnsucht nacheinander schier verschmachteten. Das bekümmerte den edlen Herrn sehr. Er dachte bei sich: „Wenn ich meine Frau nicht noch mehr in Hut nehme, so erblicke ich eines Tages noch etwas, was mich in größten Schmerz bringt; denn es wird mir aus ihrer Beziehung zu diesem Ritter noch Unheil erwachsen. Bei Gott, wenn ich es noch kann, entreiße ich sie seiner Gewalt! Ich werde also mit ihr über das wilde Meer fahren, damit ich sie vor ihm schütze, bis er sein Begehren nach ihr einstellt und auch sie nicht mehr nach ihm verlangt. Man sagt, daß einem Menschen das geliebte Wesen, das längere Zeit von ihm getrennt ist, allmählich fremd wird. Darum will ich mit ihr jetzt zum Heiligen Grabe fahren, bis sie die große Liebe, die sie zu dem Ritter hegt, vergessen hat." So beschloß er denn, den beiden Liebenden ihre Liebe zu verleiden, die doch in Wahrheit zwischen ihnen nicht lösbar war.

Er wollte also mit seiner Frau Jerusalem besuchen. Als der Ritter, der vor Verlangen nach ihr brannte, das merkte, beschloß er in seiner Liebeskrankheit, auch so rasch wie möglich über das Meer zu fahren; denn er glaubte, zu Hause dem Tode rettungslos anheimzufallen, wenn er von ihr abzulassen sich überwände. Die

Last der starken Liebe überwältigte ihn so, daß er um der schönen
Frau willen sogar den grimmen Tod gesucht hätte. Darum wollte
er nicht länger zögern, sie aufzusuchen. Als die schöne Frau seine
Absicht merkte, ließ sie ihn heimlich kommen. „Mein lieber
Herr", sagte sie, „mein Mann hat, wie du schon gehört hast, die
Absicht, mich vor dir in Sicherheit zu bringen. Nun, mein Geliebter, höre auch um deines Glückes willen auf mich und verhindere
diese Fahrt über das wilde große Meer, die mein Mann beschlossen
hat. Fahre du lieber allein hin, damit er hier bleibt; denn wenn
er hört, daß du vor ihm weggefahren bist, bleibt er gleich hier.
Und sein Argwohn, den er gegen mich hegt, legt sich dann; denn
er denkt bei sich: Wäre an den Dingen, die meine Frau betreffen,
etwas wahr, wie ich vermute, so wäre ja der edle Ritter nicht weggefahren. So wird das Mißtrauen, das er gegen mich hat, zerstört.
Und du nimm es bitte nicht zu schwer, eine Weile fort zu sein,
bis alle Gerüchte über uns im Lande verstummt sind. Und wenn
dich dann Christus wieder zurücksendet, so hast du allzeit mit
mir um so mehr deinen Willen, wenn man das als falsche Rede
bezeichnen muß, was man jetzt über uns erzählt. Gott sei es geklagt, daß du nicht mehr bei mir sein kannst, wie du es möchtest,
und ich nicht bei dir, wie ich es wünsche.

Nun lebe wohl, lieber Freund, empfange von mir diesen Ring;
er soll dir eine Erinnerung sein an das schwere Leid, das mich bedrückt, wenn ich dich nicht sehen kann. Denn fürwahr: was ich
auch erlebe, ich muß an dich denken! Dein Scheiden bereitet mir
wirklich tiefsten Schmerz im Herzen. Nun gib mir einen lieben
Kuß und erfülle mir meinen Wunsch so, wie ich es dir gesagt
habe."

„Ich will es, Herrin", sagte er zu ihr betrübten Herzens, „was
auch danach kommen mag; euer Wunsch ist auch der meine. Ich
habe mein ganzes Denken, Fühlen und Wollen in Sehnsucht nach
euch verzehrt, so daß ich euch wie ein Leibeigener untertan bin.
Wenn ihr mich nun auch Abschied nehmen laßt, einzige edle Frau,
so wißt, daß ich aus Sehnsucht nach euch große Schmerzen erleide.
Ich bin mit Leib und Seele so tief in euch eingeschlossen, liebste

aller Frauen, daß ich fürchte, man wird mich zu Grabe tragen, ehe ich das Glück, euch wiederzusehen, erlebe."

Und damit war ihr letztes Gespräch, das sie über ihr Liebesleid geführt hatten, zu Ende. Die beiden Liebenden schieden voneinander unter Marterschmerzen und schlossen sich in dem Augenblick fester in ihr Herz, als ich es überhaupt ausdrücken kann. Alle Weltfreude war in ihrem Inneren gestorben. Sie küßten sich nur zart auf ihre roten Lippen, und dann verzichteten sie auf jedes gemeinsame Glück. Der edle Ritter wandte sich, Schmerz im Herzen, zum Meer, und in dem ersten besten Schiff, das dort war, kam er ins Heilige Land. Er war sich dessen bewußt, daß er auf Erden niemals wieder Glück oder Freude erleben würde, es sei denn, Gott würde es ihm gewähren, wieder heimzukommen und etwas von seiner geliebten Herrin zu hören. Nun war seine Herzensnot groß und bitter. Der Edle sehnte sich nach ihr, und der Schmerz wuchs in seinem Herzen fest. Sein schmerzliches Verlangen nach ihrer süßen Liebe wurde täglich neu. Er tat es der Turteltaube gleich; denn in Sehnsucht nach dem geliebten Wesen mußte er auf den grünen Zweig des Glückes verzichten und setzte sich auf den dürren Ast der Sorge. Seine Sehnsucht nach ihr und sein Leid wurden so stark, daß ihm der Schmerz bis in den tiefsten Seelengrund drang; so tief verwundeten und so schwer belasteten sie ihn. Der Märtyrer der Sehnsucht klagte jeden Tag seufzend: „Gepriesen sei die Reine, deren süße Gestalt und deren Dasein mir diese Qualen zufügen. Fürwahr, die geliebte Herrin versteht mit göttlicher Kunst, mir so bittere Not in mein Herz zu gießen! Wie kann sie, die über alles Irdische Erhabene, mir so ungeheuren Schmerz zufügen! Wenn sie mich nicht heilt, muß ich schließlich sterben." So klagte und jammerte er täglich und trieb es so lange, bis er zuletzt in verzehrende Krankheit fiel und sein Lebenswille gebrochen war. Sein Seelenkampf war so hart und schwer, daß man ihm sein heimliches inneres Leid vom Gesicht ablesen konnte.

Als nun der Ritter schon ganz klar die schmerzliche Gewißheit vor sich sah, daß er sterben werde, sagte er zu seinem Knappen: „Höre, mein lieber Geselle, ich merke jetzt, daß ich wirklich ster-

ben muß aus Liebe zu meiner geliebten Herrin; der Liebesschmerz
um sie hat mich tödlich verwundet. Höre darum, was ich dir jetzt
sage: wenn es zu Ende ist mit mir und ich tot bin durch die königli-
che Frau, laß mir den Leib aufschneiden und nimm mein Herz
heraus, das blutige, von Schmerzen gezeichnete, salbe es dann mit
Balsam, damit es sich frisch hält. Höre weiter: schaffe ein kleines
Kästchen aus Gold und mit Edelsteinen verziert, da tue mein totes
Herz hinein und lege den Ring dazu, den mir meine Herrin geschenkt hat. Beides zusammen, verschlossen und versiegelt, bring
ihr, damit sie sieht, was ich um ihretwillen erlitten habe und wie
mein Herz von der Liebe zu ihr verwundet worden ist. Sie ist so
rein und treu, daß der Schmerz um mich ihr immer frisch im Herzen bleibt, wenn sie erkennt, was mir um ihretwillen zu erleiden
bestimmt war. Also bitte, führe mein Gebot aus. Der heilige und
reine Gott, der keinem edlen Menschen seine Hilfe versagt, möge
sich über mich Armen erbarmen und der Geliebten, die mir den
Tod gebracht hat, Glück und ein freudenreiches Leben bescheren.‘‘

Unter diesen Seelenqualen starb der Ritter. Der Knappe rang
seine Hände voll Schmerz; dann gab er, die Bitte des Toten befol-
gend, Befehl, ihn aufzuschneiden. Er nahm das Herz des Toten
und brachte es zu dem Schloß, wo er die wußte, um die sein geliebter Herr den grimmen Tod erlitten hatte. Zu der Zeit, als er sich
dem Schloß näherte, hielt sich die Edle auch dort auf. Da ritt ihm
deren Mann auf dem Felde zufällig entgegen, der dort gerade zur
Falkenjagd aufgebrochen war. Dies schlug für den Knappen in ein
großes Unheil aus. Denn als der Ritter ihn sah, dachte er gleich:
,,Bestimmt ist der nur zu dem Zwecke hergesandt, um meiner
Frau eine Nachricht von jenem Herren zu überbringen, der sich
so sehr nach ihrer Minne verzehrt.‘‘ Und damit ritt er an den
Knappen heran und wollte ihn gleich ausforschen. Da erblickte
er alsbald den hübschen kleinen Kasten, in dem sich das Herz des
Toten und der Ring der Frau befanden. Der Knappe hatte den
Kasten am Gürtel hängen neben anderm. Als der Ritter das sah,
sprach er den Knappen an und fragte, was er in dem Kästchen

trüge. Da sagte der höfliche, brave Jüngling: „Es ist etwas, was von weither durch mich überbracht wird." Der Ritter sagte: „Laß sehen, was darin ist." Da sagte der Knappe voll Angst: „Nein, das tue ich nicht; kein Mensch bekommt es zu sehen außer dem, für den es bestimmt ist." – „Nein, so geht es nicht", antwortete der Ritter, „dann muß ich es dir mit Gewalt entreißen und gegen deinen Willen in Augenschein nehmen." Und gleich riß er ihm den Kasten von seinem Gürtel, öffnete ihn und fand das Herz und den Ring der Frau. Daran erkannte er, daß der Ritter gestorben und daß dies der letzte Gruß des Sterbenden an die hohe Geliebte sei. Darauf sagte der Ritter zu dem Knappen: „Fahre du jetzt bitte deine Straße; ich werde das Kleinod an mich nehmen, das sei dir gesagt." Darauf ritt er in seiner wilden Eifersucht nach Hause und befahl seinem Koch, er solle aus dem Herzen eine besondere Mahlzeit zurichten. Der Koch nahm das Herz und richtete es so gut an, daß niemals eine Speise so edel gewürzt und zubereitet wie diese gemacht wurde. Als er fertig war, wartete der Ritter keinen Augenblick: er setzte sich zu Tisch und ließ das Gericht ganz frisch seiner Frau vorsetzen. „Frau", sagte er scheinheilig, „dies ist eine sehr leckere Speise, die mußt du alleine essen; du kannst sie nicht noch teilen." Da nahm es die schöne Frau und aß das Herz ihres Geliebten, ohne zu merken, was für ein Herz es war. Die fürchterliche Speise dünkte sie so wohlschmeckend, wie nie zuvor irgendeine Speise ihr gemundet hatte.

Kaum daß die Getreue das Herz gegessen hatte, sagte der Ritter: „Sage mir einmal, wie dir die Speise geschmeckt hat; ich glaube, daß du dein Lebtag nicht noch einmal süßere Speise essen wirst als diese." – „Lieber Mann", sagte sie, „keine andere Speise wird mich je so erfreuen und mir so süß und rein schmecken wie die, die ich soeben genossen habe. Ich muß sie wirklich für die schönste aller Speisen erklären. Sagt, lieber Gemahl, war dies Essen von einem Wildpret oder von einem Haustier?" Da sagte er zu ihr: „Höre jetzt recht zu, wie ich es dir erkläre. Das Fleisch war von beidem, bei Gott wild, weil dem Glücke fremd, und zahm, weil von Sorgen bedrückt jeden Tag: du hast das Herz des Ritters gegessen, wie es in seinem Leibe schlug, des Ritters, der in Sehnsucht nach dir ein Übermaß von Schmerz während seines Lebens erlitten hat. Und nun höre: er ist aus Liebesschmerz um dich gestorben und hat dir zum Zeichen dessen sein Herz und den edlen Ring durch seinen Knappen hierhergeschickt."

Bei dieser grausamen Kunde saß die edle Frau wie tot da; ihr Herz erstarrte ihr im Leibe, ihre weißen Hände fielen ihr kraftlos in den Schoß, Blut stürzte aus ihrem Munde, so überwältigte sie das Gefühl ihrer Schuld. „Fürwahr", sagte sie dann mühsam, „ich habe also jetzt das Herz des Mannes gegessen, der mir von tiefster Seele ununterbrochen seine Liebe geschenkt hat; und nun will ich es wie einen Schwur aussprechen: nach dieser heiligen Speise werde ich niemals mehr eine Mahlzeit zu mir nehmen. Gott wird es mir verbieten in seiner Gerechtigkeit, daß nach so edler Speise jemals eine geringere in mich eingehen soll. Ich werde jetzt nichts anderes mehr essen als die Unglücksspeise, die man Tod nennt. Ich werde auch in Liebesqual mein elendes Leben aufopfern für ihn, der sein Leben für mich hingegeben hat. Ich wäre treulos, wenn ich mir jetzt nicht bewußt hielte, daß der Edle mir sterbend sein Herz geschickt hat. Schmerz genug, daß mir nach seinem bitteren Ende noch ein Tag vergönnt war! Bei Gott, es kann nicht länger sein, daß ich ohne ihn noch allein weiterlebe, während er schon im Tode schwebt, er, der mir sein Leben lang Treue erwiesen hat."

Und damit wurde die Not ihres Herzens so stark, daß sie in Schmerz und Leidenskrampf ihre weißen Hände ineinander-drückte und ihr Herz in Liebesqual zerbrach. In dem Augenblick endete sie ihr junges Leben, um in den Himmel einzugehen; mit einem ebenso schweren Lot wog sie wieder auf, was ihr Geliebter auf die Lebenswaage gesetzt hatte. Mit letzter Treue und höchster Liebe vergalt sie es ihm.

Und damit hat unsere Geschichte ihr Ende. Der allmächtige Gott soll ihn strafen, daß er ihr verriet, was sie gegessen hatte, wodurch die treue Frau ihr Leben einbüßte. Das wird mich immer schmerzen, und ich werde ihm diese seine Roheit nie vergessen.

Dies bekenne ich, Konrad von Würzburg, euch als meine Überzeugung. Wer reines Herzens recht zu handeln immer sich bemüht, mag diese Geschichte sich zu Herzen nehmen als Beispiel, die Minne in Reinheit zu üben. Jedes edle Herz soll so handeln.

Frauentreue

Ich würde, wenn der Wunsch erfüllbar wäre, mir wünschen, daß alles, was ich von unverbrüchlicher Liebe und ihren Freuden gelesen habe, noch heute im Innern der Menschen lebendig gehalten würde. In dieser Geschichte möchte ich euch eindringlich zeigen, wie treu und fest das Herz der edlen Frau war, die ihre Heldin ist, und wie treu sie den belohnte, der Leib und Seele und sein ganzes Sinnen und Trachten ihr gewidmet hatte. Von heißer Liebe zu ihr war sein Herz entbrannt, und nie erlosch diese Glut bis zum Tode. Und sie, die Edle, Reine, Hochherzige, opferte auch ihr Leben und wählte aus Liebe zu ihm den Tod. Aber ich will mit der Vorrede abbrechen und die Geschichte selbst beginnen.

Ein edler, kühner Ritter, an Leib und Seele erprobt, bewarb sich nach der Art tapferer Ritter um die Gunst edler Frauen und trug aus harten Kämpfen für sie manche blutige Wunde davon; aber gleichwohl ermattete er nicht in seinem eifrigen Dienst für die Frauen, und durch viele Rittertaten mit Schwert und Speer war er ebenso wie durch seinen edlen Charakter und seine Freigebigkeit weithin bekannt. Wo er nur den Anlaß erspürte und eine Gelegenheit sah, den Frauen zu dienen, nutzte er sie immer aufs eifrigste. Dafür war er auch immer belohnt worden. Aber zuletzt mußte er doch dafür büßen, weil ihn seine Leidenschaft zu weit trieb und zu Fall brachte.

Unser Held ritt einst nach seiner Gewohnheit auf Abenteuer aus und kam zum Turnieren in eine Stadt, aus der er nie zurückkehren sollte. Die Einwohner waren ihm unbekannt bis auf einen Bürger, den er schon einmal früher gesehen hatte und nun wiedertraf; bei dem kehrte er ein. Er erkundigte sich bei ihm nach diesem und jenem und fragte, wo er besonders schöne Frauen treffen könnte. Der antwortete: „Herr Ritter, ich kann euch die Schönsten, die es überhaupt gibt, sehr bald zeigen. Morgen ist Kirchweih, und dann habt ihr Gelegenheit, sie alle zu sehen. Welche euch am besten gefällt, die zeigt ihr mir mit einem Wink oder Augenblinkern an." Der Ritter war sehr froh darüber. – Während die Pfaffen schon sangen, traten sie also vor die Kirchtür, und die Frauen gingen dicht an ihnen vorbei in die Kirche. Da erblickte der Ritter eine Dame, vor der er sich eingestehen mußte, daß er einen so herrlichen Anblick noch nie gehabt hatte. Er faßte sie näher ins Auge, und im gleichen Augenblick hatte er sie schon tief ins Herz geschlossen – sie sollte nie wieder daraus entlassen werden, bis der Tod sie grausam trennte. Er war durch sie völlig berauscht. Sie hatte Haar wie gesponnenes Gold in ein feines Band gefaßt, ein zartes Antlitz mit braunen Augenbrauen, unter denen die Augen wie Sterne hervorleuchteten; ihr Mund stand darin wie eine Rose, deren Blätter sich entfaltet hatten und vor Röte brannten. Das brachte den Held in Liebesnot, dazu ihr weißer Hals und das liebliche Kinn darüber; sie war von schmaler Gestalt, von angemessener Größe und ging gemessenen Schrittes, die edle Frau. Natürlich hob sie nie die Augen zu einem leidenschaftlichen Blick auf. Der Ritter seufzte tief auf und blickte sie unentwegt an; denn sie war so zart und schön wie ein in Erz gegossenes Kunstwerk. Fürwahr – wer hatte je eine schönere Frau gesehen! Ihre Kleidung war ebenso untadelig wie ihre Gestalt. Und dazu kamen die inneren Tugenden, besonders ihre Güte, die sie in ihrer Lieblichkeit schmückten. Das alles kann ich nicht einmal halb schildern. Sie wäre würdig, die Krone einer Königin zu tragen.

Da sagte der Bürger zu dem Ritter: „Nun, welche dünkt euch die Schönste zu sein? Sagt es ganz ehrlich, denn ihr habt ja weiß Gott viele schöne edle Frauen gesehen." Da zeigte der Ritter auf des Bürgers eigene Frau. Darauf lächelte der Bürger, denn er hatte keinen Argwohn. Er forderte den Ritter auf, sein Gast zu sein. Doch dieser schlug es ab. Er hatte sein Herz schon ganz an die edle Frau verloren; Tag und Nacht dachte er an sie; beim Essen,

Trinken, Schlafen, Wachen, wo er ging und stand, saß oder lag:
er konnte sie nicht mehr vergessen, und so richtete er auf nichts
anderes den Sinn als ihr früh und spät zu begegnen, wo sie nur
ging, zu dem einzigen Zweck, daß sie ihn grüße und damit seine
Pein milderte. Sie grüßte ihn ganz unbefangen, gesittet wie sie war.
Und der Ritter achtete alles Glück der Welt gering, wenn er nur
die schöne Frau erblicken konnte.

Nun entschloß er sich, eine Herberge in großer Nähe von der
edlen Dame zu nehmen, damit er sie möglichst oft sehen könnte
und so durch sie beglückt würde. Da merkte sie es, daß er sie liebte
und sich nach ihr verzehrte. Sie legte sich jedoch Zurückhaltung
auf, denn es war ihr sehr unangenehm, da sie nur ihren Mann
liebte. Der Ritter aber entbrannte immer mehr in Leidenschaft.
Und es dauerte nicht lange, da brachte ihn der süße Minnetraum
auf den Gedanken, überall in der Stadt ausrufen zu lassen, er würde
gegen jeden bewaffneten Kämpfer, der es in der Tjost mit ihm aufnehmen wolle, antreten, selbst aber ohne Rüstung kämpfen. Dies
hörte ein braver Mann, der brachte den Ritter in schwere Lebensgefahr; denn er traf ihn mit seinem Speer so, daß der in seinem
Körper abbrach und die Eisenspitze drinnen blieb; so wuchtig war
er gegen ihn angerannt. Der Ritter, bisher voll blühenden Lebens,
lag bleich da; für tot mußte man ihn aufheben und in seine Herberge bringen. Man holte einen Wundarzt, und beinahe hätte der
Tod den so schwer Getroffenen dahingerafft. Aber der Ritter sagte
trotzig: „Keiner soll mir das Leben retten, denn wenn sie, um deretwillen ich so schwer verwundet worden bin, mich sterben läßt,
so wünsche ich mir sogar den Tod."

Viele edle Frauen und Männer kamen zu dem Verwundeten,
um ihn mit ihrem Besuch zu trösten. Aber seine Geliebte kam
nicht zu ihm. Da wallte sein Herz vor Schmerz über, und er er-
bleichte von Tag zu Tag mehr. Da faßte der Gemahl der angebeteten Frau einen Entschluß, der für ihn sehr schlimm auslief. Er bat
seine Frau inständig, sie solle auch den kranken Ritter besuchen.
Sie sagte: „Ich kenne ihn doch nicht, ich weiß nicht, was ich bei
ihm soll, er wird schon ohne meine Hilfe wieder gesund werden."

Sie wußte freilich, daß er sie liebte und um sie noch besonderen Schmerz litt. Aber ihr Mann sagte: „Bitte, geh um meinetwillen zu dem Ritter. Er würde es mir übel deuten, da kein anderer in der Stadt wohnt, der ihn näher kennt außer mir. Er meint dann wohl, ich verweigere es dir. Ich möchte nicht darauf verzichten, daß du mir meine Bitte erfüllst."

So sträubte sie sich aus Freundlichkeit und auch ihrem Mann zuliebe nicht länger und machte sich auf den Weg. Wenn der Mann aber gewußt hätte, was der Ritter fühlte, hätte er seine Frau vor ihm geschützt.

Sie kam nun also zu dem Ritter; darüber freute er sich so unbändig, als ob er völlig gesund im Paradiese wäre. Er nahm sie aufs freundlichste auf, sie und ihre Zofe, die mitgekommen war, und bat sie, an seinem Lager Platz zu nehmen. Sie errötete vor heißer Scham, aber setzte sich nieder und konnte vor Mitleid nur mit größter Mühe ein Wort zu dem Manne sagen. So schüchtern war sie plötzlich. Ganz zaghaft sagte sie: „Es schmerzt mich, daß ihr so leiden müßt; wie geht es euch?" Er antwortete: „Was mir zugestoßen ist, das ist um euretwillen geschehen. Es geht mir so, wie ihr es wünscht. Ihr könnt, wenn ihr wollt, mich heilen; wenn ihr nicht wollt, muß ich sterben."

„Ich wünsche es euch von Herzen", sagte sie, „daß ihr wieder ganz gesund werdet; aber daß eure Wunde heilt, dazu vermag euch ein Arzt besser zu verhelfen als ich. Ich bin ja nicht Gottes Sohn, um Tote wieder aufzuwecken. Gott allein in seiner reinen Güte hat diese Kraft; er kann sich über euch erbarmen." Er sagte: „Wenn ihr mich vom Tode erretten wollt und von meinen herzzerreißenden Qualen, so befreit mich von dem marternden Eisen in meiner Seite und zieht es mit eurer weißen Hand heraus; sonst muß ich sterben." Die liebliche und zartfühlende Frau errötete aufs neue vor Scham, und ihr wurde ganz heiß. Ihre Begleiterin aber tröstete sie: „Was für einen Nachteil sollte euch das bringen?" und veranlaßte sie schließlich mit Mühe, daß sie mit ihrer zarten Hand in die Wunde faßte und ihm das Eisen herauszog. Ich finde ihr Verhalten sehr rühmlich und halte es für ein größeres Opfer

als bei einer, die schnell bereit, von Neugier gereizt, zugreift. Dann
verabschiedete sich die Frau rasch und ging fort. Der Ritter ließ
einen Arzt holen, der ihn in kurzer Zeit mit seiner Medizin wieder
gesund machte.

Aber die Frau lebte ihm tief im Herzen, und er trachtete Tag
und Nacht, wie er es anstellen könnte, sie für sich zu erringen.
Viele verwegene Gedanken erfüllten ihn, und er entschloß sich,
sein Leben endgültig aufs Spiel zu setzen. Er stieg durchs Fenster
in ihr Zimmer, wo sie mit ihrem Mann lag. Er schritt gleich auf
ihr Bett zu und berührte sie leise. Ihr Mann und ihre Dienerschaft
schliefen fest; das kam ihm sehr gelegen. Die Frau schreckte hoch,
wie wenn ein Donnerschlag ihr alle Besinnung geraubt hätte (manche Frauen, die vor schlimmeren Dingen nicht erschrecken, werden das freilich nicht glauben). Der kalte Schrecken lähmte sie.
Als sie wieder zu sich kam, sagte sie: „Wer bist du?" Der Ritter
antwortete ihr: „Ich bin es, süße Frau, der für euch verwundet
worden ist." – „Weh mir, daß ich je geboren bin", sagte sie, „jetzt
müssen wir beide sterben." Er sagte: „Was nützt mir überhaupt
mein Leben? Wenn ich aus heißer Sehnsucht nach euch mich in
Schmerz verzehren muß, will ich lieber tot sein." Sie raufte sich
vor Verzweiflung ihr Haar. Dann schlüpfte sie in ein seidenes Gewand und ging mit ihm von dem Bett fort, denn sie wünschte,
ihn auf geschickte Weise fortzuführen. Aber der Ritter umarmte
sie und drückte sie außer sich vor Entzücken fest an sich; aber
dies wurde ihm zum Unglück. Die Leidenschaft erhitzte ihn so,
daß die Wunde wieder aufbrach, als er die Frau an sich preßte.
Das Blut schoß ihm strömend aus der Wunde, daß er ohnmächtig
niederfiel, sein Herz ihm im Leibe zersprang und er seine Seele
aushauchte.

Die Frau wurde von Schmerz ergriffen. Die Not überwältigte
sie – das kann ich euch bezeugen – in ihrem Innern so heftig, daß
sie sich auch den Tod herbeiwünschte. Dann überlegte sie hin und
her, wie sie ihn fortschaffen könnte; denn ihrem Mann wagte sie
nichts zu berichten. Aber die Erfahrung lehrt: Not bricht Eisen.
Sie legte ein Brett vors Fenster, ergriff mit größter Anstrengung

den Ritter und schleppte ihn in sein Bett zurück. Dann ging sie wieder zu ihrem Mann zurück und legte sich mit Bedacht wieder neben ihn, so daß er es gar nicht merkte. Jetzt erst kam ihr zu vollem Bewußtsein, wie unendlich der Ritter sie geliebt und verehrt hatte – doch nun war es zu spät.

Am nächsten Morgen suchten die Knappen des Ritters ihren Herrn auf; der Kämmerer rief laut, um ihn zu wecken; er schlief zu ihrem Schmerz schon den ewigen Schlaf, und sie sahen ihren Herrn tot auf dem Lager. Sie weinten heiße Tränen vor Trauer. Sie wußten nicht, wie es gekommen war, und das bedrückte sie sehr. Man holte ein kostbares Tuch und bahrte den toten Ritter auf, wie es ihm zukam. Nach allen Ehren wurde für ihn die Totenmesse gehalten. Seine Getreuen hatten ihn gleich am Morgen in die Kirche getragen.

Nun aber hört, wie die Frau ihm seine Liebe und Treue lohnte. Gott mußte ihr um ihrer Treue willen die himmlische Krone geben und sie für immer in sein Reich zu sich nehmen. Sie ging jetzt zu ihrem Mann und umarmte ihn innig. Ihr Herz war vor Schmerz zerbrochen. Sie bat ihn, ihr zu erlauben, für den Toten zu opfern, wie es ihr eine innere Stimme sagte. Ihr Mann willfahrte gern allen ihren Wünschen. Sie sagte, sie wolle den Ritter nicht vergessen. Er und die andern verstanden noch nicht, wie die Edle und Reine es meinte. Nur ihre Zofe, die auch vorher mit ihr bei dem Ritter gewesen, wußte Bescheid; ihr hatte die Frau berichtet, was sie erlebt.

Ihr Herz wallte vor Schmerz auf, als sie zu dem heiligen Opfer schritt. In reiner Gesinnung, voller Unschuld opferte sie Mantel und Überkleid und dann, von Schmerz und Mitleid überwältigt, auch noch ihr Kleid selbst, so daß sie im Untergewand dastand. Ihr roter Mund war ganz erblichen. Und schließlich entschloß sie sich noch zu einem dritten Opfer; sie wußte nichts mehr von Scham. Sie schritt zu dem toten Ritter, blickte ihn an, ihr Herz zuckte zusammen, vor Schmerz wich alle Farbe aus ihrem Antlitz. Sie krampfte jammernd die Hände, und auch ihr Herz zersprang ihr im Leibe, so daß sie tot zu Erde sank. Nun drängten alle an sie heran. Es war ein unfaßbares Unglück: sie war aus tiefstem Mitleid gestorben. Der eine versuchte noch auf diese, der andere auf jene Weise sie zu retten; auch ihr Ehemann kam; sein Glück war dahin, er zerraufte sein Haar. Dann sagte er: „Ich weiß jetzt die volle Wahrheit, an der nicht zu zweifeln ist: eine Frau so in tiefster Seele treu hat noch nie ein Mann auf der Welt besessen, was immer ihr den Tod gebracht haben mag."

Dann legte man beide, die im Tode nun Vereinten, in ein Grab. Alle nahmen Anteil. So hatte die Frau dem Ritter gelohnt mit ihrem größten Schmerzensopfer – und damit ist unsere Geschichte von der Frauentreue zu Ende.

Die Heidin

Es lebte einst ein Heide, begabt mit unschätzbaren Eigenschaften, durch Schönheit und Reichtum ausgezeichnet; er war hoch angesehen auch wegen seiner charaktervollen Gesinnung. Er stammte aus königlichem Geschlecht, es gab kein zweites ebenso edles. Schon zu Lebzeiten genoß er den höchsten Ruhm, den je ein Herrscher erworben hatte. Er war so tapfer, daß er jederzeit mutig und entschlossen mit Speer und Schild zur Hilfe bereit war, wenn man ihn nur darum bat. Auch ein vollkommener Jäger war er, wie ich selbst bezeugen kann; er erlegte Wild aller Art, der berühmte König. Mit Geschick und Erfolg vollbrachte er alle seine Taten, so daß sich alle wie selbstverständlich ihm unterwarfen.

Dieser König hatte nun eine edle Frau, die liebte er von ganzem Herzen, und sie war auch schön und sittsam; ich kann wirklich sagen: man *mußte* sie mit Fug und Recht preisen. Sie war wie Gold. Ich habe euch noch viel von ihr zu berichten: nicht zu lebhaft, aber auch nicht träge; sie war für sich selbst maßvoll, doch eine großzügige Gastgeberin; in feiner, höfischer Art konnte sie heiter sein, sie hatte musikalische Fertigkeiten und war in allen Unterhaltungskünsten erfahren; sie verstand sich auf alle Freuden des Lebens.

Ihrem Manne war sie ganz ergeben. Was er ihr auftrug oder von ihr forderte, erfüllte sie alles in feiner Art; sie war liebevoll zu ihm und war jederzeit auf ihn bedacht. Er hatte sie sich zur Königin erkoren, denn es gab keine schönere Frau aus königlichem Geschlecht. Sie gab auch nie Anlaß, daß er seine Neigung zu ihr hätte aufgeben müssen, nicht in den allerkleinsten Dingen.

Der edle König wußte das alles. Er dachte oft bei sich: „Da dir

der liebe Gott solch ein edles, untadeliges Weib geschenkt hat,
kannst du wohl glücklich sein. Auf der ganzen weiten Welt weiß
ich keine, die meinem teuren Weibe gleicht. Von ihrer Schönheit
muß ich gestehen: eine so vollkommene habe ich nie gesehen. Alle
Sorgen hält sie mir fern. Ich will und muß sagen: ich diene ihr
wie meinem höchsten Herrn; o, meine auserwählte liebe Frau! Ich
habe Wald und Feld in ihrem frischen Grün gesehen und ebenso
den kalten Winter und seinen Schnee – dürfte ich über beide ein
Urteil fällen, ich dünkte mich nicht zu kühn, wenn ich meine Frau
noch höher als die schönsten Blumen auf der Wiese preise. Sie ist
an Charakter und an Jugendschönheit die vollkommenste und
dazu noch etwas ganz Besonderes. Wer läßt mich so allen Kummer
vergessen wie meine liebe Frau? Sie macht mich so glücklich, daß
es mir bitter wäre, wenn ein anderer wüßte, daß sie so ganz unver-
gleichlich ist. Sie selbst weiß es gar nicht, daß ich sie mit vollem
Bewußtsein so über alles Maß liebe. Nun gebe ich aber meinem
eigenen Herzen strengen Befehl, daß es sich weder der hohen Königin selbst noch irgendeinem andern verrät. Ebenso verbiete ich
es meinem Mund, daß er irgendwie meiner Frau etwas von ihrer
Schönheit kundtut oder gar jemand anderm. Denn wenn jemand
über sie etwas hören sollte, das wäre mir ein großes Ärgernis. Welches Ansehen sie genießt und was sie mir an Glück schenkt, das
will ich vor der Welt nicht ausposaunen. Sie ist der Inbegriff aller
Vollkommenheit. Sie hat auch nicht den geringsten Makel.

Aber freilich: wenn echte, starke Liebe noch so heimlich aus
dem Herzen quillt, sie läßt sich doch nicht verbergen; die Erfahrung lehrt, daß trotz allem die Menschen es sehen. So sehr die
Liebe zunächst auch heimlich tut, die Welt wird ihrer bald ebenso
heimlich inne: so viel verstehe ich schon davon. Und das kann
ich nicht verschweigen: Gelegenheit macht Diebe. Wenn ein Dieb
einen Gegenstand völlig unbehütet findet, so ist dies genau das
Gleiche, wie wenn ich meine Frau öffentlich preise.

In dieser Zeit hörte man auch überall von Männern und Frauen
ihr Lob verkünden. Ja, man fing sogar an, es in allen Ländern zu
singen. Sie hatte mit Fug und Recht den höchsten Ruhm, so daß

Ritter und Knappen und alle Vornehmen eben mit den Worten die Wahrheit trafen: sie ist vollkommen in ihrer strahlenden Jugend. Und auch von dem König verkündete man, wie hochgemut er zu Roß wäre als Jäger, wie tapfer und freigebig als Fürst, wie tüchtig bei allem Waffenwerk. Beide waren sehr glücklich miteinander. Sie war rein und edel; wer ihr Land besucht hatte, pries beide in gleicher Weise. Im übrigen hatte die edle Frau mit ihrer großen Schönheit dem König schon seinen Ruhm streitig gemacht, und das mit Fug und Recht, wie ich bereits gesagt habe. Sie ließ es an nichts fehlen, das ihr zur Zierde gereichte, die auserwählte Königin.

Wenn es euch recht ist, will ich nun die Geschichte erzählen und zwar so, daß sie euch sicher gefallen wird. Ich bitte euch alle, guter Laune zu sein. Wer hören will, wie es nun weitergeht, der wird es nicht bereuen. Aber die, die es nicht hören wollen, bitte ich, sich nach hinten zu setzen. Aber nun fängt endlich die Geschichte an.

Jenseits des Rheins lebte ein Graf auf seinen Besitzungen. Zu ihm war die Kunde gedrungen, daß im Heidenlande eine schöne Frau lebte, ehrenvoll und tüchtig in jeder Beziehung. Er sagte: „Ich will mein Leben in ihrem Dienste aufs Spiel setzen. Gott helfe mir so weit, wie er es in seiner Gnade mir zugedacht hat. Ich kann dieses Leben nicht länger ertragen. Ich will dorthin ziehen, wo sie, wie man sagt, lebt.

Hin und her überlegte er; er war innerlich ganz davon erfüllt. Vor freudiger und schmerzlicher Erwartung zugleich gingen nunmehr seine Gedanken nach zweierlei Richtung. Einerseits war sein Herz in angenehmer Erwartung, anderseits schmerzte ihn die Überlegung „Wenn du nun von hier Abschied nimmst, wer wird dir in der Heimat dein Haus beschützen, dein Land und deine Leute?" – Dann aber dachte er wieder: „Solltest du diese Frau nicht bekommen, so wird dir dein ganzes Leben sinnlos. – Hinwiederum bringst du es ja doch nicht über dich, alles aufzugeben, und mußt ja doch auf alle Fälle den Tod erleiden. Lieber willst du dann auf Städte und Länder verzichten, wenn du damit dein Leben erhalten kannst. – Nun stell es Gott anheim, aber hilf dir trotzdem auch selbst aus dieser Schwierigkeit heraus.

Da dich der grimmige Tod doch einmal holen wird, sollst du dir Mühe geben, dein Leben ehrenvoll durchzustehen. Gott der Allmächtige weiß es ja, daß noch niemand auf der Welt solche Schmerzen kennt, wie ich sie sorgenvoll und für mich allein trage. Denn wüßten es auch alle Menschen, was ich an Kummer mit mir schleppe – und wirklich, mein Weh ist ungeheuerlich! – sie würden sicherlich nur über mich spotten. So will ich mich unbedingt dagegen sichern, daß es irgendeinem Menschen je verraten wird, bis ich sie mir ganz gewonnen habe oder man mir vorher das Leben nimmt und ich ungetröstet sterben muß. Es schlage zum Guten oder Bösen aus, ich will mich zur Fahrt entschließen. Liebes Herz, sei getrost! Gib mir Kraft und wahre, ritterliche Gesinnung!"

Zu seinen Rittern und Knappen sagte er: „Wir werden jetzt unverzüglich einen Kriegszug unternehmen. Gott möge uns schützen. Hoffentlich können wir uns Ruhm gewinnen. Werde ich dabei erschlagen, so fahrt ihr Tapfern wieder heim in mein Land und nehmt mein Hab und Gut in euren Besitz. Wählt nun gemeinsam einen Führer unter euch und nehmt tapfer auf euch, was das Schicksal bringt."

Als seine Mannen das hörten, sammelten sie sich zur Beratung. Die Beratung leitete ein Mann, der sich durch seine Erfahrung das Ansehen dafür erworben hatte, so daß man jederzeit bei ihm zuverlässige Hilfe fand. Dieser erfahrene Berater nahm nun das Wort: „Ihr tapferen Mannen, ihr wißt, daß es mir zusteht, sein erster Ratgeber zu sein. Ich rate euch nun aufrichtig, folgt seinem Befehl, und wenn es euch auch einmal bitter wird, dann schanzt mir nur die Verantwortung dafür ganz offen zu, oder wenn es ein Opfer verlangt, straft mich dafür. Also steht jetzt Eurem Herrn zur Seite." Sie sagten: „Einverstanden", und berichteten ihrem Herrn in diesem Sinne. Das war ihm sehr lieb, und er war froh darüber und ihnen von Herzen dankbar. Er teilte an Ritter und Knappen Schätze aus, und seine Untergebenen leisteten ihm pflichtgemäß den Eid.

Alle Mannen wurden da ausgerüstet, die Rosse wurden in froher Stimmung gesattelt. Dann saßen sie auf und ritten eine Tagesreise; am Abend kamen sie auf ein weites, grünes Feld; sie waren alle müde. Länger konnten sie den Tag nicht nutzen, also blieben sie die Nacht bis an den Morgen auf der großen Wiese. Da sagte ihnen ihr Herr: „Ich will euch die Entscheidung überlassen: wer mir treu ergeben zur Seite stehen will, der soll es mir noch einmal eidlich versprechen; dann will auch ich bereit sein, für euch einzutreten, und gelobe feierlich, daß ich es euch noch viel mehr lohnen werde als bisher." Der Erste seiner Leute schwur ihm darauf sofort, daß er ihm in allen Gefahren zur Seite stehen würde, und wenn es auch ans Leben ginge. Darauf leisteten die andern in gleicher Weise den Schwur, treu dem Grafen zu dienen und ihm in allen Gefahren beizustehen.

Da sagte der Graf: „Nun macht euch bereit; wohlan, ihr Tapferen, wir wollen nicht länger zögern. Wir werden jetzt zu ritterlichem Kampf in viele Länder ausreiten, damit wir uns einen Namen machen und auch viele schöne Frauen kennenlernen. Ihnen werden wir in feiner, höfischer Weise begegnen. Hilf uns, allmächtiger Gott, daß wir bleibenden Ruhm gewinnen und immer unsern Mann stehen."

Da kam ein Bote und brachte dem Grafen die so erwünschte Kunde, daß etwa zwanzig Meilen entfernt ein Turnier stattfände. Er eilte sofort hin und kam an einem Sonntagmorgen dort an. Ehrerbietig zog man den Helden entgegen und begrüßte sie in aller Freundlichkeit. Frauen und Jungfrauen schauten neugierig nach den Fremden aus und erkundigten sich nach ihnen. Die Ritter waren ihnen von ihren Burgen entgegengeritten. Man hatte viel Rühmliches von ihnen zu erzählen. Aber viele sprachen auch: „Was gibt es da groß zu loben? Ich sage euch – und ihr werdet sehen, daß ich recht habe – die können ja gar nicht kämpfen, wenn es zum Turnier kommt."

Da begann auch schon der Kampf. Sie gingen zu ihren Rossen, sattelten, und sogleich hatten sich Ritter und Knappen auch schon die Helme aufgebunden. Zwei Parteien wurden gebildet, und nun begann der Kampf. Es gab ein gewaltiges Kampfspiel, und viele tüchtige Kämpfer prallten in der Tjost aufeinander. Sie rangen erbittert, oft ging es gefährlich zu. Die Schwerter erklangen; die Ritter brachen sich durch die Rotten hindurch Bahn und fochten hitzig. Gott stand dem Fremden bei, daß er fest im Sattel blieb. Er verwundete viele Gegner und teilte nach allen Seiten wuchtige Schläge aus; überall sah man ihn auftauchen. Alle sagten mit Recht: „Allmächtiger Gott, was für herrliche Dinge wird man von dem noch erzählen! Wer ihn einen Feigling nennt, ist nicht recht bei Sinnen, jetzt, da er, der stolze Fremdling von über Rhein, uns alle besiegt hat."

Damit war auch das Turnier beendet; sie mußten mit dem Kampf aufhören, denn die Rosse waren ihnen vor Müdigkeit fast umgefallen und bedurften der Pflege. Viele Kämpfer waren in dem schweren Kampf freilich auch umgekommen. Die Toten legte man ins Grab. Den Sieg erkannte man dem Grafen zu. Auch den Knappen zollte man gern das verdiente Lob: sie seien ja als ebenbürtige und besonders kühne Kämpfer mit dem Grafen über den Rhein gekommen – um einer berühmten Frau willen und um ihren Ruhm zu mehren.

So durchzogen sie eine Zeit lang die Lande und mehrten ihren Ruhm; dann kamen sie endlich an die Grenze des Landes, in dem, wie er wußte, unsere Heldin lebte. Der Graf sprach entschlossen: „Ihr tapferen Mannen, nun seid guter Dinge. Wir sind jetzt in ein noch unbekanntes Land gekommen. Es ist kein Kinderspiel, von dem ich euch jetzt berichten werde. Was macht ihr, wenn nun das ganze Heidenheer mit Übermacht gegen uns anreitet? Haltet also eure Waffen bereit und stellt noch heute Wachtposten aus!" Sie taten nach Befehl, und es ging dann auch alles gut.

Als sie so nahe an die Burg der weithin gerühmten Dame herangekommen waren, daß sie sie deutlich sehen konnten, sagte unser Held zu sich: „Gepriesen sei dieser frohe Augenblick, da ich jetzt die Burg jener Frau vor mir sehe, die meine Augen bald erblicken dürfen. Wenn mir das glückliche Los zuteil wird, daß mir meine Herrin Erfüllung schenkt für alle meine innersten Wünsche, dann gewinne ich damit den höchsten Lohn, mehr als Hektor und Paris, und ich wäre der glücklichste Mensch."

Sie ritten auf ein weites Feld und schlugen dort ihre Zelte auf. Von der Burg kamen einige Ritter herab, um auszukundschaften; die waren nicht ängstlich. Als sie wieder zurückritten, brachten sie dem Heiden die Kunde, was für Fremde, Ritter in Waffen, in sein Land gekommen wären. Er sagte: „Reitet hin und fragt, wer ihr Herr ist, ob ein Graf oder ein Freiherr, und was er in meinem Lande sucht, damit ich weiß, ob ich einen Freund oder einen Feind zu erwarten habe." Da sagte die edle Königin: „Wenn ich nicht irre, so sind es, glaube ich, gute Freunde."

Da war auch schon ein Bote zur Hand, der stieg aufs Pferd und ritt hinunter. Der Graf freute sich, empfing den Boten liebenswürdig, gab ihm auch noch ein herrliches Gewand und entließ ihn mit Geschenken. Damit war der Bote für ihn gewonnen. Dann sagte er zu ihm: „Tue mir den Gefallen und sage deinem edlen Herrn, ich sei ein christlicher Ritter, und wenn jemand mit mir hier den Kampf aufnehmen will, der mag mir auf dem Felde entgegenreiten, wenn er Lust hat, zu einem richtigen Turnier. Ich werde ihn hier erwarten und mich zum Kampfe rüsten."

Als der Bote zurückkam und der König diese Botschaft hörte, wurde der sehr zornig. „Bei meiner Ehre, er findet bei mir alles, was er wünscht!" Da ließen sich beide waffnen. Sie wurden nach ritterlicher Art ausgerüstet und trafen sich auf dem weiten Feld. Da sagte die Königin: „Was auch daraus werden mag: ich will den Fremden aufsuchen und den christlichen Grafen kennenlernen. Er wollte ja seinen Namen nicht nennen." Da wurde auch schon zum Kampfe geblasen. Der Heide bebte vor Zorn, daß ein Christ es wagte, ihn so kühn anzugreifen.

Der aber war sehr froh darüber. Im Augenblick hatten sie auch die Helme aufs Haupt gestülpt und festgebunden. Dann schritten sie zu den Rossen, saßen auf, ließen sich die Speere reichen und spornten die Rosse voll Kampfeseifer gegeneinander. Der Heide kam herangeritten. Sein christlicher Gegner senkte seinen Speer und richtete ihn auf die Brust des Heiden. Der Heide stach in der

Tjost mit Macht auf den Christen los, der aber blieb wacker auf
seinem Ross sitzen. Beide Speere brachen sie dabei entzwei, so
daß alle Leute sagten: „Der ist tapfer, aber der andere ist auch
ein Held. Sie sind beide auserwählte Recken."

Dem Heiden war es sehr ärgerlich, daß der Christ im Sattel geblieben war. Er verschwor sich, lieber zu sterben, als jetzt den
Kampf mit dem Christen aufzugeben. „Mein lieber Gemahl",
sagte da seine Frau, „höre auf mich, ich meine es wirklich gut mit
dir. Bitte, kämpfe nicht noch einmal mit ihm; er ist ein außerordentlich kühner Held. Du hast bis jetzt im Kampf mit ihm noch
Glück gehabt. Willst du am Leben bleiben, so sieh zu, wie du aus
dem Kampf herauskommst. Sonst bringt er dich noch zu Tode.
Und nimm auch mir dadurch meine Angst, mein liebster Herr!"

Der König antwortete ihr zornentbrannt: „Soll ich mich so
niedrig und feige zeigen? Lieber lasse ich mich erschlagen, als daß
ich ihm den Sieg zugestehen sollte. Ich möchte gelb werden vor
Wut!" So wütete der Heide. „Ich will ihn noch einmal angreifen,
und wenn ich dabei den Tod erleiden muß." Seiner Frau befahl
er, sie solle nun wegreiten, er wolle noch einmal mit ihm kämpfen.

Die Königin kam aus dem sicheren Gefühl der Frau, die ihr Leben immer untadelig geführt hatte, zu einem raschen Entschluß:
sie verabschiedete sich von ihrem Manne und wandte sich zu dem
Christen. Sie sah ihn huldvoll an und hieß ihn willkommen. Und
nun sah er sie in ihrer strahlenden Schönheit, sah ihren roten
Mund, und ihren Gruß nahm er wie eine Ehrung willfährig entgegen, und er dankte ihr höflich. Da nahm die Schöne das Wort:
„Mein edler Herr, wenn ich mir erlauben darf, im Vertrauen auf
eure Ritterlichkeit eine bescheidene Bitte zu äußern, so bitte ich
um etwas, wonach mein Herz sehr verlangt; aus Liebe zu der
Dame eures Herzens gewährt es mir: verzichtet auf die Fortset-
zung der Tjost mit meinem Mann, und mein Segenswunsch beglei-
tet euch. Tut es allen Frauen zuliebe." Da antwortete der Graf
ohne Zögern: „Und wenn ich künftig niemals mehr mit einem
Mann kämpfen soll: es soll ganz nach eurem Willen geschehen;
wie sollte es überhaupt anders sein! Erhabene Königin, gebietet

mir und bittet nicht! Und wenn ich für immer nichtswürdig er-
scheine, euch zuliebe will ich es nur allzugern unterlassen und den
Kampf mit ihm aufgeben. Ich will ihm sogar den Siegespreis zuer-
kennen, damit ihr glücklich seid. Dies wünsche ich euch von ganzem Herzen." Darauf dankte ihm die Königin und war sehr glücklich über die Erfüllung ihres Wunsches.

Dann eilte sie sogleich zu ihrem Mann. „Gott lohne dem Fremden, den ich mit bangem Zweifel soeben gebeten habe; denn er
erfüllte mir sofort ritterlich meine Bitte. Ich forderte ihn auf, dir
den Sieg zuzusprechen. Er gewährte es mir, und darüber freue ich
mich." Als der König das hörte, da war es mit seiner guten Stimmung vorbei; er war über seine Frau geradezu empört. Er schwur
einen Eid, der Fremdling müsse den Tod leiden oder aber sonst
die schlimmste Not. Glaubt nur, er war noch nie so böse über
seine Frau gewesen wie jetzt, da sie freundlich über den Christen
dachte. Er rief seine Mannen zu sich: „Steht mir nun bei, ihr Helden; wenn er nicht vom Roß gestochen wird, so taugen wir allesamt nichts. Wir würden vielmehr mit Recht als Feiglinge gelten,
wenn er hier den Siegespreis davontragen sollte." Da kam ein besonders kühner Recke, der sagte: „Er muß jetzt auf diesem
Kampffelde sein Leben lassen." Er hieß Ringelot und war berühmt
durch seine Tapferkeit. Dann kamen drei Helden, die sich zu Ringelot gesellten. Der erste hieß Wolfhart, der geradezu nach Kampf
lechzte; der zweite hieß Tituban, einer der edelsten und ruhmvoll-
sten; und der dritte Kühnreich, ein tapferer Held, auch er einer
der besten. Dann war da noch eine Menge von Helden, die großes
Verlangen hatten, mit dem Grafen zu kämpfen. Aber dieser sollte
über alle den Sieg erringen.

Ringelot, der erste, dünkte sich ganz überlegen. Er ging darauf
los, wie ein brüllender Bär, ergriff jetzt also Schild und Speer und
rannte gegen den Christen an. Der Graf traf Ringelot nach allen
Regeln der Kunst am Halse, so daß der den Kampf aufgeben
mußte, weil ihm das Blut aus dem Munde herausschoß. Dem
zweiten erging es ebenso, als er auf den Grafen losritt. Den dritten
durchbohrte dieser mit dem Speer, daß er tot niedersank. Dann

ritt er gegen den vierten, den er auch verwundete. Der nächste wurde ohnmächtig. Dem sechsten wurde das gleiche Schicksal zuteil. Den siebenten stach er gleich darauf tot. Der achte mußte auch dran glauben. Der neunte, ein weit berühmter Held, drang auf ihn ein; aber er fiel unter das Pferd, so daß er seine Seele aushauchte.

Als der König die Tapferkeit des Ritters sah, wie er sie alle niederstach, umarmte er seine Frau herzlich und sagte: „Liebe Frau, mein Leben gehört dir, ich gebe mich in deine Hand. Du hast mir das Leben gerettet, dafür will ich dir immer dankbar sein. Nun sei doch so gut: reite zu dem Christen und berede ihn mit all deinem Geschick, er möge drei oder vier Tage bei uns verweilen, damit wir ihm auch Ehre erweisen können." Da ritt die edle Frau zu dem Grafen und sagte: „Ich komme jetzt als Botin. Ich bitte euch, mein Herr Rheingraf, daß ihr und eure Mannen unsre Gäste sein möget für zwei oder drei Tage; es möge euch keine Beschwer bedeuten, und in Gedanken an eure geliebte Herrin werdet ihr meine Bitte erfüllen."

Der Graf sagte: „Alles, was ihr wünscht, sei euch gewährt." Über diese Lösung freute er sich sehr. Die edle Frau ritt wieder zurück. Sie sagte zu ihrem Mann, der Graf freue sich, bei ihnen bleiben zu können. Der König war ebenfalls froh über die ihm erwiesene Ehre. Er befahl seinen Hofbeamten, alles aufs schönste vorzubereiten, und er selbst ritt zur Bewillkommung dem Grafen entgegen, wie es einem vornehmen Gaste zukam. Ritter und Spielleute ritten mit ihm, wie man es noch heute zu tun pflegt. Als der Graf das sah, ging auch er ihm höflich entgegen.

Der Hausherr und seine Begleiter empfingen den Gast herzlich; er sagte freundlich zu ihm: „Seid willkommen und seid aufrichtig überzeugt, daß ich mit allem, was ich habe, euch zur Verfügung stehe. Was ihr auch wünscht, und wie es euch paßt, so mögt ihr euch frei bewegen." Höflich dankte ihm der Held und war außerordentlich beglückt. Sie ritten dann alle froh auf die Burg des Königs. Dort wurden ihnen die schönsten Ehren und Gaben geboten. Man war ihnen in jeder Beziehung freundlich gesonnen.

Nun herrschte ein fröhliches Treiben, bis man zu Tische ging.

Da fehlte es an nichts. Alles war bereit, die Tischtücher wurden aufgedeckt, und dann wusch man sich die Hände, wie es sich für die Kämpfer schickte. Der Wirt wies mit viel Überlegung einem jeden seinen Platz an. Er selbst setzte sich neben den Grafen. Der Truchseß hatte es an nichts fehlen lassen; Gesottenes und Gebratenes war in Fülle zubereitet worden und wurde freigebig aufgetragen; denn der Gast war zu guter Zeit eingetroffen. Es gab den edelsten Wein, den man im Lande auftreiben konnte. Sie aßen und tranken in glücklicher Stimmung, und man bot ihnen vielfältige Unterhaltung. Ihre Rosse darf ich natürlich nicht vergessen, auch für die sorgte man aufs beste.

Als das Essen zu Ende war, hatte jedermann seinen Zeitvertreib nach feinem höfischen Brauch, wie es jedem paßte. Oben auf dem Schloß ging es prächtig her. Damit gab man seiner Freude über den Besuch des Grafen Ausdruck. Dann ritt der König auf die Jagd, wie ich gehört habe.

Der Graf ging ins Frauengemach. Er freute sich, die Damen zu besuchen. Die Königin bat ihn, neben ihr Platz zu nehmen; dagegen hatte er natürlich nichts einzuwenden und tat es mit großer Freude. Sie begann sofort die Unterhaltung: „Wer ist wohl die edle Dame, um deretwillen ihr euch so abmüht? Das müßt ihr mir ehrlich sagen. Wenn es sein kann, so möchte ich Anteil nehmen, vielleicht daß dadurch euer Liebesleid verscheucht wird und Linderung in euer Herz einziehen könnte und es dann von Schmerzen befreit würde. Auch sagt mir bitte jetzt gleich, wie ihr selbst heißt, damit mir euer Name bekannt wird und ich euch wiedererkenne, wenn ich von euch erzählen höre. Damit tätet ihr mir einen großen Gefallen." Da sagte der edle Graf: „Ich heiße Allfahrt und habe jenseits des Rheins auch Städte und Länder in meinem Besitz. Nun aber, liebe, gnädige Frau, sagt auch *ihr* bitte freundlicherweise, wie ihr heißt." Sie sagte: „Tue ich euch damit einen besonderen Gefallen, so habe ich euch bald aufgeklärt. Mein Name ist Diemut."
– „O wohl ihr, die nach diesem Namen lebt! Meine gnädige Frau, eine Frau mit diesem Namen sollte wohl ein reiner Engel sein, denn sie ist vor allem Bösen geschützt; sie ist edel und von feiner

Gesittung. Gott schenke ihr Glück im Himmel und auf Erden;
das wünsche ich ihr innigst."

Da sprach die Dame mit feinem Takt: „Nun ja. Aber ich würde
mich sehr freuen, wenn ihr mir die Dame nennen wolltet, der zuliebe ihr hierher geritten seid. Sie kann ja nur der Inbegriff der
Glückseligkeit sein und verdient den Namen einer Göttin des
höchsten Glücks, einer Glücksbringerin." Er antwortete: „Ich
fahre zu einer ganz bestimmten Frau; könnte ich sie doch in ihrer
ganzen Schönheit sehen! Immerhin, ich habe sie von Angesicht
sehen dürfen. Ich kann von ihr nur sagen, daß sie so vollkommen
ist wie keine andere Frau; das ist die reine Wahrheit." Da sagte
die edle Königin: „Mein sehr verehrter Herr, wie heißt die Dame?
Wenn ich sie erst kenne, will ich euch, falls natürlich mir Gott
mein Leben erhält, versprechen, euch zu helfen, daß ihr dies höchste Glück erringt."

Da sagte der Graf (denn er merkte wohl, daß die Dame nicht
unwissend sei – und er verdeckte seine Absicht dabei auch):
„Wenn ihr mir vorher ein Versprechen gäbet, so würde mich das
sehr beruhigen." Sie sagte: „Das verspreche ich euch ganz fest:
ich will mich nach besten Kräften bemühen, zweifelt bitte nicht
daran." – „Ja", sagte der Graf nicht ohne List zu der edlen Dame,
„ich bitte jetzt um die Erlaubnis, daß ich euch, gnädige Frau, vielleicht ganz höflich etwas sagen darf, ohne daß ihr, die ihr mir bisher so freundlich gesonnen wart, mir dies übel auslegt. Damit
würdet ihr eurem Ansehen selbst dienen." Sie sagte: „Bitte sagt
offen, was ihr nur wollt."

Da atmete der Held auf. Die Frau sah ihn so freundlich an, daß
er freimütig sagte: „Ach, du einziges Abbild von Schönheit, nimm
meine Worte freundlich auf: *du* bist die Geliebte meines Herzens,
aus Sehnsucht nach dir verzehre ich mich in Not und Qual; denn
du hast mich mit dem Pfeil der Liebe ins Herz getroffen. Die
Wunde steht noch offen, sie klafft noch weiter als eine Spanne,
da mir keiner die Salbe schenkt, die der Krankheit Einhalt gebietet
und die mich heilen würde. So schlimm ist es um mich bestellt,
weil nur ihr allein die Salbe besitzt. Hört jetzt zu, was ich meine:

die Salbe heißt Liebe, und diese Liebe raubt mir die Besinnung und drückt mich so schwer, daß ich mich dir, edle Frau, mit Leib und Seele ausgeliefert habe, dir ganz verfallen bin und nur nach deinen Wünschen leben möchte. Möge mir Gott den Wunsch erfüllen, daß du mir Erhörung gewährst. Nun laß mich, liebe Frau, Tag und Nacht mit dir glücklich sein, laß mich mit deiner großen Güte nicht in diesem Seelenkampf. Ich strebe danach, es bis zu meinem Tode bei dir abzuverdienen. Ach, nun hilf mir, du Reine, durch ein offenes Geständnis deiner Liebe. Erhöre mich, Herzenskönigin."

Die Königin erschrak heftig; es verschlug ihr die Rede, und sie konnte kein Wort sagen, wie es sich nach Recht und Pflicht geziemt hätte. Denn sie war selbst in schwerem Kampfe; vor Scham und Schmerz errötete sie, senkte ihr Haupt und fiel ohnmächtig nieder. Lange Zeit danach erst kam sie wieder zu Kräften. Als sie den Sinn seiner Worte verstanden hatte, hatte sie sofort ihre Haltung wieder und sagte: „Gott allein weiß es, wie sehr ihr mich in meinem Innersten in Verwirrung gebracht habt, so daß ich nun nicht mehr weiß, was ich noch sagen darf und was sich mit meinem Ruf als Königin verträgt. Ich kann nur Gott bitten, daß ihr mich nicht verwirrt und den Scherz, den ihr mit mir treiben wolltet, unterlaßt; denn ich möchte euch gern meine Achtung bewahren dürfen. Aber bitte laßt mich weiter in der Reihe der untadeligen Frauen stehen, damit mein Ruf unantastbar bleibt und ich in Ehren alt werden kann, wenn mir Gott dies Glück schenkt."

Da erwiderte der Ritter: „Ich habe immer gehört, kein Mann brauche ganz zu verzweifeln, der einer Frau zu dienen fest entschlossen ist, natürlich in edler Weise, und der für sie viele Heldentaten vollbringt, ohne sich dessen zu rühmen, wie willfährig ihm seine Dame sei. Ich glaube auch, er kann sie dann davon überzeugen, daß er sie wirklich von Herzen liebt und ihr darum dient, und ich glaube auch, daß sie dann gar nicht anders kann als ihm ihre Gunst zu gewähren. – Da ich nun zu dir, Herrin, gekommen bin, um mein Leben zu retten – willst du, wozu du ja die Macht hast, mich erhören, oder soll ich wirklich mein Leben verlieren?"

Da erwiderte die Reine: „Bitte, edler Herr, erfüllt mir als Mann von Ehre meinen Wunsch und unterlaßt solche Rede – ich möchte auf meinen guten Ruf halten; der ist mir noch lieber als eure Person. Wenn ihr wünscht, werde ich euch auch noch den Beweis geben, daß ihr nie meine Minne erringen werdet, auch wenn ihr noch so überzeugend eure Gründe vorbringt; denn freilich, ihr versteht sehr verführerisch zu reden." Da sagte wiederum der Ritter: „Herrin, sieh nur die Qual, die mir das Herz beschwert: ich leide größere Sehnsuchtsqualen als Pyramus nach Thisbe – aber die beiden durchbohrte wenigstens ein Schwert, und damit war ihr Leid zuende. Sie haben den Tod freudig auf sich genommen; der ist mir zu meinem Schmerz nicht zuteil geworden. Darum könnte ich ganz verzweifeln." Sie sagte: „Ich will euch jetzt sehr nachdrücklich meine Ansicht sagen, und wenn ich damit für immer auf Minne verzichten sollte. Ich sage es einfach meinem Mann, wenn ihr mich weiter bedrängt. So treibt doch euren Spott mit den Frauen, die ihr schon früher hinterlistig betrogen und belogen habt. Die waren sicherlich noch ganz unerfahren, aber *mich* betrügt ihr nicht so leicht wie die andern. Wenn ihr mir Schach bietet, *ich* setze euch *matt*, und dann habe ich das Spiel gewonnen." Der Graf sagte: „Das wird mir, solange ich lebe, ein großer Schmerz sein. Ich bitte dich ja nur um Gnade; laß bitte Gnade vor Recht ergehen! Ich bin doch dein Leibeigener. Willst du dich nicht deines armen Dieners erbarmen? Der ist schon dem Tode nahe."

Da sagte die Dame: „Laßt mich endlich in Frieden, ihr unaufrichtiger Christ! Wollt ihr mich mit euren Künsten hinterlistig betrügen? Ich habe eure falsche Absicht wohl bemerkt. Unterbrecht mich nicht! Wenn euch erst mein Mann als Feind gegenübersteht – noch sage ich es ihm ja nicht gern – und wäret ihr so kühn wie Dietrich von Bern, der doch gewiß ein rühmenswerter Held war – ach, ich nenne euch noch alle möglichen Recken: Herrn Hagen und Herrn Ecke – und wäret ihr stärker als Herr Simson und weiser als Herr Salomo und was ihr euch noch ausdenken könnt – ich will es kurz machen: er nimmt euch das Leben. Also bitte, verzichtet auf mich und laßt mich in Ruhe!"

Der Graf sagte: „Wenn ich wache, wenn ich schlafe, wenn ich esse oder trinke, *dich* vergesse ich nicht und *kann* dich nicht vergessen bis an meinen letzten Tag. Das wirst du mir noch lohnen, du edle, reine, schöne Frau! Erhöre mich bald, denn keine andere kann mir Glück schenken als du Herrliche!" Da sagte die Schöne: „Ihr versteht euch auf geschickte Worte; doch ich tue das, was ich will. Meinetwegen könnt ihr euer Herz ausschütten und euch erleichtern und reden, was ihr wollt." Der Graf sagte: „Ich bin dir von Herzen zugetan und bin bereit, euch zuliebe mein Leben dem grimmen Tode zu überantworten. Wenn du mich nicht erhörst, Herrlichste der Frauen, so verliere ich mein Leben. Und wenn mein Herz zerbricht - ich achte es für nichts; das könnt ihr mir glauben."

Sie sagte: „Ihr nehmt den Mund reichlich voll. Wenn ihr wüßtet, was der Tod wirklich ist, von dem ihr hier redet, ihr ließet mich in Frieden und fordertet auch nicht die kühnen Helden heraus, die ja schließlich ebenso wie ihr auserwählte Recken sind; ihr könnt mir schon glauben! Ich will euch nun einen Rat geben, der sich mit eurem Ansehen verträgt (denn ihr stecht sie schließlich nicht alle tot; ihr könntet auch einmal in einen gefährlicheren Kampf geraten!): Fahrt sofort wieder heim in euer Land, das dünkt mich das allerbeste." Sogleich erwiderte der kühne Mann: „Von Lebenberg ist mein Name, und meinem Namen will ich Ehre machen. Ich habe euch noch ein Wort zu sagen, edle Frau. Frauen haben lange Haare, aber kurzen Verstand, sagt man. Doch wohin ich auch in der Welt noch komme, du bleibst immerdar meine auswählte edle Frau!" Ebenso rasch erwiderte die Königin: „Viel Glück auf die Reise! Laß mich nur auf diese Weise in Frieden, in meinem unbeschwerten Leben!"

Wahrlich, jetzt sah der Graf die Frau ganz wehmütig an und sagte: „Gott schenke dir alles, was du dir wünschst. Um all das Glück, das von dir hätte kommen können, darf ich mich nun nicht mehr kümmern. Ich werde mich damit abfinden und werde mich selbst zu trösten suchen. Wenn Gott will, so werde ich doch noch Erhörung finden, und wenn es hundert Jahre dauert." Die Dame antwortete: „Ganz recht so. Wenn ihr jetzt auch ohne Lohn Abschied nehmt, so habt ihr doch verdienten Ruhm davongetragen über jeden, mit dem ihr im Kampf zusammengetroffen seid. Aber hütet euch nur, daß ihr in Zukunft nicht zu Falle kommt: sicher begegnet euch auch einmal ein ebenso starker Recke, wie ihr es seid, und dann, das könnt ihr mir glauben, würde es euch das Leben kosten."

Er sagte: „Diese Gefahr muß ich nun schon, da ich von dir verlassen bin, auf mich nehmen. Da ich jetzt doch ein sinnloses Leben führe, werde ich nur noch den Kampf kennen. Und wenn ich sterben muß: du Edle bist schuld daran, da ich dich vor allen anderen Frauen mir als meine Herrin erkoren habe. Ich bin allein zu deinem Glück auf der Welt. Das mußt du jetzt wirklich einsehen, edle Frau."

Die Dame erwiderte: „Das eine weiß ich jetzt als Wahrheit: ihr seid sehr eigensinnig. Nehmt nun mit euch, was ihr mit all eurer Klugheit als Ergebnis erreicht habt: ich glaube nämlich, euer Vorhaben ist gescheitert, und sage: blast zum Rückzug. Euer Dienst jedenfalls war erfolglos. *Euch* drückt der Schuh und nun wollt ihr euch schadlos halten und *mich* zu eurer Leidensgefährtin machen. Daraus wird nichts! Zieht eures Weges, wohin es euch treibt, und bemüht euch um einen besseren Lohn, als ihr hier errungen habt! Ich verzichte jetzt auf weitere Unterhaltung."

Der Graf nahm also von der schönen Frau Abschied und sagte: „Ihr seid unerbittlich." Sie sagte: „Ehe ich mich euch bösem Christenmenschen überlasse, würde ich mir lieber das Leben nehmen und den Tod vorziehen." Dem Grafen war es sehr schmerzlich, daß er diesen Abschied nehmen mußte. „Ach Herr Gott, schütze mich und all die Meinen!"

Darauf ritt er durch das weite Heidenland bis an das Meer und mit ihm sein ganzes Gefolge. Wohin er auch kam, da belohnte ihn Gott damit, daß er überall im Turnier den Sieg errang. Er blieb in jeder Hinsicht ein Mann, der sich die Treue hielt, und keiner anderen Frau diente, obwohl sich ihm Gelegenheit zu ehrenvollem Minnedienst bot. Aber er hatte keine andere Frau im Sinn, in Gedanken an seine geliebte Herrin, an der er weiter treu hing und zu deren Ehren allein er viele ritterliche Taten vollbrachte.

Der Ruf seiner Heldentaten erscholl weit durch die Lande, und auch die Heiden hörten davon. Sie sagten: „Edler Herr, warum müht ihr euch so?" Er sagte: „Zu Ehren einer edlen Frau. Die hat auch mich mit ihrer Reinheit in Bann gelegt." – „Herr, wie heißt sie denn?" – „Bei Gott, ich sage ihren Namen nicht, den soll keiner wissen, bis ich tot bin und drei Tage im Grabe liege – darauf habe ich einen Eid geschworen, und das ist mein fester Vorsatz. Dann bin ich wirklich tot, und dann ist meine Not, die ich mit Worten klagen muß und die ich schmerzlich tief im Herzen trage, zu Ende. So nur werde ich sie euch nennen, damit ihr sie erkennt."

Nun müßt ihr verstehen, was gemeint ist: seine Sehnsucht nach der Heidenkönigin war so ungeheuer groß. Oft wünschte er sich sogar den grimmen Tod, denn das Leben war ihm verhaßt. Daran seht ihr, wie er sich nach ihrer Liebe verzehrte, wenn er wieder und wieder in fremde, unbekannte Länder zog, um Ruhm zu erwerben.

Nun müßt ihr etwas Merkwürdiges hören: so sehr sie ihm wegen seiner Liebe zu zürnen meinte: die schöne Frau fragte gleichwohl alle Fremden sehr eindringlich, ob man über ihn etwas gehört habe. Sie hätte fast schon am liebsten vernommen, er wäre gestorben oder im Turnier erstochen worden; dann wäre doch wenigstens die Beleidigung, die sie in ihrem Herzen empfand, an ihm gerächt. Aber jeder einzelne sagte dann wieder unabhängig vom andern: „Da zieht ein vorbildlicher und vortrefflicher Held durch die Lande. Es ist ein auserwählter Recke und gehört zu den edelsten, die es auf der Welt gibt. Er sagt, er komme von jenseits des Rheins, und ist auch übrigens ein Christ. Niemand darf es wagen, ihn anzugreifen, weder im Speerkampf noch mit dem Schwert. Er tut dies im Dienst einer edlen Frau. Er ist von weither in unser Land gekommen, ohne daß man weiß, wem sein Minnedienst gilt. Denn wir wissen nichts von der edlen Frau, und er will auch nichts von ihr verlauten lassen. Er sagt, ihm wäre der Tod lieber, als so schwere Liebespein weiter zu erleiden, und sei es um einer Kaiserin willen. Es ist töricht von ihm, sein Leben dafür aufs Spiel zu setzen. Außerdem erzählt man ganz offen, daß er schon viele Jahre ununterbrochen gekämpft habe. Selbst der große Alexander hätte das nicht vollbringen können."

Diese Kunde verschlug der stolzen Frau den Atem, als sie es sich richtig klar machte. Sie kam jetzt beinahe von Sinnen, weil sie sich ganz verlassen fühlte, die Schöne und Edle. Aber in der Tat war es ja für Überlegung noch nicht zu spät. Sie ging in ihr Gemach, schlug die Tür hinter sich zu und stieß den Riegel davor. Dann setzte sie sich auf das Bett und sammelte ihre Gedanken ganz darauf, was sie tun oder lassen sollte. Hin und her überlegte sie, und die Last der Gedanken drückte schwer auf sie.

Da keiner bei ihr war, mußte sie mit sich selbst Zwiesprache halten: „Du warst als Frau ohne jedes Vertrauen, du hast dich gegen alle guten Sitten benommen, daß du dem Manne die Minne versagtest, obwohl er nach allen Geboten höfischen Lebens um Minne zu werben verstand. Wenn nun der Held wirklich sein Leben einbüßt, was willst du ihm dann noch als Lohn geben oder wie willst du dafür danken können? Ach Gott, wüßte ich doch bloß, wofür er damals hat büßen müssen, als er sich um deine Minne bewarb, und warum du ihm nicht wenigstens Aussicht auf Erhörung gabst! Wenn du ihn in Ehren erhört hättest, das hätte doch den edlen Mann beglückt. Am besten nähmst du ein Schwert und tötetest dich selbst. So würdest du die Schuld ahnden, die du an ihm begangen hast."

Aus übergroßem Schmerz stürzten ihr die Tränen aus den Augen. Sie sagte: „Niemals hast du einen Menschen kennengelernt, der dir mehr wert gewesen wäre. Er ist doch kein Dieb, der heimlich auf Raub ausgeht. Er hat sich ganz öffentlich zum Kampf gestellt und den Sieg durch seine Tapferkeit vor vielen Recken davongetragen. Er ist ein Mann von Lebensart. Du mußt ihn belohnen und dich seiner erbarmen. Wenn du ihm wenigstens eine Nacht in deinen Armen schenktest!"

Dann wieder sagte sie zu sich: „Nein, jetzt hast du falsch gedacht. Mach dir einmal die andere Seite klar. Als er dich besuchte und um deine Minne flehend vor dir saß, da hast du ihn in voller Überlegung abgewiesen. Da wolltest du dich lieber töten als seiner Leidenschaft nachgeben – und jetzt willst du dich falsch entscheiden! Das kann dich in Schande bringen. Auch dein guter Ehemann hat dich ja nicht wie ein Dieb geraubt und hält dich wie sein treues Weib und ist ebenso gut und schön wie er und weiß ebenso seine Speere zu stechen und liebt dich über alle andern. Darum überlege dir es ganz ernstlich: wenn dich jener umarmte und er gar ans Ziel seiner Wünsche käme – du würdest deinem Mann verhaßt werden und dir selbst zuwider, und der Graf führe hinterher sicherlich in sein Land zurück, und du wärest für immer vor dir selbst und vor den Menschen in Schande. Also besinne dich und denke in Liebe an deinen Mann. Den Christen sollst du ziehen lassen und ihm alles Gute wünschen. Also: ich will leben wie bisher – du warst ja eben nicht bei Verstand!"

Dann aber fing sie wieder an, allem nachzusinnen und an den kühnen Helden zu denken. Sie sagte zu sich: „Es scheint doch durchaus recht gehandelt, wenn du den edlen, vor andern auserwählten Recken nicht aus Liebe zu dir sterben läßt, da er doch für *dich* schwere Kämpfe durchgestanden und so schlimme Zeiten ertragen hat. Und viele harte Zweikämpfe im Turnier hat er *dir* zu Ehren gefochten. Du mußt dir dies Schwere und Böse klarmachen und nun seine Schmerzen lindern; also erhöre ihn und erfülle, was er sich wünscht. Es sei ihm also *doch* gewährt!" – „Nein, sei still davon – er selbst wagt es ja gar nicht wieder auszusprechen!"

Dann aber dachte sie gleich wieder dem Gebot der Minne durch eine Einladung an ihn zu folgen. Sie sagte: „Du darfst und wirst ihm schon beistehen müssen. Er ist ein Gefangener, also erlöse ihn aus den Banden! Er ist krank, er muß doch wieder gesunden! Das ist doch der Wille des Schicksals, bei Gott, das glaube ich!"

Dann aber sagte sie sich wieder: „Nein, nein, ich war eben auf unerlaubtem Wege! Gott bewahre mich davor, daß mir solch eine Überlegung, solch ein Wort noch einmal über die Lippen kommt! Ich war eben wirklich nicht bei Besinnung. Ich widerrufe es gleich wieder, daß mein Mund solche Gedanken ausspricht, daß ich die eheliche Treue an meinem Mann breche. Wirklich, es darf nicht sein. Und wenn der Graf erschlagen werden sollte - wir müssen schließlich über diesen Schmerz hinwegkommen. Auch andere große Helden, Herr Dietrich, Ecke oder der grimme Hagen - die waren doch auch keine Feiglinge, sondern weithin berühmt, und es half ihnen nichts - auch sie mußten sterben. Und wenn es ihn trifft, das wird sich ertragen lassen! Also will ich an meinen guten Ruf denken und mich um den Grafen, seine Ehre und sein Leben nicht weiter kümmern."

So stand diese Frau nun lange in einem echten Widerstreit ihrer Empfindungen. Bald sprach es in ihr ja, bald nein. Ihr so fester Sinn drehte sich nach allen Seiten hin und her, bis schließlich ihr Herz schmolz wie Wachs unter der Flamme. „Wenn ich doch nur als Halt irgendein wirksames Mittel finden könnte, mit dem ich etwas Frist gewönne, mich aus dem Spiel zu halten; dann könnte ich in Ruhe mein Leben hinbringen." So saß sie da und konnte gar nichts anderes mehr sehen und hören. Schließlich sagte sie wieder: „Was bedeutet mir Armer eigentlich noch mein Leben? Ich doppelt Unglückliche! Gebe ich den Grafen ganz auf, dann wäre ich besser gar nicht geboren."

Und nun rang sich die Königin zu einem festen Entschluß durch; nach dem handelte sie jetzt. Sie sagte: „Er muß unbedingt wieder herkommen, gehe es nun gut oder schlimm aus." Und sie sandte einen Boten zu ihm. Dieser Bote eilte dorthin, wo er den Grafen wußte. Er sagte: „Meine Herrin verlangt nach dir, denn es geht um ihr Leben. Du bedeutest ihre Rettung und ihre Hilfe; du allein kannst sie aus dieser Gefahr befreien. Jetzt, da du meine Botschaft gehört hast, komme bitte mit mir zu ihr. Bitte, tue es!"

Wer war jetzt beglückter als der Christ! Sofort war er bereit. Tag und Nacht ritt er, bis er wieder zu der Königin kam. Und jetzt wurde ihm der freundlichste Empfang zuteil. Sie sagte: „Willkommen, edler Herr, jetzt bin ich deine gehorsame Dienerin." Er war aufs höchste überrascht. „Aber edle Frau, du wirst dich doch nicht meine Dienerin nennen. Du bist die Geliebte mei-

nes Herzens." Sie sagte gleich unbefangen: „Komm bitte und
speise mit mir!" Nun brachte man zu essen und zu trinken und
trug ein vornehmes Mahl auf. Der Heide war ausgeritten, das stei-
gerte die Erwartung des Christen. Sie waren nun in froher Stimmung beieinander und hatten auch musikalische Unterhaltung;
aber all dies war Nebensache: er verlangte nur danach, ihr Lager
zu teilen. Hört nun, wie er die Edle aufforderte: „Ach, edle Frau,
siehe nur, wie sehr ich leide. Es ist jetzt spät genug geworden. Wir
wollen doch jetzt beide in die Kemenate schlafen gehen. Ich
möchte in Liebe bei dir sein – dann endlich wird auch mein Leid
beendet." Die Frau sagte lächelnd: „Wenn zwei heimlich Liebende
sich beglücken wollen, können sie es wie zwei Diebe machen, indem sie es vor den Menschen verhehlen. Wen es wirklich nach
etwas verlangt, der findet auch genügend Mittel und Wege, es zu
erreichen."

Als die Frau das gesagt hatte, sah der Graf sie ganz glückstrah-
lend an und sagte: „Lieber heut als morgen. Dann wird nämlich
unser Glück von Tag zu Tag immer größer. Dann bleibst du mir
fest im Herzen, du auserwählte Königin!" So sagte der Christ. Er
wünschte sie mit allen Mitteln ins Bett zu locken. Die Frau aber
hatte sich etwas überlegt und sagte: „Mein lieber Herr, ich will
deinen Schmerz so lindern, daß du glücklich sein kannst. Ich will
dir zwei Dinge zur Wahl stellen, beide sind nicht zu verachten.
So sage jetzt, mein Minneritter, wollt ihr eins davon auf euch nehmen?" Der Graf sagte darauf: „Sagt, worum die Teilung geht, damit wir beide zufrieden sind und kein Betrug dabei im Spiel ist."
Die Königin sagte zu ihm: „Also schön, wähle du das Passende.
Wenn du willst, soll alles oberhalb meines Gürtels dein sein. Wenn
du anders willst, nimm in freier Wahl, was unterhalb meines Gürtels liegt, so kann dir dies ganz gehören. Wenn du dir das Bessere
von beiden erwählst, so wird es dein Schade nicht sein. Die bessere
Hälfte soll dir gehören, die geringere laß mich behalten. Die Wahl
habe ich dir jetzt frei gegeben, welches von beidem du willst. Das
andere laß dann mir. Triff nun die Entscheidung über mich und
sage, wie du es willst."

Der Graf senkte das Haupt. Die Königin sagte: „Nun antworte mir doch!" Er haderte mit sich. Er saß da, als ob ihm der Bart ohne Schermesser geschoren worden wäre. Er sagte: „Es ist besser für mich, daß ich mich ersteche, als daß ich diesen Kampf durchstehen soll, zu dem ihr mich zwingt, unbarmherzige Frau, die ihr mich martert. Ihr versteht euch auf feine Schliche. Ich bitte um drei Tage Frist, daß ich mich genau bedenke, welche Hälfte ich wählen werde." Die Frau sprach: „Dein Wunsch sei dir erfüllt." Damit verabschiedete sie sich und ging schlafen.

Der Graf tobte über die listige Frau. „Sie bringt mich vor der Zeit ins Grab!" sagte er zu sich selbst. Und damit legte er sich verdrossen zu Bett. Da lag er nun und dachte nach und wälzte viele Gedanken im Kopfe. „Der obere Teil ist sehr schön, doch die untere Hälfte ist nicht schlechter; wie, wenn ich die nehmen sollte, denn sie ist immerhin sehr süß und kann mich erst richtig glücklich machen; und mit ihr zugleich erwerbe ich auch die obere Hälfte. – Ach, was rede ich! Ich bin wirklich ein Tor! Wenn dich deine geliebte Frau erst umarmt, muß sie sich doch erbarmen und müßte dir ganz zu Willen sein, ungeteilt, und könnte dich gar nicht mehr zurückweisen. Ich weiß aber anderseits ganz genau: sie wird wiederum überhaupt nicht mehr mit dir reden. Du kannst also auch Gefahr laufen, daß du dabei verlierst und daß sie dann sagt, ich sei ein rechter Grobian und hätte ihr Unwürdiges zugemutet; und das muß ich unbedingt vermeiden. Gleichwohl nimm doch die untere Hälfte, davon kannst du so recht froh werden, und wenn du sie dann so *richtig* in Besitz hättest, dann würde auch alles andere aufs freundlichste erfüllt werden, worum du sie bätest. –

Aber ach, was rede ich da! Das wäre doch eine große Schande, wo man es nur im Lande hörte oder es bekannt würde, wenn ich die untere Hälfte wählte. Man würde hinter mir herschreien: ‚Seht euch doch mal diesen Kerl an! Spuckt auf ihn! Hetzt laut hinter ihm her wie hinter einem Dieb!' Wirklich: niemals wird der die Achtung einer Frau erringen, der sich so entscheidet oder schon entschieden hat. Nein, dann wäre ich besser nie geboren. Denn die Leute reden natürlich, was sie wollen, und dir steht keiner bei.

Aber so läßt du dir viele Gedanken durch den Kopf gehen, völlig erfolglos: du kannst nur zwischen zwei Übeln wählen: Schande oder Verzicht. Und wenn ich nun schließlich auch den Verlust dabei tragen muß: ich will doch die richtige Wahl treffen und die obere Hälfte nehmen. Sicher wird dies dein Glück sein. Sie hat dich ja nur auf die Probe stellen wollen. Bitte also höflich darum; da kann sie nicht nein zu dir sagen. Du solltest den Mut nicht sinken lassen, denn sie hat sich ganz in der Gewalt; sie weiß sehr genau, was sie tun wird. Darum ist es nur recht und billig (da sie nun einmal die Herrin ist und ich nur ihr Ritter), daß ich nachgebe und den oberen Teil wähle."

So schwankte der Graf zwischen Freude und Schmerz drei Tage lang und klagte in Unsicherheit und Sehnsucht nach ihr. Er empfand Glück in Gedanken daran, daß er der Auszeichnung für würdig befunden worden war, die er sich von der edlen Frau gewünscht hatte. Aber anderseits war er auch von tiefem Schmerz belastet. Er dachte in seiner Bedrängnis bei sich: „Wenn ich doch nur eine so gute Lösung finden könnte, daß ich nicht ihre Neigung verscherze, die ich mir zur Herrin erwählt habe." So war er trotz allen Glückes von Sorge erfüllt.

Doch lassen wir das nun auf sich beruhen. Unsere schöne Frau ging nach drei Tagen morgens zu dem Grafen und sagte freundlich zu ihm: „Nun, mein Herr, wie habt ihr euch besonnen? Habt ihr euch nun entschieden, welche Hälfte ihr wählen wollt?" Höflich antwortete der Ritter: „Ja, dann möchte ich also, gnädige Frau, in diesem Augenblick meine Entscheidung offenbaren und will sie auch nicht länger verschweigen und im Vertrauen auf euch sagen: ich bitte um die obere Hälfte." Die Königin sagte: „So ist es recht." Und dabei sah sie den Grafen mit leuchtenden Augen lächelnd an. Der Graf sagte: „Wenn es also sein darf, so gebe ich nunmehr der mir gehörigen Hälfte oberhalb des Gürtels den Auftrag, daß sie mich gleich in diesem Augenblick umarmen möchte. Das steht ihr in allen Ehren wohl an." Das wurde von der Frau sofort erfüllt. Weiter sagte der Graf freundlich zu ihr: „Biete mir nun deinen roten Mund!" Sie sagte: „Ja, wenn du es willst, hundertmal!" Nun

nahm sie ihn in ihre Arme, er umhalste sie, und sie küßte und umarmte ihn aufs freundlichste.

Der Ritter sagte: „Edle Frau, wie soll ich nun leben, um deinen
Wünschen gerecht zu werden. Bitte, belehre mich darin." Sie
sagte: „Die dir gehörige Hälfte hat dich lieb; du kannst mir ihr
tun, was du willst." Und damit gab sie ihm freundlich die Hand.
Da sagte der edle Graf: „Du Inbegriff aller edlen Frauen, ver-
schaffe mir nun, im Gedanken an alle edlen Frauen, auch die andere Hälfte! Ich bitte dich darum und trage es dir auf." Sie sagte:
„Das kann nicht geschehen. Die eine Hälfte gehört mir, nur die
andere ist dein. Vergnüge dich mit deiner Hälfte, ich mache mit
der andern, was ich will. Das, was mir gehört, will ich behalten.
Das dir Gehörige überlasse ich dir. Mach damit, was du willst."
Er sagte: „Edle Frau, nimm und behalte lieber meine Hälfte auch
für dich und schenke mir deine!" Sie sagte: „Das kannst du mir
nicht zumuten, dann hätte ich doch in Wahrheit nichts mehr."
Da sagte der Christ: „O weh, du Edle verstehst dich auf viele
Schliche! Es stünde dir wohl an, wenn du sagtest: ‚Es sei!' Dann
wärest du nämlich in jedem Sinne meine auserwählte Frau." Sie
sagte: „Davon kann keine Rede sein. Wie sollte ich sonst meinen
guten Ruf bewahren? Wenn ich über unser Abkommen hinaus-
ginge, wäre das ein großes Unrecht. Also gib dich zufrieden mit
der dir gehörigen Hälfte und laß mich bei der meinen."

Da wurde der Graf sehr traurig und sagte in seinem Liebesschmerz: „Fürwahr, du willst mich töten!" Sie sagte: „Ich habe
dich von aller Qual befreit. Du hast eben die falsche Wahl getroffen. Das tut mir leid." Er sagte: „Edle Frau, jetzt verliere ich meine
ganze Hoffnung, das kannst du mir glauben." Sie sagte: „Begnüge
dich mit deinem Teile."

Und nun fing wahrhaft erst der Schmerz des Grafen an. Daß
ihn seine Herrin umarmt hatte und doch sein eigentlicher Wunsch
nicht erfüllt war, das war ihm eine so große Qual, daß er am liebsten von allem frei gewesen wäre. Sie umarmte und küßte ihn, und
doch wurde ihm der volle Liebesgenuß bewußt vorenthalten. Er
hatte beinahe den Verstand verloren. Nun könnt ihr hier ein Bei-

spiel vor euch sehen: jeder heftige und leidenschaftliche Mann
ebenso wie jeder ruhig veranlagte müßte im Innersten empört sein,
wenn man ihn teils reizte, teils ihn zurückhielte, wie es jetzt unserem Grafen erging. Ein Wunder war es, daß er nicht überhaupt
am Leben verzweifelte. An einem so großen Liebeskummer
könnte selbst der stärkste Held sterben. Jedenfalls war der Graf
so verzweifelt, daß er sich zum Abschied entschloß.

Da kam der Heidenkönig heimgeritten. Der Graf fand in diesem
kurzen Augenblick einen glücklichen Ausweg. Denn er hatte
rechtzeitig gemerkt, daß der König heimgekommen war. Er sagte:
„Edle Frau, ihr könnt mich dennoch trösten." Da sagte sie: „Mein
Herr, halte dich aber an deine Hälfte und laß mir bitte die meine."
Da sagte der edle Graf: „Da ich dich nun einmal nicht als Frau
besitzen durfte, verbiete ich jetzt deinen mir gehörigen Augen, daß
sie auch nur heimlich den König ansehen; das verbiete ich meinen
Augen ausdrücklich! Ebenso verbiete ich den mir gehörigen Ohren, daß sie auch nur irgendwie auf ihn hören. Wenn er dich um
irgend etwas bittet, sollen sie ihn damit ärgern. Und ebenso verbiete ich deinem mir gehörigen Mund, ihm von diesem Augenblick
an irgend etwas Freundliches zu sagen. Wenn er etwas will, so
sage das Gegenteil. Sagt er nein, so sage du ja. Sagt er rot, so sage
du blau. Sagt er weiß wie Schnee, sage du grün wie Klee. Ich verbiete es auch den mir gehörigen Armen, daß sie ihn etwa an den
mir gehörigen Brüsten erwarmen lassen." Sie sagte: „Ja, so muß
es nun freilich geschehen, wie du es mir aufgetragen hast. Mein
Herr, ich verspreche dir, dein Gebot treulich zu halten." – „Nun
mag sich Gott des Heiden annehmen," sagte der Christ. Er hatte
es mit kluger Kunst darauf angelegt, daß sie nun durch den Lauf
der Dinge bei ihrem Mann notgedrungen in Ungnade fiel.

Und damit blieb der Graf zunächst allein zurück. Wie mir berichtet ist, schied die Frau von ihm unberührt und ging zum König,
der fragte den Truchsessen, ob auch das Essen schon bereit sei,
und gab Befehl, die Tischtücher aufzulegen. Man sorgte auch für
den Grafen, wie man nur für einen Fürsten zu sorgen pflegt. Das
darf man ja nicht denken, daß man es bei ihm an etwas hätte fehlen

lassen. Tag und Nacht war man um ihn, so wie auch die Frau dafür gesorgt hatte, daß er alle Bequemlichkeit hatte und mit allem versehen war.

Der König setzte sich zu Tisch, und darauf begann das Essen. Er sah seine Frau an und sagte freundlich: „Iß doch!" Sie sagte: „Wir müssen unsere Füße auf dem Tisch messen." Dann gab es Fisch. Er sagte: „Gebt mir etwas zu trinken." Sie antwortete: „Bringt ihm Schild und Speer." Er sagte: „Du bist ja wohl betrunken!" Sie sagte: „Ich werde jetzt genau zusehen, was es noch Merkwürdiges geben wird." Er sagte: „Es wäre schon zu wünschen, daß das Frauenzimmer seine fünf Sinne beisammen hätte, wenn sie zu Tische sitzt." Sie sagte: „Nun will ich meinen Abendtanz anfangen." Er sagte: „Ihr seid wohl ganz blödsinnig geworden! Der Teufel ist in euch gefahren!" – „Fürwahr, ihr lügt in euern Hals", sagte sie; dabei sah sie ihn mit süßer Unschuldsmiene an.

Der König fing an zu jammern: „O weh mir heute und immerdar, sie ist von Verstand gekommen! Ach weh, liebe Frau, was ist in dich gefahren?" Sie sagte: „Seht ihn alle an." Er sagte: „Schafft Weihrauch her!" Sie sagte: „Ihr seid ein Narr." Was soll ich das noch lang und breit ausführen! Der König fing an, sich um sie zu ängstigen. Sagte er ja, so sagte sie nein. Sprach er von Brot, so sagte sie Stein. Sagte er trocken, so sagte sie naß. Dabei vergaß sie sich keinen Augenblick; was er sie auch fragte, immer gab sie eine verkehrte Antwort.

Bei diesem Benehmen blieb sie sieben Tage lang von früh bis spät. Als der König sah, daß sie zu allen andern vernünftig und freundlich redete außer zu ihm allein, sagte er: „Ich will euch eins sagen: ich reite jetzt auf die Jagd. Frau, gewöhnt euch inzwischen dies Benehmen ab, sonst schlage ich euch tot." Damit ritt er fort. Unterwegs schnitt er sich drei Knüppel. Als er wieder heimkam, nahm sie noch weniger Rücksicht. Da ergriff er die schöne Frau bei ihrem blonden Haar – das muß ich nun als traurige Wahrheit berichten – und zerrte sie hin und her; er riß sie an ihrem schönen Haar, schlug ihr rechts und links um den Kopf und zerbläute ihr obendrein den Rücken, dabei schlug er den Knüppel ganz entzwei. Die Frau schrie jämmerlich, als er sie so durchprügelte, und man mußte sie zu Bett bringen. Der König rief zornig: „Nun habt ihr euren Lohn! Nun werde ich wieder ausreiten, und zwar gleich. Und das sage ich euch: ich werde sicher länger weg sein, als ich erst gedacht hatte. Es fällt mir schwer, aber ihr zwingt mich dazu." So ritt er wutschnaubend fort.

Da raffte sich die Frau zu einem Entschluß auf und ging zu dem Grafen. Sie war tieftraurig und klagte ihm ihr Unglück. Der Graf sagte freundlich zu ihr: „Nun, Liebe, wer hat dir etwas getan?" Sie sagte: „Das hat mein böser Mann getan, und zwar infolge deines Auftrages." Er sagte: „Nein, du spaßest." – „Doch, bei Gott!" – „So sage mir, wo es dir weh tut." Da zeigte sie ihm ihren Kopf, der ihr ganz zerschlagen war. Sie zeigte ihm Arme und Rücken und sagte: „Diese Mißhandlung muß ich auf dein Verlangen hin tragen." Der Graf sagte: „Das tut mir leid, und doch bin ich heilfroh darüber, daß *deine* Körperhälfte noch von Schlägen freigeblieben ist. Wenn nur der mir gehörige Teil geschlagen worden ist, so will ich das durchaus verschmerzen. Fehlt deinem Teil etwas?" Sie sagte: „Dem fehlt nichts." – „Na, dann ist es ja nicht so schlimm, weil dein Teil keine Schläge abbekommen hat." Sie sagte: „Du bist wohl nicht klug und redest wie ein dummer Junge. Beklage mich lieber, und habe *du* mal diese Schläge erst!" – „Ja, *ich* habe sie doch wirklich bekommen auf *meinen* Rücken", sagte er. Sie sagte: „Laß dein Gespött! Höre, wie die Sache jetzt in diesem Augenblick steht. Die Schläge, die ich bekommen habe, willst du alle bekommen haben, so sagst du jetzt zu mir, mein Lieber. Nun will ich dir aber etwas sagen: von diesem Tage an wird mir niemals wieder ein Schlag oder Stoß um deinetwillen verabreicht."

Sie sagte weiter: „Wir werden jetzt schlafen gehen." Es war noch nicht spät. Das Schlafzimmer war schön ausgestattet, ein kostbares Bett stand bereit. Sie schlug hinter sich die Tür zu und stieß den Riegel davor. Als sie fest zugeschlossen hatte, entkleideten sie sich, so daß sie nun ganz nackt voreinander standen. Wer war froher als der Graf, denn jetzt ging sein Wunsch in Erfüllung.

Er nahm sie in seine Arme und schritt mit ihr zu dem Bett. So sanken sie auf das Bett hin, der Graf mit der Königin. Ihr Glück war unendlich groß. Sie vergaßen alles Leid, der kühne Ritter und die schöne Frau. Sie waren glücklich über die Erfüllung der schönsten aller Freuden, die es für den Menschen gibt. Die lange Nacht bis zum Tagesanbruch genossen sie ihr Glück. Das ist kein leeres Gerede. Ich weiß, daß kein Mann von größerer Wonne berichten kann, als sie hier beide, allem Leid enthoben, miteinander hatten.

Sie sagte: „Lieber, ich bitte dich nun, mich freundlich darin zu unterweisen, wie ich nun mein Leben mit deinem verbinden kann." Er sagte: „Ach, du schönste aller Frauen, ich werde immer dein eigen sein und dir bis zum Tode dienen, denn du hast mich aus aller Not erlöst."

Da sagte die Frau zu dem Grafen: „Ja, dein Leid ist jetzt zu Ende, ganz, wie du es dir gedacht hast; denn ich werde jetzt mit dir ziehen." Dies waren die Worte der schönen Frau. „Nun besitzest du mich ganz, führe eine gute Herrschaft, nicht zu streng und übermütig, und behandle mich zart. Möge dich das Glück belohnen!" Er sagte: „Nun wollen wir uns aufmachen und nicht länger zögern." Sie nahm ihre Schätze und spendete noch reichlich davon, ehe sie mit dem edlen Grafen aus ihrem Lande ritt und in seine Heimat zog. Dort lebten sie in Ehren und Freuden.

Als der Heide nach Hause kam und die böse Kunde hörte, sagte er voll Trauer: „Ach allmächtiger Gott, was soll mir nun das Leben, da ich mein Weib verloren habe, die ich mir zu meinem Glück erwählt hatte? Wäre ich doch nie geboren, nun, da mir der treulose Christ mit Trug und List mein edles Weib entführt hat, die mir lieb war wie mein eignes Leben. Von jetzt ab muß ich nun immerdar und überall Kummer in meinem Herzen tragen über diesen ungeheuren Verlust. O du, mein großes Glück, o wie wendet sich unser Geschick von Freude zu Herzeleid. Ach du süße Augenweide, daß ich dich nicht behalten durfte! Wohin ist der Klang deiner süßen Stimme?" So dachte er in seinem Innern. Er sagte weiter: „Ach meine Königin, daß ich dich jetzt entbehren muß! Dein Tun und Reden war mein höchstes Glück. Wenn ich an deinem Herzen lag und dich umarmte, war mir, als wäre ich im Paradies. Ach du Edle, die ich immer rühmen muß, nach dir muß ich mich immer sehnen, da ich deine Liebe empfangen durfte; ja, solange ich lebe, werde ich mich nach dir sehnen, denn du bist unendlich lieb und gut.

Ich aber bin bis zu meinem Tod mit tiefstem Schmerz beladen." Das war das traurige Geschick des Heiden.

Die Kunde von diesem Geschehen verbreitete sich im ganzen Heidenland. Der Graf war, wie ihr gehört habt, in seine Heimat gezogen; während der Heide sich grämte, lebte er mit seiner Frau in ungetrübtem Glück bis zu ihrem Tode. Sie kannten keine Not und lebten nach Gottes Wohlgefallen. Der Graf erwarb sich Eingang in das Himmelreich: die Heidin hatte sich taufen lassen. So hatte sich das Schicksal des Christen und seiner Frau glücklich gewendet.

Hier endet die Geschichte. Möge es das Schicksal auch mit uns in allem zum Guten wenden!

Frauenlist

Hört bitte jetzt eine hübsche Liebesgeschichte von einem schmuk-
ken Scholaren. Wie man mir berichtet, war dieser immer darauf
bedacht, feine Lebensart zu zeigen; die trug er auch wirklich als
Ideal in seinem Herzen, so daß ihm nie ein unfeines Wort aus seinem Munde kam; er hätte sich lieber martern lassen, ehe er etwas
Unpassendes getan hätte. Als ob er damit sein Glück vergiften
würde, floh er vor bösen Gesellen; denn er fürchtete, daß ihn ihre
schlechten Sitten verderben könnten. Im Umgang mit edlen Menschen wird man besser; aber im Umgang mit bösen wird man selbst
böse. Wo immer man ein häßliches Wort über die Frauen sprach,
war es ihm im Herzen zuwider; dann erhob er stets Widerspruch
und sagte: „Über Frauen darf man nichts Schlechtes sagen. Ich
könnte bersten, wenn ich solche üble Nachrede höre! Einer Frau,
die ihre Ehre verloren hat, stehen mehr als tausend gegenüber, denen nichts so wertvoll ist, als ihre Ehre zu bewahren, die nicht
um den Reichtum der ganzen Welt ihre reine Gesinnung preisge-
ben würden; solche Frauen findet man nicht nur eine! Kurz und
gut, wer von Frauen böse spricht, mit dem habe ich nichts zu
schaffen. Das bringt nur Schande ein. Damit trifft man sich selbst,
denn schließlich sind wir alle von Frauen geboren; wer so spricht,
der ist nicht recht bei Sinnen. Seht doch das bitte erst einmal ein:
wer die Frauen ehrt und Gott liebt, der stirbt eines seligen Todes.
Schlimm ergeht es dem, der das nicht tut. Wir werden also gut
tun, die Frauen zu ehren und ihren Ruf nicht anzutasten. Als Gott
mit seinem Machtwort im Himmel die Engel erschuf, erwies er
uns gleichzeitig die Gnade, hier auf Erden uns die Frauen statt
der Engel zu schenken.“

Auf solche Art hielt der Scholar sich in Zucht und ging mit sich selbst ins Gericht. Wenn er in Versuchung kam, dann kämpfte er siegreich dagegen an. Er war im Innern frei von schmutziger und niedriger Gesinnung; denn der Same des Guten hatte tief in ihm Wurzel gefaßt, so daß Anständigkeit und Ehrgefühl aus dem Grunde seines Herzens emporblühten: das war sein Glück und sein Stolz.

Dieser junge Mann, von dem die Geschichte handelt, hatte Neigung zu einer Frau gefaßt, und er mußte durch diese Liebe Schmerzen erdulden. Diese Frau war zwar überaus schön, aber gleichwohl sehr hochfahrend. Dabei war sie auf der andern Seite auch noch von so hoher Geburt, daß dies es ihm sehr erschwerte, ihr mit Worten seine geheimen Wünsche zu verkünden. „Ach", dachte er bei sich, „wenn ich es erst einmal wagte, meinen Wunsch auszusprechen, so würde mir alle Sorge genommen werden und mein Glück sich verdoppeln. Aber wenn mein Mund etwas Freundliches aussprechen will, so bleibt sie ja gar nicht so lange stehen, daß ich auch nur ein paar Worte zu Ende bringen kann. – Ach nein, wie kann ich das nur sagen! Ich weiß ja: sie ist so vollkommen erzogen, daß sie mich nicht einfach schnöde ablehnt. Allein schon ihr Takt veranlaßt sie, wenn sie mir auch nichts anderes gewährt, wenigstens aus meinen Worten zu entnehmen, daß ich vor Sehnsucht zu ihr ganz kopfhängerisch geworden bin, und zu erkennen, was ich jetzt an Leid wegen meiner Liebe zu erdulden habe."

Dagegen kamen ihm schon wieder folgende Gedanken: „Sie steht zu hoch für mich, und ich bin von niederem Stande. Man sagt, daß der fällt, der zu hoch hinaus will." – Hinwiederum entgegnete er sich selbst: „Ach was, es sind schon wunderbarere Dinge geschehen, als wenn mein Wunsch Wirklichkeit würde. Wenn sie mir auch zu vornehm ist, ich möchte trotzdem nicht verzichten. Liebes Herz, ich will es wagen." – Aber nun kam ihm schon wieder ein anderer Gedanke: „Schade, wie armselig sind meine Kleider; deswegen verschmäht sie mich sicher, daß ich arm bin und sie reich ist." – Dann jedoch sagte er wieder zu sich:

„Diese Gedanken schlagen nicht durch. Bin ich erst einmal im Innern ihres Herzens, dann wird ihr alles Samt und Seide sein. – Wie aber, wenn sie sich nun bei ihren Verwandten beschwert oder es gar ihrem Mann erzählt? Ich könnte Leib und Leben verlieren um der geliebten Frau willen! – Sei's trotzdem, ich will es wagen! Schlägt man mich um der Herrlichen willen tot, so ist das noch nicht die größte Not. Ich weiß wohl: mich läßt der Tod ohnehin nicht ewig leben. Darum macht mir der Gedanke an den Tod gar nichts aus. – Ach nein, ich will es doch lieber unterlassen; es kann ja nie gelingen. Wenn ich nicht von dieser meiner dummen Absicht abgehe, so bringt mich das noch in Schande. – Doch gerade will ich es aus einem bestimmten Grunde nicht lassen; ich habe schon davon reden hören: wenn ein Mensch sich mit ernster Hingabe bemüht, schließlich wird ihm doch ein Erfolg beschieden, wenn ihm auch nicht alles zuteil wird. Ich werde in dieser Hoffnung das Schicksal in die Schranken fordern. Vielleicht, daß dann ein höheres Glück mich durch ihre Erhörung emporträgt. Was auch immer von der Edlen mir bevorstehen mag, ich bin entschlossen, es auf mich zu nehmen. Ich könnte sonst ebenso gut als stumme Kreatur leben, so daß ich noch ganz und gar zugrunde ginge oder vor Sehnsucht stürbe. Das will ich nicht, denn oft geht einem eine Gelegenheit aus den Händen, wenn man sich nicht darum bemüht. Darum also lasse ich sie nicht, was auch kommen mag! Ja – und wenn ich gar auf ihre Reinheit einen Anschlag versuchte, wollen wir doch einmal sehen, was sie dann dazu sagt! – Aber ach, ich bin darin ganz unsicher. Ich bin mir bewußt, daß die hohe Herrin empört sein und mich gar mit ihrer Feindschaft verfolgen wird. Dann, bei Gott, wäre mir besser, wenn ich gleich begraben wäre, als daß ich ihre Gnade so verscherzte. – Aber nein, sie ist ja ein solcher Engel: sie *kann* darum ja gar nicht auf mich zornig werden. Würde sie mir meine aufrichtige Liebe mit Abneigung und Tadel vergelten, so würde ich es bald gemerkt haben, daß sie es mit dem Teufel hat, und das dürften nur ungeratene Menschen tun! O, dann würde ich niemals mehr daran denken können, daß ich sie einst geliebt habe, und würde es immer beklagen, daß sie überhaupt in mein Leben getreten ist. Aber das traue ich dir ja gar nicht zu, du süßer Rosenmund! Manche hält sich wohl eine Weile künstlich zurück, bis sie gewahr wird, wie es um eines Mannes Gesinnung, seine Absicht und seinen Mut steht – solch Versteckspiel ist durchaus erträglich –, und ob er es ehrlich meint. Ob sie nun zu diesen Frauen gehört, das würde ich ja leicht feststellen können, wenn ich mit ihr ins Gespräch käme: in diesen Dingen weiß ich ja Bescheid, darum habe ich mich schon öfter im Leben bemüht. Mein liebes Herz, sei nur froh! Es wird schon richtig werden. Ich werde es wagen und mit ihr sprechen, und wenn es mich das Leben kostet!"

Er begegnete eines Morgens früh der Dame und sprach sie freundlich an: "Meine Verehrte, Gott grüße euch!" – "Das ist ja hocherfreulich. Ich merke schon, auf dieser Spur hat sich schon gestern einer herangepirscht." So höhnisch antwortete sie ihm. Da dachte der junge Mann: "Das kann ja schön werden!" Am nächsten Tage unternahm er es wieder; als er sie sah – er hatte sie abgepaßt – schwenkte er den Hut weit vom Kopf und sagte: "Edle Frau, mein Schutzengel möge euch behüten!" – "Meßt sieben Schritte ab, drei und vier, die andern kommen hinterher." Das war ihre Antwort. – Am dirtten Tag traf es sich selbstverständlich, daß er der Dame wieder begegnete und sie mit einem Gruß ansprach: das war der Dame unangenehm, und sie antwortete: "Sie kommen niemals her." – "Wer, gnädigste Frau?" fragte er. Sie entgegnete: "Die wilden Heiden." – Es dauerte nicht lange, daß er sie wieder grüßend anredete. Da kehrte sie sich höhnisch um zu ihrem Mädchen: "Höre mal zu, meine Liebe: wenn uns einer grüßt, dann danke du! Ich bin schon viel zu schwach dazu. Ich habe Kopfschmerzen. Rede ich dann viel, so wird es schlimmer." Beim nächsten Mal kam es dann so, daß er sie ebenso höflich grüßte. Wieder höhnte sie und sagte: "Daß es euch Gott noch einmal heimzahlt, daß ihr so grußwütig seid! Das kann von mir aus ja noch lange so weitergehen." Und wenn dies auch ein Zank war, so fühlte er sich doch angenehm berührt und sagte: "Edelste aller Frauen, es ist nun einmal so: wer auf Vogelfang ausgeht, muß Schlingen legen, daß der Vogel sich darin verfängt und nicht mehr loskommt. Es bedarf wohl einiger Überlegung, wenn er solch ein edles Wild fangen will."

Diese Worte konnte sie nicht vergessen. Als sie nach Hause kam, ging sie voller Erregung in ihr stilles Schlafgemach und schloß sich darin ein. Jetzt wandte sie ihr ganzes Sinnen allein darauf, was wohl diese Worte gemeint hatten, die sie da gehört hatte. Sie verbohrte sich richtig wie ein Kind, zumal Frauen irgendwie zur Neugier neigen. Sie war so schmerzvoll erregt, daß sie zu dem Mädchen sagte: „Meine Liebe, höre doch einmal her! Schicke nach dem Scholaren, der solch Verlangen danach hat, uns zu grüßen, damit ich von ihm eine bestimmte Auskunft erhalte, die ich unbedingt wissen muß." Die tat es gern. Sie ging ihn holen, und er kam. Jetzt wurde er freundlich empfangen. Er sagte: „Gnädige Frau, was bedürft ihr meiner, daß Ihre Gnaden in ihrer vorbildlichen Güte nach mir zu schicken geruhen? Wäre ich selbst weit fort gewesen, ich wäre mit tausend Freuden doch gekommen. Ich bin mir dessen durchaus bewußt, daß mir hier etwas Überraschendes bevorsteht." Da sagte die Dame mit freundlichem Blick: „Ich möchte gern Bescheid wissen über das, was ihr da Merkwürdiges gesagt habt. Ich habe die ganze Zeit darüber nachgedacht, was ihr da meintet. Das sagt mir nun bitte." Er sagte: „Ich weiß gar nicht, was ich gesprochen habe." Die schöne Dame sagte: „Ihr sprachet von einem edlen Wild, das man fängt." Er darauf: „Nun ja, das seid ihr! Ich habe immer danach getrachtet, mit aller Mühe eine Gelegenheit zu finden, euch in Liebesbande so zu verstricken, daß ich Sieger bliebe. Ach Herrin, wenn meine Augen euch auch nur erblicken, kann mir nichts Herrlicheres geschehen. Vor lauter Freude jauchzt mir dann das Herz in der Brust. Es ist dann so ausgefüllt mit Glück, daß es sich nicht zu lassen weiß. Es kann nirgends Ruhe finden, es möchte am liebsten vor Freude zerspringen. Erlaubt mir ein Wort: die Liebe, die ich zu euch empfinde, kann kein Menschenherz zu Ende denken, kein Mund ausdrücken. Darum, bitte, belohnt mich, Herrin, ihr vergebt euch nichts damit." Sie antwortete: „Ach, daher also pfeift der Wind! Gott heile euch von diesem Übermut! Ihr habt euch vergaloppiert! Steigt erst einmal ab!" Das war ihre höhnische Antwort. „Da ich euch endlich einmal eine Antwort geben muß", fuhr sie fort, „wenn es dem Esel zu wohl ist, geht er auf das Eis tanzen! Ihr müßt einsehen, daß er, wenn er klug wäre, sich lieber von dem Eise weit weghielte. Genau wie ein Esel habt ihr euch benommen. Weil ich euch freundlich erlaubte, hier das Wort zu ergreifen, habt ihr etwas Falsches bei mir versucht. Aber das, was ihr gesucht habt, das gibt es hier nicht. Eure Worte sind in den Wind geredet. Was habt ihr damit gewonnen? Es wäre für euch besser gewesen, sie von vornherein zu unterlassen. Wenn ihr geschwiegen hättet, das wißt, so hättet ihr meine Huld sicher eher gewonnen. Der Vogel, der zu früh aus dem Neste fliegt, täuscht sich: er wird zum Spielzeug für Kinder. Mit ihm möchte ich euch vergleichen. Nun ja, ich sehe es ja, ihr seid noch jung – darum sind eure Worte auch noch unreif."

„Ich bin noch jung, das ist wahr; darum mag es sein, daß ich mich noch jugendlich anstelle. Aber auch Kinder reden die Wahrheit! Wozu ihr kindlicher Sinn sie führt, danach streben sie mit aller Kraft. Und genauso muß ich, gnädige Frau, immer nach eurer Huld streben, solange ich einen Tag nur lebe. Und wenn Kinder sich einmal etwas in den Kopf gesetzt haben, so kann man sie gar nicht mehr davon abbringen auf den richtigen Weg; es muß nach ihrem Willen gehen. In diesem Sinn bin ich allerdings noch ein Kind, daß niemals irgendwo irgendeiner mich von meinem Ziel ablenken kann, bis das erreicht ist, was ich mir vorgesetzt habe." – „Vielleicht habt ihr aber auch gehört, wie es den Kindern hinterher ergeht?" sagte die schöne Dame." Wenn sie gar nicht von ihrem Bock ablassen, dann straft man sie mit Schelte oder mit Schlägen, bis sie doch lieber ohne Strafe artig sind."

Er sagte: „Gnädige Frau, was ich auch an Kummer und Demütigung aus Liebe zu euch leiden muß, so gebe ich es doch nicht auf, euch weiterzulieben. Hochverehrte, was ihr mir auch antut, in diesem Gedanken werde ich sogar sterben. Das ist mir die höchste Lust, wenn mir um euretwillen ein Leid zugefügt wird. Euch habe ich als meine Helferin erkoren, euer Dienst ist mir Lebensaufgabe, und zwar für alle Zukunft, solange mir Gott das Leben schenkt; und wenn ich dann sterbe, so wird euch noch meine Seele im Jenseits treu dienen wie hier in diesem Leben." Da sagte die schöne Frau: „Der Dornenstrauch trägt Rosen, aber seine Dornen stechen sehr schmerzlich; davor möchte ich mich doch bewahren. Galle ist immer bitter, soviel Honig man auch darauf streicht. Eure Salbe tut doch nicht sanft."

Er sagte: „Edle Frau, haltet mich bitte nicht für einen Heuchler. Es wird mir stets ganz unmöglich sein, mit dem Munde etwas auszusprechen, was nicht aus meinem Herzen kommt. Sonst würde ich ja ununterbrochen Gefahr laufen, unredlich zu sein. Nein, solche liebe Freude ist mir doch nie begegnet, und diese Freude kommt wirklich aus der Tiefe meines Herzens ohne jede Falschheit. O du mein Heiligtum, du Schöne, mein Schutz, meines Herzens Königin, bitte nehmt mich in eure Huld!" Sie sagte: „Ich gebe nicht einen Pfifferling für eure Reden. Eigentlich hätte ich gern gewußt, warum euch eure Rederei nicht zuviel wird. Meine Liebe wird euch immer unerreichbar sein. Ich kann den Gedanken nicht unterdrücken: Ihr redet so, als ob ihr mit mir Streit anfangen und nicht eher ablassen wollt, bis ihr eure Absicht durchgesetzt habt. Glaubt mir, ich kann ebenso hartnäckig sein wie ihr. Ich werde mit euch ohne Ende ringen, und dann wollen wir einmal sehen, wer in dem Streit Sieger bleibt."

„Bitte, faßt es doch nicht so auf", sagte er, „schöne Frau, ich habe keinen andern Eigensinn gegen euch, als daß ich zu jeder Stunde mit Hartnäckigkeit danach ringe, daß mir doch einmal das Glück zuteil werde, euch durch meinen Dienst stolz und froh zu machen; das ist mein tägliches Trachten, edle Frau, das ist das, was ihr Streit nennt. *Diesen* Streit allerdings werde ich durchhalten." – „Ihr seid ein verschlagener Fuchs; aber das dürfte euch bei mir nichts helfen. Ich habe auch studiert und habe auch meinen Ovid gelesen. Wo ihr hinzielt, da bin ich in Gedanken schon lange vorher gewesen. Ihr seid ein rechter Tor, daß ihr etwas unternehmt, was auf keinen Fall zustandekommen kann. Also bitte, mäßigt eucht und verschont mich in Zukunft! Ich will nichts mehr davon hören. Ihr bildet euch wohl ein, mich dumm machen zu können!"

„Ich will euch nicht beschwatzen. Mein Herz möchte wirklich aus tiefster Qual brechen. Denn mit dem Pfeil der Minne habt ihr es verwundet. Diese Wunde steht noch immer offen; sie kann niemals heilen, wenn ihr nicht Leben und Leib in Liebe mit mir teilen wollt. Erhöre mich doch endlich, gütige Frau! Nur wenn du es willst, kann ich weiterleben. Hilf mir doch, du rosenfarbener Mund!" – „Nun, ihr versteht euch schon sehr auf leichtfertige Reden! Und wenn ihr dreimal so schlau wäret wie ich, ihr bringt mich doch nicht dahin, daß ich euch beglücke." – „Herrin, ich rede ganz aufrichtig, so wie mir ums Herz ist. Ich würde gern mit allen Reden aufhören, wenn ich mir erkämpfen könnte, daß ich nur einmal diesen euren rosenroten Mund küssen dürfte." – „Sieh doch mal an, was muß ich da an euch entdecken! Ehe ich mir diese Beleidigung gefallen ließe, würde ich euch lieber die Haut abziehen lassen. Wirklich, wenn ihr es nicht anders wollt, werde ich euch so einheizen, daß euch weh und ach wird. Ich werde es meinem Mann sagen und werde ihm kein Wörtchen verschweigen." – „Herrin, tut nur, was ihr wollt. Mein Herz zermartert sich in Sehnsucht nach euch so sehr, daß ich doch nicht lange mehr leben werde: wenn ich mich in solchem Leid auf die Dauer weiter abquälen soll, dann muß ich sterben. Ja, ehe ich in solchem Seelenkampfe weiterlebe, steche ich mich sogar lieber selbst tot, wenn mein Herz nicht vorher von allein bricht."

Als die edle Frau nachsinnend erkannte, daß sein Herz und Sinn in ungeteilter Liebe ihr treu ergeben waren, da ließ auch endlich sie die Liebe in ihr Herz, und sofort überlegte sie genau, daß, wenn er wirklich noch durch sie sterben würde, das eigentlich ihr zur Last fiele. Sie sagte: „Geht jetzt, ehe mein Mann heimkommt, es ist besser für euch!" Sie wünschte, allein gelassen zu werden. Er sagte: „Ich gehe nicht ohne ein Zeichen der Hoffnung von euch, meine Angebetete." Da sagte sie, nicht ohne künftige Freuden anzudeuten: „Nun benehmt euch so, wie es sich schickt, und geht! Ich will inzwischen mit meinem Herzen zu Rate gehen, und was auch daraus wird, ich sage euch in kurzem Bescheid, bei meiner Ehre!" – Darüber ward er sehr froh und verließ sie. Gleich darauf kam der Mann.

Die Frau ging erst einmal den ganzen Tag mit ihrem Herzen zu Rate und kämpfte mit der Liebe, die nun auch sie schon zu überwinden drohte. Sie sagte: „Ach, mein liebes Herz, was glaubst du, was für mich das Rechte wäre? Hilf mir! Gib mir einen Rat, wie ich mich verhalten soll, daß ich meinen Ruf rein erhalte." Ihr Herz antwortete ihr darauf sogleich: „Ja, wenn du mir zustimmen kannst, dann tue du nur alles, was er sich wünscht; denn er verdient es wirklich. Du brauchst dich nicht zurückzuhalten." – „Und womit hat er sich diesen Lohn verdient, liebes Herz?" fragte die Dame. „Er hat doch wirklich aus Liebe zu dir viel erlitten. Er wollte sogar den Tod um deinetwillen auf sich nehmen. Dafür darf er doch nicht ohne Lohn ausgehen." Da sagte die schöne Frau: „Aber wie verträgt sich das mit meinem Ruf? Könnte ich das jemals überstehen?" Da erwiderte das Herz: „Dem Geliebten zuliebe darf man vieles tun, wie ich dich belehren möchte, und darf vieles wagen: Leben, Besitz, Ansehen. Anders gesagt: liebt er dich, so erwidere seine Liebe! So ziemt es sich für echte Frauen! Gott selbst hat ja den Menschen die Liebe geboten; denn sie ist stärker als der Tod." Sie entgegnete: „Aber du weißt doch, liebes Herz, daß ich einen Mann habe, der mit mir ehelich verbunden ist; überlege es dir noch einmal genau, denn dein Rat führt doch dahin, daß ich meinen guten Ruf verlieren werde!" Das Herz aber antwortete ihr und sagte: „Ach was, schieb einfach die Schuld auf mich! Sage: mein Herz zwingt mich dazu; es verlangt wider meinen Willen nach dem Geliebten. Ich kann gar nicht anders, als ihm seinen Willen lassen, da ich gar nicht weiß, wie ich es ihm verwehren soll!" Sie sagte: „Ich will befolgen, was du mir geraten hast. Nun gib mir auch die Besonnenheit, daß man es nicht merkt und mir nichts Böses daraus erwachse." Das Herz sagte: „Diese Sorge laß nur ganz beiseite! Laß mich dafür jetzt und immerdar allein sorgen! Ich verstehe von dieser Kunst so viel, daß ich es deinem

Mann überzeugend ausreden kann, daß etwas, was er mit seinen eigenen Augen gesehen hat, überhaupt existiert, so daß er hinterher sogar darauf einen Eid ablegt." „Ich werde es, liebes Herz, dir zuliebe tun, damit du recht froh und glücklich wirst und deine Wunden heilen, die dir Frau Venus mit ihrem Pfeil zugefügt hat und durch die du so bittere Qualen leidest. Darum muß ich doch auch Mitleid mit ihm haben. Ich habe es gerade jetzt erst erfahren an deinen schmerzenden Wunden, was dem Menschen an Leid zugefügt wird, den Frau Minne tief verwundet."

Damit ließ sie den Scholaren holen; sie begrüßte ihn herzlich und sagte: „Mein Lieber, heute wird nun endlich deines Herzens Wunsch erfüllt werden. Was du von mir zu verlangen wagst, das wird dir gern gewährt werden. Sage mir noch einmal, was dein Herz begehrt." Und nun wurde, wie zwei Liebende es sich wünschen, jeder Kuß mit einem Kuß aufgewogen. Ja, wer könnte zwei Menschen trennen, die sich so lieben? Frau Minne verstrickt und verbindet. Was den zwei Liebenden an Leib und Seele zustößt, das kümmert sie nicht weiter. Sie schritten in ihr Schlafgemach, und was da geschah, davon will ich nichts weiter erzählen; ich sage nur: ich wünschte mir einen solchen Augenblick lieber als tausend Pfund roten Goldes.

Aber in dem Augenblick, als sie hinausgehen wollten, kam ihr Ehemann. Er sah natürlich den Scholaren und fragte seine Frau, wer er wäre und was er in ihrem Schlafgemach gemacht habe. Sie sagte sogleich: „Wenn du es unbedingt wissen mußt: er hat mir für meine Zahnschmerzen ein Mittel verordnet." So nasführte sie den Narren. Sie sagte: „Sie tun mir jetzt nicht mehr weh, aber trotzdem muß er mir noch einmal etwas verschreiben." Beim zweiten Male kam es wieder so, daß er den Scholaren aus dem Schlafgemach kommen sah. „Allewetter, was hat der hier zu suchen?" sagte er zu seiner Frau. „Der Teufel soll dir ein Rezept schreiben! Mich dünkt, er schreibt ein so böses Rezept, daß es mir noch sehr gefährlich und ehrenrührig werden kann." – „Nicht böse sein, mein lieber Mann", sagte die schöne Frau. „Er half mir gegen meinen Husten; darum mußten wir an eine ungestörte Stelle gehen, denn die Krankheit läßt nicht von dem Menschen, wenn jemand zusieht; dann hilft das Heilmittel nicht." Als braver, gutmütiger Mann ließ er es laufen. Immerhin fing er an, schärfer zu beobachten und besser auf seine Frau aufzupassen.

Als er eines Tages vor die Tür kam, sah er schon wieder den jungen Mann aus dem Zimmer seiner Frau herauskommen. Da hätte er sie doch beinahe in seinem Zorn totgeschlagen. „Jetzt sollst du es büßen", sagte er, „weil ich dir den fremden Mann nicht abgewöhnen kann!" Sie sagte: „Warum bist du so aufgeregt?" Er sagte: „Soll ich nicht zürnen über etwas, das ich so deutlich mit meinen Augen erblicke, daß ich nun schon so oft bei dir einen fremden Mann gesehen habe? Bei Gott, wenn ich dir das hingehen lasse und dich nicht kurz und klein schlage, so kann ich mich ebenso gut aufhängen! In der Tat, was ich mit meinen Augen gesehen habe, das habe ich gesehen und bilde es mir nicht bloß ein."

Die Frau aber verstand es ausgezeichnet, ihn zum Narren zu halten: sie führte ihn zu einem Wasserzuber und stellte sich daneben. „Sieh, was darin ist!" sagte die Frau. Er blickte hinein und sah deutlich, was darin war. Er sagte: „Ich sehe mich und dich." Da sagte die Frau süßflötend: „Greif danach! Sieh, ist das was?" Er griff danach und sagte: „Nein, es ist nichts" – „Nun, und ebenso hat es sich mit der andern Sache verhalten. Lieber Mann, laß mich in Frieden und glaube nicht noch einmal an etwas, was du bloß gesehen und nicht vorher auch berührt hast." So wurde der dumme Ehemann geäfft, wie es auch vielen andern ergeht.

Frauenzucht

Wollt ihr eine Geschichte mit anhören, so wie ich sie vernommen
habe und wie sie sogar mir selbst begegnet ist? Es handelt sich
um einen Schwank. Hoffentlich komme ich damit zu Rande. Ich
fand die Geschichte jedenfalls sehr interessant. Die Geschichte
kann man ,Frauenzucht' nennen. Und jeder Mann, der eine böse
Frau hat, wird sich dies als Exempel nehmen. Offen gesagt, bedarf
ich selbst noch der Geschichte als Beispiel, denn ich habe meine
eigene Frau weiß Gott erst erziehen müssen. Jetzt ist sie mir so
gehorsam, daß sie, wenn ich „schwarz" sage, „weiß" sagt. Darauf
ist sie geradezu erpicht und handelt damit auch gegen das göttliche
Gebot.

Diese Geschichte hat Sibote gedichtet. Ich will mit dem Gedicht
natürlich nicht alle Frauen treffen, denn im allgemeinen habe ich
nichts gegen sie einzuwenden. Nur möchte ich sie doch höflichst
darauf aufmerksam machen: keine soll es auf sich beziehen und
damit sich selbst geradezu verraten. So wie die Bauernknechte, die
sagen: „Wir wollen jetzt miteinander spielen und den Bösesten
abschlagen", dann meldet sich nämlich einer und sagt: „Bei Gott,
wenn ihr mich abschlagt, dann sage ich euch gleich: weh euch."
Der ist dann gerade böse. Nun aber zu unserer Geschichte. Hört
alle zu.

Es war einmal ein vornehmer Ritter, der besaß alles in Fülle,
was die Welt nur zu schenken hat, also ein Mann, von dem man
sagen kann, es geht ihm nichts ab: er hatte alles in Hülle und Fülle.
Das Schicksal hatte seine Gunst so an ihn gewendet, daß er Reichtum und Ansehen ungeschmälert besaß, nur war er zu gutmü-
tig. Das zeigte sich im Umgang mit seiner Frau. Denn ich muß

sagen: sie war das böseste Weib, das irgend ein Mann haben kann, so daß es auf der Erde keine bösere geben konnte. Wenn er auch nur mit einem Wort ihr widersprach, nahm sie es nicht anders auf, als daß sie mit zehn oder mehr Worten ihm entgegnete. Das war ihm schon ärgerlich; denn was er ihr auch antwortete, erregte nur ihren ärgsten Unwillen, so daß sie laut keifte. Dann setzte es etwas, aber das machte ihr nichts aus. Auch ihre nächsten Nachbarn hatten es bald gemerkt, daß es eine bösere Frau nicht gab. Wieviel Haselruten ihren Rücken auch trafen, selbst Knüttel aus Buchen- und Eichenholz konnten sie nicht dazu bringen, Vernunft anzunehmen. Das zeigte sich an vielem: jedesmal, wenn arme Leute kamen, wie es ja schließlich immer wieder vorkommt, und um Unterkunft baten, empfing sie sie böse. Und wenn ihr Mann einen aufnehmen wollte, sagte sie nein. Wenn er einem sagte, er möchte ein Haus weiterziehen, sagte sie, er solle einkehren. Und wenn er einem die Tür wies, forderte sie ihn gerade auf zu bleiben. Alles, was er nicht wollte, tat die alte Hexe, und was er sich wünschte, das konnte nie und nimmer in Erfüllung gehen. Dies Benehmen zeigte sie so lange ihm gegenüber, daß er schließlich selbst ihre Art erkannte: daß sie von Grund auf böse war, und dann ließ er ihr schließlich ihren Willen in allem, denn er konnte sie nicht unterkriegen.

Dieser Ehekrieg dauerte schon wirklich volle dreißig Jahre. Er hatte nie Herr über sie werden können, und auch mit der Zunge war sie immer vorneweg. Nun hatte sie eine Tochter. Der Vater konnte es mit all seinen Erziehungskünsten nicht hindern, daß sie ihrer Mutter nachschlug. Alles Böse, Üble, Niedrige, Verschlagene, das die Mutter an sich hatte, hatte die Tochter dreimal so stark, aber sie war bei allem Bösen auch schön und stattlich. Daran fehlte ihr nichts, Gott hatte hier wirklich eine schöne Frau geschaffen. Wer sie nur ansah, den dünkte sie höchst ansprechend. Aber ihre Rede war übel. Nun war sie in das Alter gekommen, in dem sie einen Mann nehmen wollte. Wer aber von ihrer Bosheit Kunde erhielt, der war nicht willens, um sie anzuhalten, wegen ihres sehr merkwürdigen Betragens. Und darum blieb sie noch volle zwanzig Jahre im Elternhause, ohne daß einer sie zur Frau gewünscht hätte; denn ihre Streitsucht hörte nicht auf.

„Tochter, die Unart deiner Mutter trägst du schon so lange mit dir", sagte der Vater eines Tages. „Wenn du mir hinterher einen Vorwurf machst und etwa einen Mann genommen hast, der deine Bosheit nicht ertragen kann oder will, dann gereut es dich zu spät, denn du wirst täglich verprügelt. Sieh zu, daß du dem Vorbild deiner Mutter nicht zu weit nachgibst, daß du nachher nicht die bösen Folgen spürst." Die Tochter sagte: „Lieber Vater, laß deine weisen Reden. Ihr Männer seid streitsüchtig. Eure Rede ist mir gleichgültig. Lieber, guter Vater, ihr habt meiner Mutter schon lange Vorschriften gemacht, die sie gar nicht mehr ernst nimmt. Sie tut doch, was sie für richtig hält. Ihr habt merkwürdige Vorstellungen. Eure Rede ist völlig zwecklos. Ich hab es mir schon richtig überlegt: wenn es morgen dazu käme, daß ich mir einen Mann suche, so könnte mich der nicht daran hindern, daß ich das Regiment führe. Und darum laß deine Kritik, ich halte mich an meine Mutter." - „Tochter, das finde ich nicht richtig. Wenn du williger sein würdest, wird es dir später gut bekommen. Du kannst an einen Mann geraten, der dich sehr bald zwingt und dich nach seiner Lebensweise formt. Sonst mußt du den Männern aus dem Wege gehen, was für dich ja wohl eine Schande ist. Du hast den Schaden davon." - „Das ist so billiges Gerede. Handelt weiter damit, solange der Markt nicht aus ist. Wenn ihr so viel an mir herumzieht und gleichzeitig meiner Mutter in allem nachgeben müßt, bisher wenigstens immer, worüber ihr euch sehr ärgert, so werdet ihr keine Freude haben. Ich halte mich an meine Mutter und nicht an den Herrn des Hauses. Also schenkt euch von jetzt an eure Rede; es mag euch ja väterliche Pflicht dünken zu predigen; aber mir ist sie in den Wind gesprochen." - „Ha, du böse Kriemhild, daß du nicht auf mich hören willst. Schlägst du deiner Mutter nach, so wirst du gehörig Prügel beziehen, und dies ist nur rechtens. Ein Ritter oder ein Knappe, wer auch immer um dich anhält, der soll dich haben, dem geb ich dich zur Frau. Ich glaube aber, daß es nicht ausbleiben wird, daß du seine Hand zu spüren bekommst, wenn er dir mit Eichenknüppeln deine Haut gerbt.“ – „Ha ... wo sind übrigens meine Freiersleute, auf die ich durchaus neugierig bin. Unter ihnen ist keiner, der es wagen würde, und wer es mit mir wagt, der ist auf falscher Spur.“

Der Vater erwiderte: „Ach, Tochter, was redest du da? Du weißt doch ganz gut, daß die Verteidigung der Frauen nicht lange vorhält. Sie können nur mit der Zunge streiten. Wenn sie aber ernst bezwungen werden, indem man sie behandelt, wie sie es verdienen, dann ist der Kampf bald entschieden, dann kannst du nichts dagegen ausrichten. Er zwingt dich zu Boden; er jagt dich wie ein Huhn auf die Tenne und läßt dich die Sporen fühlen. Laß es nicht darauf ankommen. Er verprügelt dich vorn und hinten.“ – „Wie oft habt ihr eigentlich meine Mutter zerrauft und zerschlagen?“ – „Ich will dir eins sagen, meine Tochter, ich sehne mich sehr nach häuslichem Frieden.“ – „Glaubt ihr, daß mein Glück nicht für mich sorgt? Gott kann mir ja einen Mann bescheren, gegen den ich mich zu wehren weiß.“ – „Nun schweig. Möge Gott meinen Wunsch erfüllen und dir bald einen Mann schicken, der dir Widerpart halten kann.“

Nun lebte nicht weit von ihnen, weniger als drei Meilen entfernt, ein Ritter, reich an Besitz und von energischem Charakter, aber seine Energie war noch größer als sein Reichtum. Der hatte davon gehört durch Berichte und auch durch Nachfragen, daß sie sehr schön wäre. Er dachte: „Ich will es wagen“ und überlegte dabei: „Vielleicht kann ich sie doch noch erziehen. Wenn das aber nicht Erfolg hat, so möchte ich sie doch um ihrer Schönheit willen besitzen, so böse sie auch sein mag. Davon hält mich nichts ab.“

Er warb um die Jungfrau, die wir schon kennen, und ging zu ihrem Vater und dessen Angehörigen, hielt um sie an und sagte, er wolle seine Tochter heiraten. „Soll ich mich an euch versündigen?“ sagte der Vater und erzählte ihm dann genau, was an seiner Tochter auszusetzen wäre. „Davon habe ich schon gehört und bin gerade darum mit der Bitte zu euch gekommen, daß ihr sie mir zur Frau gebt. Wenn ihr übers Jahr noch lebt, werdet ihr sehen, was aus ihr geworden ist. Ich setze es durch, daß sie sich alles abgewöhnt. Das werdet ihr in Kürze erleben." Da sagte der künftige Schwiegervater zu dem Schwiegersohn: „Ich kann nicht mehr sagen als vorher. Nehmt euch in acht! Kommt sie auf die Tour der Mutter, so habt ihr nicht einen guten Tag, und ihr werdet früh alt." – „Laßt mich nur machen auf meine einfache Weise!" Sie waren ganz fest überein gekommen, daß der Vater ihm seine Tochter versprach. Und wenn er das nächste Mal käme, solle er sie gleich mitnehmen. So versprach es der Vater und hielt auch sein Wort.

Die Mutter wußte noch nicht, daß es sich so abgespielt hatte und ihre Tochter schon vergeben war. Als sie eines Tages zusammensaßen, drohte die Mutter der Tochter: „Wenn du deinen Mann wirklich besser erziehen willst, als ich es mit deinem Vater getan habe, und wenn du mir dann nicht folgst, möchte ich dich lieber totschlagen. Laß es dir – mit einem Wort – lieber sein, vier Wochen lang verprügelt zu werden, ehe man dir später vorhalten kann, dein Mann ist Herr über dich! Guck mich an und paß gut auf, was ich meine! Ich war noch ein kleines Mädchen, als ich zu deinem Vater kam und er mich zum erstenmal in Besitz nahm. Ich war viel schwächer, als du jetzt bist, und doch hab ich schließlich den Sieg davongetragen. Ich sage dir, ich habe ihm mehr Haare ausgerauft, als ein Schaf Haare hat. Du bist ja an Armen und Beinen hübsch rund gewachsen. Hab kein Mitleid mit ihm! Hör auf mich, liebe Tochter: wenn er mit dir schimpft und dich wieder unterkriegen will, dann beiße und kratze und rauf ihm die Haare aus. Hör, was ich sage: vier Wochen lang hat mich dein Vater täglich dreimal verprügelt, daß ich eine Weile ganz krank war und man mich gesund pflegen mußte. Und doch habe ich jedes Mal den Sieg davongetragen und ihn bis jetzt auch behalten." – „Mutter, ich verpreche dir fest, und wenn es tausend Jahre dauert, ich lasse mir nichts gefallen. Das schaffe ich auch bestimmt."

Acht Tage später hatte sich der Ritter etwas ausgedacht: er kaufte sich ein Pferd, das sehr billig war, wie man es bei schlechten Pferden gewohnt ist. Dazu verschaffte er sich einen Hund, den er an der Leine führte, ging zu seiner Vogelstange, wo der Habicht

saß, nahm den auf seine Hand und ritt nun einfach zu seinem
Schwiegervater und forderte so seine junge Frau. Die gab man ihm
gern und willig und sagte ihm Lebewohl. Der Alte sagte: „Gott
schütze Euch! Mögt ihr mehr Glück haben, als ich mit ihrer Mutter
gehabt habe." Als er aufgesessen war, konnte es die Mutter auch
nicht lassen und rief ihrer Tochter nach: „Liebe Tochter, was ich
dir gesagt habe: sei deinem Mann so untertan, wie ich es dir beige-
bracht habe." – „Seid nur ruhig, Mutter, ich weiß schon, was ich
euch versprochen habe. Davon werde ich nichts vergessen."

Nun ritten sie los. Um dem Mädchen seine Bosheit auszutrei-
ben, ritt er einen ganz schmalen Steg entlang und vermied die breite
Straße, damit keiner sie bei ihrem Vorhaben beobachten konnte.
Der kleine ungeebnete Weg führte durch wildes Gelände. Da verlangte der Habicht losgelassen zu werden, so wie es seine Natur
war. Der Ritter sagte: „Laß dein Federschlagen, wie es sich schickt,
oder ich dreh dir den Hals um, dann wirst du gleich still. Dein
Zerren ist mir ärgerlich." Da sah der Habicht aber eine Krähe auf-
fliegen und wollte sich auf sie stürzen. „Wenn du so unruhig bist
und nicht still halten willst, will ich jetzt nach Gebühr mit dir ver-
fahren." Damit erwürgte er ihn wie ein Huhn und warf ihn ins
Gras. „Da hast du, was du wolltest. Was du dir von mir wünschtest,
hab ich dir jetzt erfüllt, und ich sag es ganz im Ernst: alles, was
heute um mich herum ist, dem ergeht es ebenso, wenn es nicht
seine bösen Angewohnheiten unterläßt." Nun wurde der Weg so
eng und beschwerlich, daß man nur mit Mühe noch auf ihm
reiten konnte. Der Hund konnte nicht an seiner Seite bleiben, da
wurde der Ritter zornig: „Alter Köter, daß du hier dauernd zerrst
und mir meinen Arm ausrenkst mit dem Strick, das soll dir übel
zu stehen kommen. Wenn du dein Gezerre nicht läßt, alter Wächter, dann kostet es dein Leben!" Aber die Rede war zwecklos, der
Hund konnte nicht an seiner Seite bleiben. Da hieb er den Hund
in zwei Stücke. Daß sie nicht laut aufschrie, obwohl ihr so angst
und bange war! Aber sie dachte „Barmherziger Gott, was ist dem
Mann noch zuzutrauen? Hat mich der Teufel hierhergebracht?"
Sie war ganz bleich geworden. Er hatte ein bloßes Schwert in der

Hand, als er sie so hinter sich reiten ließ. Jetzt spornte er das Roß, als ob es nicht richtig gehen wollte; er mußte jedenfalls einen Grund angeben und sich etwas ausdenken (wenn man einen Hund töten will, sagt man, er hat Leder gefressen, obwohl er natürlich keins gefressen hat). Er sagte also: „Alter Gaul, du stolperst ja hier. Du gehst weder richtig im Trab noch richtig im Zelt. Wenn du nicht glatt gehst, werde ich dir den Kopf abschlagen." Das Pferd konnte aber nicht zelten, denn es hatte diese Gangart nicht gelernt. Er sagte: „Frau , steig ab." – „Ja, gerne." Sie hätte es am liebsten zweimal getan. Da sprang auch der Ritter gleich ab, nahm das Schwert in beide Hände und schlug dem Pferd den Kopf ab. „Nun geh, du alter Klepper, und stolpere weiter. Wärst du richtig gegangen, wärst du jetzt nicht tot. Du hast dir dein Schicksal selbst bereitet, und darum liegst du jetzt tot da. Frau, es ist so gekommen, wie ihr es gemerkt habt. Mit diesem Pferd, mit dem Hund und mit dem Habicht ist es mir über geworden, und es war mir viel zu viel Ärger. Es ist mir lästig, zu Fuß zu gehen, denn ich hab's noch nie gemacht, und was ich auch unternahm, ich bin niemals auch nur eine Meile zu Fuß gegangen. Also, Frau, ich werde auf euch reiten." Als sie sah, daß er es ernst meinte, und daß sie diesen Schimpf erdulden mußte, und als er ihr wirklich den Sattel an-schnallte, sagte sie sofort: „Ach, mit Verlaub, Herr, wir wollen doch wenigstens den Sattel beiseitelassen. Ich werde euch um so besser tragen." – „Keinesfalls, meine Gnädigste, wie stünde mir das an, daß ich ohne Sattel ritte, das wäre ganz ungeziemend. Ich höre schon euren Widerspruch, ihr wollt den Sattel aus der Hand legen." – „Ach, Herr, nehmt es nicht übel, ich trag euch auch beide." Und stracks sattelte er sie und legte ihr den Zaum in den Mund und ließ sie den Steigbügel an beiden Seiten fest in die Hand nehmen. Dann setzte er sich auf sie und ritt sie ein Stückchen, natürlich nicht eine Meile weit. Ich will euch's genau sagen, wie weit, sie war ja schließlich für einen langen Weg zu schwach, er ritt sie etwa drei Speerwürfe weit. Dann ging ihr die Kraft aus, denn sie hatte es noch nie gemacht. Er sagte: „Hinkt ihr etwa, Frau?" – „Nein, nein, das ist ja ein so schönes Feld, ich bringe es auch noch zu einem richtigen Zeltgang." – „Seht zu, daß ihr so zeltet, daß ihr nicht dafür bestraft werden müßt." – „Nein, nein, ich bemühe mich noch mit Anstrengung darum. Ihr dürft natürlich hier den richtigen Zeltgang fordern. Im Hof meines Vaters war ein Pferd, bei dem ich das Zelten gelernt habe. Ich kann also auch sanft und regelmäßig gehen." – „Dann könnt ihr es also?" – „Ja, Herr." – „Das ist mir lieb. Wollt ihr also alles tun, was ich will?" – „Das ist nicht zu viel verlangt, ich sag euch ganz gewiß, wenn wir tausend Jahre zusammenleben, will ich alles tun, was euch lieb ist. Das könnt ihr mir glauben." Da stieg er sofort ab und nahm sie an seine Seite. – Seine Freunde warteten in der Nähe; denn er hatte es heimlich vorher gesagt, daß sie dorthin kommen und dann die Frau in Empfang nehmen und sie in ihr Heim führen sollten. Was dann noch weiter sich abspielte, weiß ich nicht, denn ich war bei der Hochzeit nicht zugegen. Aber so viel ist sicher, die Frau besserte sich und wurde sogar die allerbeste Frau, die je ein Mann gehabt hat. Sie bemühte sich immer gut zu sein, verkehrte freundlich mit den Gästen und war immer seiner Wünsche gewärtig.

Sechs Wochen später kamen ihr Vater und ihre Mutter zu ihnen und wollten einmal sehen, wie es ihnen ginge, und ob sie etwas zu essen hätten und wie sich ihre Ehe anließe. Da bemerkte der alte Weibsteufel das Benehmen ihrer Tochter, daß sie nämlich auf ihren Mann hörte und sich sehr freundlich ihm gegenüber zeigte. Das war ihr ärgerlich und unangenehm. Sie nahm sie beiseite und sagte: „O du übles Früchtchen, wieso hast du dich so entwickelt? Ich hab doch gleich gesehen, daß dein Mann dir über ist. Es ist schlimm. Daß du böses Balg überhaupt seine Frau geworden bist! Soll dich Gott strafen, daß du jetzt mit solcher Nachgiebigkeit deine Ehe angefangen hast!" Und damit schlug sie sofort auf sie los, so daß es gleich Tränen gab. Wofür sie bestraft wurde und wofür die Mutter sie so ausschimpfte, wußte die Tochter nicht. (Wenn eine Frau ihr Kind aus dem Grunde, weil sie so gut ist, schilt, so ist das völlig sinnlos, und ich meine, sie begeht damit Unrecht). Und natürlich war es der Tochter unangenehm. Sie sagte zu ihrer Mutter: „Seid ihr etwa hergekommen, um zu zanken?

Darauf legen wir keinen Wert. Ich habe den besten Mann, den eine Frau überhaupt haben kann. Er ist zuverlässig und nett zu mir. Wenn aber einer ihm nicht folgt und er dann zornig wird, dann schlägt er den tot. Darum rate ich euch, seid vernünftig und redet gegen ihn nichts Böses. Denn er ist doch durchaus freundlich zu euch. Haltet euch nur im Zaum und redet vernünftig mit ihm, sonst könntet ihr etwas mit ihm erleben." – „Ja, davor habe ich gerade Angst, das kannst du wirklich wissen. Ich achte ihn nicht ein bißchen, auch wenn du mir mit ihm Angst machst. Das haben auch andere Leute vor der Kirchtür mir erzählt, wo sie nichts anderes zu erzählen wußten, als daß dein Mann dich schlagen würde. Ja, du lächerlicher Fratz. Soll dich der Teufel holen, daß du mir hier so drohst. Ich bin dir für immer böse." – „Mutter, ich drohe euch ja nicht, ich sage euch doch bloß, was geschieht, und erlaube mir den guten Rat, meinen Mann besser zu behandeln, als ihr es mit meinem Vater macht. Auch sonst wird es euch nur nützlich sein und zu eurem Glück beitragen; sonst wird er euch noch auf eurem Rücken einen gehörigen Tanz aufführen." – „Ach papperlapapp, dummes Balg, laß dein Gequatsche! Dein Mann dürfte Besseres zu tun haben (wenn er nicht krank ist) als an mir seine Erziehungskunst auszulassen; denn es bringt ihm bestimmt nichts ein."

Die Rede war sehr unklug. Denn Schwiegervater und Schwiegersohn standen in der Nähe und hatten diesen Wortwechsel gehört. Der Alte sagte zu dem Jungen: „Ich bin heilfroh, daß ihr meine Tochter kleingekriegt habt. Wenn es nicht mehr lange dauert und ich sterbe, vermache ich euch meinen ganzen Besitz. Könntet ihr mir irgendwie noch meine Alte willfährig machen, wäre mir das dringend erwünscht; denn sie bringt mich noch wirklich früh ins Grab. Ich brauche euch nicht groß Klage zu führen; ihr wißt ja von meinen Sorgen: sie ist gar zu frech." Da sagte der Schwiegersohn: „Ich gönne euch alles Gute, möge Gott euch noch lange euer Gut und euer Eigentum genießen lassen. Ich weiß schon, sie ist ein böses Weib. Doch will ich euch sagen, was ihr tun sollt. Wenn ihr meinen Vorschlag annehmt und einverstanden seid, verspreche ich euch, ich bringe sie in kurzer Frist dahin, daß sie in Zukunft euch immer gut ist." – „Ja, mein Sohn, ich gebe euch mein Wort, daß ich euch ganz freie Hand lasse. Selbst wenn ihr ihr das Fell über die Ohren zieht oder sie kahl schert oder sie auf dem Rost bratet, selbst das würde ich zulassen und euch sogar noch dabei helfen; nur zu gern will ich das tun." Er sagte: „Jetzt still davon; paßt gut auf, was ich mit ihr anstelle."

Der grimmige Ritter verschaffte sich unbemerkt zwei Hammelnieren, außerdem vier kräftige Knechte. Als diese mit ihm zusammen hingekommen waren, trat er vor die Frau, und nun ging ihr Unheil los. Als sie ins Zimmer kam, empfing sie ihn mit den Worten: „Willkommen, Meister Eckehart!" – „Vielen Dank, gnädige Frau Isengart!" erwiderte er. Aber hört weiter: er trat ihr etwas näher und bat seine Frau Schwiegermutter im guten: „Wenn ich eine Bitte äußern darf, so legt euer böses Benehmen ab, das ihr meinem Schwiegervater gegenüber zeigt. Er hat schon lange mit euch eine schwere Last und ist doch so freundlich zu euch." – „Ich bin weiter so wie bisher zu ihm, auch ohne euch um Erlaubnis zu fragen. Schon meine Mutter hat so gedacht, die mich von klein auf dazu erzogen hat, und das werde ich euch zuliebe bestimmt nicht aufgeben." – „Frau, jetzt muß ich euch den Krieg erklären. Euer Mann sollte euch ganz anders an die Kandare nehmen und sollte euch mit einer flämischen Elle solche Schläge auf den Rücken verabreichen, daß, wo er hinstreicht, euch die Haut aufspringt, und wenn er eine auf euch zerschlagen hat, soll man ihm sofort eine andere bringen, bis sie in viele Stücke geht. Er sollte kein Mitleid mit euch haben, bis er seine Arme nicht mehr bewegen kann. So sollte er euch abscheuern, bis ihr um euer Leben bittet; denn noch nie hat ein Mann eine bösere Schwiegermutter oder eine Frau eine bösere Mutter gehabt." – „Ich hörte erst neulich, daß ihr viele Menschen totgeschlagen habt. Lieber Schwiegersohn, halt die Gosche; bis jetzt habe ich ja wohl noch, wie ihr seht, Haut und Haar vor euch gerettet, und wenn es das Glück so will, werde ich es auch wohl länger. Ich bin noch so rührig." – „Frau, ihr sollt ihn gut behandeln." Sie sagte: „Was hab ich denn getan?"

– „Ihr habt ein böses Mundwerk und schimpft täglich mit ihm und verleidet ihm sein eigenes Haus." – „Ich will auf alle Fälle über ihn Herr bleiben."

„Dann muß ich andere Saiten aufziehen. Eh wir uns trennen, bringe ich es dahin, daß ihr euer Benehmen aufgebt. Das erreiche ich auch gegen euren Willen." – „Wie wollt ihr das eigentlich anstellen?" – „Ja, ich muß noch darüber nachdenken. Ich weiß schon, was euch fehlt, daß ihr vom rechten Wege abgekommen und so böse geworden seid. Ihr schleppt mit euch zwei Zornbraten, die liegen außen an eurem Schenkel. Durch die seid ihr so böse geworden. Und das soll euch gleich im voraus gesagt sein: solange ihr auch nur einen tragt, könnt ihr keinen guten Charakter haben, wenn sie euch nicht herausgeschnitten werden. Das wäre euch also unbedingt heilsam, und ihr würdet ein gutes Wesen davontragen. Die schaden euch in jedem Augenblick." Sie sagte: „Da ihr ja ein Arzt seid und euch mit Heilkunst abgebt, ist es mir lieb, daß ihr nur meine Tochter zu verarzten habt. Habt ihr Christianskraut oder Agrimonia oder Beifuß?" – „Frau, eure Unverschämtheit ist sehr groß. Ihr führt wirklich üble Reden." – „Ja, daran ist euch gegenüber bei mir kein Mangel. Was wollt ihr denn mit mir anstellen? Wen könnt ihr damit auch nur zum Lachen bringen, oder wer sollte nach eurer Meinung daran Spaß haben, wenn ihr sagt, daß ich hier ein Stück Fleisch trage wie ein wilder Eber? Also laßt jetzt euer Gekläffe."

Damit stand sie auf und wollte sich davonmachen. Da griffen die Knechte sie und warfen sie zu Boden: Dann griff er nach seinem Messer, das hatte eine scharfe Schneide, und machte ihr durch das Hemd eine fingerdicke und fingerlange Wunde, daß ihr das Lachen verging. Das Gebrülle, das sie da anstellte, konnte ihr auch nichts helfen. Er nahm eine der Schweinenieren, die er in seinem Gewahrsam hatte, wälzte sie in Blut und warf sie vor sie in ein Gefäß. „Hiervon seid ihr schon viele Jahre böse gewesen. Das könnt ihr mir glauben." Sie lag vor ihm auf dem Boden und schrie: „Ja, Herr, das ist, was mir zugesetzt hat. Das wußte ich ja selbst nicht, was für ein Teufel mir dazu verholfen hat." Jetzt weinte sie laut. „Nein,

Frau, ihr habt noch einen an dem anderen Bein." – „Ach nicht doch, Herr, der ist ja ganz unbedeutend. Der setzt mir nicht so zu, wie der, der da vor euch liegt. Das war der, der das Unheil angerichtet hat. Selbst wenn ich noch etwas Zorn habe, schneidet den andern nur nicht aus. Ich werde mich von jetzt ab auch gut aufführen." Da sagte die Tochter ganz unbeeindruckt: „Ich sag euch so viel: was ihr auch macht, ich weiß, wie's steht, daß man weiter viel Mühe mit meiner Mutter hätte, wenn nicht der andere Braten auch noch herauskäme. Und darum schneidet ihr den Zornbraten auch noch heraus. Es könnte noch so weit mit ihm kommen, daß er Junge kriegt, und dann wäre alles umsonst für uns gewesen." – „Nein doch, liebe Tochter, red ihm doch lieber zu, daß er es um Gottes willen lieber nicht macht und mich in Ruhe läßt. Ich bin jetzt fest entschlossen, für immer gut zu sein und alles, was ihr nur macht, gutzuheißen." Da erwiderte die Tochter jedoch: „Wenn es doch so käme, das wäre für meinen Vater ein Segen. Wo bleibt denn nun euer dummes Gerede von ‚Hennenberg' und viele andere dumme Redensarten, die ich von euch gehört habe? Ihr, Frau Mutter, habt mir den Rat gegeben, der allen Frauen schlecht bekommt, daß man nämlich gegen die Männer Opposition machen soll. Ich möchte zu gern wissen, warum ihr so bettelt. Herr, schneidet ihr den anderen auch noch aus. Sie fühlt sich selber noch kühner als ein Strauß." Da griff er an ihr anderes Bein. Sie schrie laut: „Nicht doch! Es ist mir jetzt mehr als genug. Bedenke doch, Tochter, daß ich dich getragen habe, und schaff mir jetzt Ruhe vor deinem Mann. Ich will dir bei Todesstrafe schwören, mich zu bessern und was euch gut scheint, auch gutzuheißen." Da sagte er: „Da ihr nun um Frieden bittet, soll er euch gewährt sein. Wenn euch aber später jemals wieder übermütiger Zorn ergreift, seid sicher, daß man euch den andern ausschneidet, ob ihr's duldet oder nicht." Damit ließ er sie los und kümmerte sich nicht weiter darum, wer sie verband. Das war ihm völlig gleichgültig. Und ihre böse Streitsucht, die ihr so eingefleischt gewesen war, legte sie jetzt ein für allemal ab und blieb von da an immer gut.

Am Abend desselben Tages dachte sie im Bett darüber nach, was ihr geschehen war. Sie sagte zu ihrem Mann: „Wir wollen jetzt nach Hause fahren. Alles Gute für dies Haus! Wenn ich es jetzt ehrlich sagen soll, so ist unsere Tochter ja gut versorgt. Aber ich möchte nicht länger leben unter dieser strengen Fuchtel. Ich fürchte, daß wenn ich auch nur ein Wort zu viel sage, er es dann mit großem Zorn an mir straft. Gott möge ihn behüten. Möge ihm alles Schlimme erspart bleiben. Aber wir wollen machen, daß wir nach Hause kommen."

Wenn ich recht berichtet bin, so sagte er nach ihrer Heimreise jedesmal, wenn sie etwas ihm Ärgerliches sagte: „Ich kann nicht umhin, ich muß wieder meinen Schwiegersohn einladen." Dann schämte sie sich sehr und sagte: „Nein, es tut nicht not. Wenn er kommt, ist es nicht gut für mich. Ich bin schon gewillt, alles zu tun, was dir lieb ist. Dessen kannst du ganz sicher sein."

So gebe auch ich allen Frauen den Rat, sie sollen mehr auf ihren Mann hören, als diese Frau es getan hat. Merkt euch das nur, es gilt für alle. Es wird euch gut bekommen.

Ruprecht von Würzburg

Die zwei Kaufleute

Ich benehme mich recht töricht, so wie die, die alles vor die Leute bringen, was ihnen nur in den Sinn kommt; Gutes und Schlechtes lassen sie aus ihrem Munde herausplätschern, als ob sie groß darum gebeten sind. So mache ich dummer Kerl es eigentlich auch, wenn ich mit meiner schwachen Kraft jetzt eine Sache anfange, die doch für mich zu schwer ist. Ich will nämlich eine Geschichte erzählen, da ich's mir nun einmal vorgenommen habe. Aber ich fürchte, es kann nicht gut auslaufen, denn ich habe nicht genügend Verstand und Erfahrung dazu. Darum muß ich euch alle bitten: wem die Erzählung mißfällt, wenn er sie vorgelesen hört, möge doch milde mit mir sein und mein Gedicht nicht ganz verurteilen. Ich mache es auch nur einmal. Gott möge mir helfen, diese Geschichte zustandezubringen.

In Frankreich liegt eine große, prächtige Stadt namens Verdun. Alle Kaufleute kennen sie. Dort lebten unter den angesehensten Bürgern zwei ehrenhafte Kaufleute. Die beiden faßten Freundschaft zueinander und hielten treu an ihr fest. So ging es lange Zeit. Keinem machte es etwas aus, sein Leben, seinen Besitz, seine Ehre und sogar seine nächsten Angehörigen für den andern einzusetzen. Aber der eine war reicher und hatte darin den andern überflügelt (so hatte es der liebe Gott gefügt). Der hieß Gilot. Der andere diente ihm rückhaltlos, als ob er sein Eigenmann wäre; dieser hieß Gillam, und er hatte einen Sohn namens Bertram. Gilot hatte eine Tochter. In Gedanken an sie unterließ er es keinen Augenblick, Gillam aufzusuchen, mit ihm zusammenzusein und alles gemeinsam zu unternehmen, und zwar war die Liebe dabei im Spiel. Seine Tochter hieß Irmengart. Sie war schön und jung, klug und sittsam.

Auch Herr Bertram war ohne jeden Makel und in jeder Beziehung tüchtig, und deshalb war er auch überall angesehen. Er hatte in allem eine glückliche Hand.

Die beiden Alten hatten in der Stadt unbeschränktes Ansehen, und keiner konnte ihnen etwas anhaben. Herr Gilot überlegte auf viele Weise, wie er es anstellen könnte, den Gillam in allen Ehren an sich zu fesseln, ohne daß die feste Freundschaft auseinanderbräche. Er dachte, es würde der ganzen Stadt zum Vorteil gereichen, wenn dort keine Zwietracht entstünde und wenn sie treu und freundschaftlich weiter zusammenhielten. Solche vielfältigen Gedanken trug er früh und spät mit sich herum.

Als er dies schon lange heimlich getan und sogar vor seiner Frau verborgen hatte, entschloß er sich eines Abends, als er im Bett neben ihr lag, ihr nichts mehr zu verheimlichen, sondern ihr seine Absicht zu sagen: „Liebe Frau, mir ist der Gedanke gekommen, dem jungen Bertram, dem Sohn meines Freundes Gillam, unsere Irmengart zur Frau zu geben. Dann können wir glücklich sein und Einfluß in der ganzen Stadt behalten." Sie sagte: „Mein Lieber, halt mal mit dem Reden ein! Was soll das? Wohin verirrst du dich da? Du solltest solche Gedanken lieber lassen, es geht mir im Innersten gegen den Strich. Damit hast du deine Tochter ganz verloren."

Gilot antwortete: „Frau, was hast du dich so? Laß doch dies Gerede. Du mußt mich richtig verstehen. Du denkst dir was ganz Falsches. Ich weiß wohl, was du dir einbildest: ein Graf oder ein Herzog sollte unsere Tochter nehmen. Ja, ja, so ist es. Vorausgesetzt, daß mir das zukommen dürfte, sie einem von ihnen zu geben. Aber dagegen werde ich mich immer stemmen, denn mir würden im Innern doch Kümmernisse erwachsen, wenn man mir mein liebes Kind wie ein Stück Vieh unwürdig behandelte, weil sie nicht adlig ist. Nun höre mal, was ich dir sage: meine Tochter wird einen Mann nehmen, der aus dem gleichen Stande ist." Sie sagte: „Na gut, wie du willst."

Gleich nachdem sie so klein beigegeben hatte, sagte ihr Mann freundlich zu ihr: „Gott lohne es dir, liebe Frau, daß du mir doch in allem nachgibst. Darum werde ich dich auch immer bis zu deinem Tode liebhaben; du bist ja so gut. Nun aber wollen wir nicht länger zögern und uns aufmachen und die Sache ins reine bringen. Ich will es morgen früh entscheiden." Sie sagte: „Ja, mein Lieber, mach es nur."

Da war auch schon der Tag angebrochen. Gilot ging sogleich zu Gillam und fragte: „Wo ist der Bertram? Ich habe etwas, was ihm sehr gefallen kann. Er soll meine Tochter zur Frau kriegen, denn mir ist bei Gott keiner als Schwiegersohn lieber." Gillam sagte: „Lieber Herr, laßt das nur. Warum spottet ihr über mich Armen? Ich habe mich nie als gleichberechtigt gefühlt, und laßt mich so mit euch weiterleben. Wenn ihr's so macht, handelt ihr richtig; diese Stellung kommt mir pflichtgemäß zu." Da antwortete Gilot: „Es ist durchaus mein Ernst. Wo hätte ich meinen Verstand, wenn ich dich verspotten wollte? Also jetzt keine Gegenrede; laß deinen Sohn mal kommen." So einigten sie sich mit Handschlag.

Als der Sohn es hörte, kam er sofort zu seinem Vater. Auch Irmengart war inzwischen gekommen. Und nun wurde sie dem jungen Mann als Ehefrau zugesprochen. Er nahm das schöne Mädchen in seine Arme, und wie man mir erzählt hat, weinte sie vor Ergriffenheit und offenbarte so ihren reinen Sinn echter Weiblichkeit. Ich fände es auch unnatürlich, daß eine Frau nicht darüber erschrecken soll, wenn man sie einem Mann, den sie niemals richtig gesehen, zur Frau gäbe. Herrn Bertram wurde denn auch gleich solches Hochzeitsfest bereitet, daß man nie ein schöneres gesehen hat (so ist mir jedenfalls berichtet; ich kann dazu weiter nichts sagen).

Die Sonne war gesunken und der Abendstern wie an jedem Tag aufgegangen. Die beiden lagen in herzlicher Liebe beieinander und umarmten sich innig. Daß ich mich mit meinen Gedanken jetzt so weit verliere, ist mir selbst ärgerlich; denn es ist ja nicht so wichtig, und wir wollen aufhören. Jedenfalls wurden das schöne Mädchen und der Jüngling jetzt eins, und er küßte sie tausendmal.

Die Nacht war in Freude und Glück zu Ende gegangen. Nun

ging Herr Bertram Hand in Hand mit seiner Frau in den Festsaal, da war frohe Stimmung beim Klang der Trommeln, Geigen, Flöten und allerlei Saitenspiel, und auch viele schöne Frauen waren zugegen. Dann deckte man den Tisch, die Festtafel wurde gerichtet; der Fußboden wurde mit frischem Grün geschmückt, alle Anwesenden bereiteten sich zum Essen. Die Truchsessen und Schenken brachten das Essen und Trinken und ließen es an nichts fehlen. Sie spendeten, soviel man nur genießen wollte. Der Hausherr scheute keine Kosten, er war großzügig, wie es einem vornehmen Manne auch ansteht.

Als die Hochzeit zu Ende war, führte der junge Mann seine schöne Frau in sein Heim. Er liebte sie von Herzen und sie ihn auch, so daß es weder früher noch später zwei Menschen gab, die sich so liebten. Es gab keinen Zank zwischen ihnen; was sie wollte, wollte auch er; was ihm gefiel, gefiel auch ihr. So war ihnen ein glückliches Leben beschert. Gott hatte ihnen die Erfüllung aller Wünsche geschenkt, das Paradies auf Erden. Es hat bisher noch keinen Dichter gegeben, der die Festigkeit ihrer Liebe vollkommen hätte schildern und dichten können. Das Band war unzerreißbar.

Herr Bertram hielt, wie ich nun wahrheitsgetreu berichten muß, zehn Jahre lang sein Hauswesen in Ordnung, und Frau Irmengart stand ihm als rechte Frau darin zur Seite. Keine hatte größere Tüchtigkeit und zeigte so unverbrüchliche Treue, alles Glück war in ihr fest verwurzelt. Herr Bertram hatte inzwischen sein Vermögen vermehrt, denn wenn einer nichts spart und immer nur ausgiebt, muß schon sehr viel vorhanden sein, sonst ist es bald vertan. Nun rüstete er sich zur Messe in Provis. Er war in allen kaufmännischen Geschäften sehr erfahren und hatte auch einen großen Vorrat an Taft, Seiden und Tuchen, und auch viel kostbare Kleidung brachte er mit zur Messe. Davon hatte er reichen Gewinn. Und nun verabschiedete er sich von seiner Frau.

Darüber erschrak sie sehr, denn eine düstere Vorahnung sagte ihr, daß er sehr lange ausbleiben würde. Die junge Frau weinte, umarmte ihn innig, und sie küßten sich wieder und wieder. Sie sagte: „Lieber Mann, wem überläßt du mich Ärmste? Nun du von mir Abschied nimmst, wird mein Herz mit großem Schmerz erfüllt. Es bangt vor großer Gefahr. Bis du wiederkommst, habe ich keine frohe Stunde." Auch Herrn Bertrams Augen füllten sich mit Tränen, so überwallte ihn die Liebe, und er sagte: „Liebe Frau, warum quälst du dich und machst mir mein Herz schwer? Gott möge dich behüten. Du brauchst nicht daran zu zweifeln, daß ich dir immer treu bleibe. Ich werde schon bald zurückkommen, wenn Gott mir das Leben erhält. Deinen Schmerz fühle ich in meinem Herzen mit." Und damit nahm er Abschied.

Ware im Werte von vielen tausend Mark führte er mit sich nach Provis. Er ließ sich dort zu dem vornehmsten Wirt weisen, der den Gast mit allem Komfort aufnahm. Er wurde also auch gleich zu einem reichen Wirt geführt, der freundlich und liebenswürdig den jungen Gast aufnahm; er ging ihm höflich entgegen und hieß ihn willkommen. Herr Bertram sagte: „Vielen Dank, mein Herr! Verschafft mir bitte einen Raum, wo ich meine Ware am besten aufbewahren kann und sie für mich zur Verfügung habe." Der Wirt erfüllte seine Bitte; das schönste Zimmer, das er hatte, wurde ihm bereitet, und seine Waren wurden ihm dahin gebracht. Herr Bertram war darüber erfreut.

Als alles in Ordnung gebracht war, führte man den Gast zu Tische in ein großes Gastzimmer, in dem die reichen Kaufleute saßen. Nach dem Essen bat der Wirt die Gäste um Ruhe und forderte jeden auf, doch von seiner Frau etwas zu erzählen, wie sie veranlagt, von welcher Wesensart sie sei und wie sie zu Hause lebe. Der erste sagte: „Haha! Meine Frau ist ein schrecklicher Mensch. Sie ist ein Teufel und keine Frau. Selbst wenn alle Teufel der Hölle vor meiner Tür versammelt wären, traute sich keiner zu ihr hinein." Ein anderer sagte: „Da haben wir also gehört, was du zu erzählen hast. Ich glaube, du versündigst dich an deiner guten Frau. Meine benimmt sich nicht so. Sie ist immer guter Laune und eine tüchtige Frau, aber sobald ich sie allein lasse, erbarmt sie sich ihrer christlichen Brüder, was dem lieben Gott wohlgefällig ist; daher ziehe ich denn auch zwei kleine Bastarde groß." Der dritte sagte: „Gut und schön, meine ist noch besser. Sie ist auch in einem sehr beständig, nämlich sie versteht sich auf etwas, worin sie den anderen noch über ist: Sie trinkt so viel, daß ihr die Zunge schwer wird. Auf diese Art weiß sie mein Haus und meinen Besitz zu versorgen." So trieben sie noch ihre Reden, und keiner war unter ihnen, der nicht seiner Frau irgend etwas angehängt hätte. Jedenfalls beschmutzten sie ihr eigenes Nest.

Unser junger Herr Bertram ließ sich dies alles zu Herzen gehen und dankte Gott innig für das große Glück, das er ihm geschenkt hatte. Nun fragte ihn der Wirt freundlich: „Warum erfreut ihr, mein Herr, uns nicht auch mit irgendeinem Schwank über eure liebe Frau?" Der junge Mann sagte: „Nun gut. Ich habe zu Hause eine treue Frau, die mich in ihrer Liebe jeden Tag neu glücklich macht. Jedesmal, wenn ich sie am Morgen erblicke, jauchzt ihr mein Herz entgegen. Aber niemals ist einer Frau ihr Mann lieber, als ich ihr bin. Sie ist von echter weiblicher Art: nämlich von reinem, treuem Sinn, rechte Sittsamkeit und Güte sind ihr gegeben. Sie ist fein gebildet, klug, anmutig, dabei sehr umgänglich. Mit Recht verdient sie den höchsten Preis. Mehr kann ich euch zum Ruhme meiner Frau nicht sagen, als daß sie die vollkommenste aller Frauen ist und der Ostertag meines Herzens; ich kann ihr nichts vergleichen. Ihr Wert übersteigt das Lob aller anderen Frauen. Die Vorzüge aller andern Frauen verblassen verglichen mit ihr."

Der Wirt sagte: „Ich sehe, ihr seid wohl nicht recht bei Sinnen, wenn ihr eure Frau so hoch rühmt." – „Doch", erwiderte er, „ich kann wirklich nur Gutes und Edles bei ihr finden und von ihr berichten. So viele Vorzüge ich auch anführe, sie besitzt immer noch mehr." Der Wirt sagte: „Nun hört doch mal gut zu und rühmt sie mir nicht zu gewaltig. Sonst glaubt man euch gar nicht mehr. Wenn ihr so auf euren Worten beharrt, seid ihr nicht bei Trost! Ich möchte sogar wetten: innerhalb eines halben Jahres gehe ich mit ihr ins Bett, vorausgesetzt, daß ihr euch überhaupt auf das Wagnis mit mir einlaßt und einverstanden seid und es euch nicht verdrießt, euren ganzen Besitz auf die Waage zu legen, so daß ihr,

wenn ihr verliert, mit leeren Händen abziehen müßt. Ich setze dagegen meinen ganzen Besitz ein. Es muß nach der gleichen Regel
gehen: wenn einer verliert, ist er verpflichtet, dem andern eidlich
sein Vermögen zuzuweisen, und was er inzwischen noch hinzuge-
winnen kann, auch fest als Eigentum übermachen; selbst wenn es
einem inzwischen leid würde, dürfte er nicht davor zurücktreten."
Aber keiner wollte zurücktreten, und so wurde die Wette geschlossen. Der Wirt bat den Gast, noch dort zu bleiben und nach
Hause durch einen Boten Nachricht zu geben, der mitteilen sollte,
er habe sich entschlossen, noch nach Venedig zu fahren, und er
sollte seiner Frau sagen, daß sie seine Leute in Ordnung halte. Er
sei inzwischen in Gedanken immer bei ihr.

Der Frau sollte daraus schweres Leid erwachsen.

Als man ihr die Botschaft überbrachte, wurde ihr Herz von
tiefem Schmerz erfüllt, und ihre Trauer wurde von Tag zu Tag
größer. Die Tränen benetzten ihre Wangen. Sie sagte: „Möge Gottes Segen ihn mir behüten! Was bedeutet all seine Güte, wenn er
mir nicht Trost gewähren kann. Ach, mein geliebter Mann, werde
ich dich überhaupt je wiedersehen? Ich trage so schmerzliches
Verlangen nach deiner Rückkehr; auf die muß ich nun noch verzichten." Doch wußte die Frau sich zu fassen und hielt ihr Haus
in schönster Ordnung.

Der Wirt, der stolze Herr Hogier, war inzwischen, wie ange-
kündigt, nach Verdun gekommen; er war sehr gerissen und selbst-
sicher. Er nahm sein Quartier gegenüber der Wohnung der Frau,
so daß sie keinen Schritt heraus oder hinein machen konnte, ohne
daß er ihr mit seinem Gruß aufdringlich in den Weg kam, für den
sie ihm natürlich danken mußte. Dadurch schwoll ihm der Kamm,
denn er war sehr obenauf. Er dachte: „Ich bringe es am Ende doch
noch dahin, daß mir die Frau und damit auch sein Besitz zuteil
wird. Ich will mich auch schön machen, damit ich sie beide mir
erwerbe, denn sonst bin ich schlimm dran, wenn das nicht ge-
lingt." Tag und Nacht grübelte er darüber nach, wie er seinen Anschlag zum Erfolg bringen könne. Er erwies der Frau Aufmerk-
samkeiten und sandte ihr Geschenke. Die Frau schob seine Gaben

verächtlich beiseite und ließ ihm ernsthaft bedeuten, sie wolle sich
bei ihren Verwandten beschweren, und dann würde er noch mit
Schlägen Bekanntschaft machen.

Als es sich zeigte, daß diese Mittel nicht verfingen, machte er
sich an die Dienerschaft heran, drückte ihnen reichlichen Lohn
in die Hand, daß sie sich für ihn verwenden und ein gutes Wort
bei ihr für ihn einlegen sollten, wenn sie mit ihnen zusammensäße.
„Ich werde das alles bei euch gutmachen, wenn ihr es zuwege
bringt, und will euch eine wirklich anständige Belohnung fest versprechen, so daß ihr mir dankbar dafür sein werdet." Darauf fingen sie an, den Kaufmann über den grünen Klee zu loben. Sie sagte:
„Ihr jungen Leute, ihr seid wohl nicht ganz bei euch. Wollt ihr
mir diesen Mann verkaufen, so sucht euch doch einen anderen
Käufer. Ich habe nicht die Absicht, ihn euch abzunehmen. Ich mag
euer albernes Gerede nicht mehr hören. Also haltet euren Mund,
oder ich sorge dafür, daß ihr etwas drauf bekommt!" Da ver-
stummten sie, ließen wie begossen ihre Köpfe hängen und sprachen von andern Dingen; mit diesem Gerede hörten sie gleich auf.
So war es also mit dem Versuch wieder nichts. Als Herr Hogier
davon hörte, drückte es ihn sehr nieder, und er war schon ganz
hoffnungslos.

Als seine Anschläge so gar nichts ausgerichtet hatten, mußte er
eine neue List ersinnen. Er dachte: „Ich muß unbedingt rasch mit
der Sache zu Ende kommen, wie es auch ausgehen mag." So griff
er sich eines Morgens beim Kirchgang die Dienerin der Frau, die
ihr die nächste war, und sagte zu ihr: „Das Herzeleid, das ich zu
ertragen habe, hat noch kein Dichter je besungen. Ich muß sterben,
wenn ich nicht in den Besitz deiner Herrin komme." Das Mädchen hieß Ameli. Er fragte sie: „Willst du dir Geld verdienen?"
Sie antwortete: „Natürlich, gern." Da steckte er ihr gleich ein
Goldstück in den Busen und versprach ihr noch viel mehr. Er
sagte: „Biete doch deiner Herrin so viel an, wie sie überhaupt nur
haben will. Ich werde nicht geizig sein. Ich werde ihr sogar hundert
Mark geben, wenn sie mir zu Willen ist." – „Schön", sagte Ameli,
denn sie war auch wild auf Belohnung. „Möge euch beiden Glück

und Segen beschert sein. Ich werde zu meiner Herrin gehen und ihr die Sache vortragen." – Aber die Herrin sagte: „Laß dir nicht noch einmal so etwas einfallen; halt deinen Mund, sonst kriegst du es zu spüren. Ich bin reich genug, ich werde nie und nimmer meine Ehre verkaufen." Als er also wieder keinen Erfolg hatte, ging Herr Hogier noch weiter und bot ihr zweihundert Mark. Das beachtete sie überhaupt nicht, so daß er immer mehr in Bedrängnis kam.

Sein Endziel trat ihm immer lockender vor Augen, und schließlich ließ er der Frau tausend Mark bieten, sie möchte ihn doch eine einzige Nacht mit ihrer Liebe beglücken. Nun sagte Ameli: „Was sagt ihr jetzt? Wollt ihr euch nicht dieses Geld verdienen? Ihr schädigt ja meinen Herrn, denn er muß viele Lande durchziehen, ehe er das Glück hat, so viel Geld zu verdienen. Liebe Frau, überlegt es euch ordentlich und werdet euch beizeiten richtig über alles klar, damit ihr es nicht mit meinem Herrn verderbt." Da antwortete ihr Frau Irmengart, die treueste der Frauen: „Schweig jetzt endlich! Ich werde mich bei meinen Verwandten beschweren, und du wirst dann Schläge beziehen."

Sie sagte: „Macht, was ihr wollt. Ich kann ganz und gar nichts daran ändern. Euch wird man nur damit lohnen, daß ihr nun gerade erst in eine schiefe Lage geratet. Denn wenn euer Mann nach Hause kommt und man erzählt ihm diese Geschichte, würde er natürlich sagen, ihr hättet euch bereit erklären sollen, das wäre in seinem Sinne gewesen. Aber ihr solltet es lieber im stillen tun, statt daß es offenkundig würde und ihr nun erst recht den Leuten ein Gegenstand des Klatsches würdet und das Gerede wie der Ball beim Spiel der Kinder hin und her geht." Sie sagte: „Gott verhüte es, daß ich so in Sünde falle; denn auf Erden könnte nichts Schlimmeres geschehen, als daß man mich in Schande und Todsünde sähe, und ich würde alle Martern der Hölle zu erleiden haben."

Als das Gespräch zu Ende war, klagte sie weiter: „Ach, mein lieber Bertram, wenn du das hörtest, du kämest sofort wieder her zu mir nach Hause!" Die edle Frau ging jetzt zu einer ihrer Verwandten. Sie sagte ihr gleich, sie wolle es auch noch ihrem Vater

klagen. Die Muhme sagte: „Das laß nur. Wenn du so viel Geld
aus den Händen ließest, wären mein Mann und all deine Verwandten mit dir böse. Selbst Ihre Majestät die Kaiserin würde es tun,
ohne an ihrem Ruf Schaden zu leiden. Wenn er danach von dir
weggeht, läßt du deinen Rock wieder herunter und bist dann hinterher wieder dieselbe, die du vorher warst." Diese Rede bekümmerte Frau Irmengart sehr, und sie ging gleich zu ihren Eltern.
Sie sagte: „Lieber Vater und liebe Mutter, hört einmal zu. Ich muß
euch sprechen und euch mein schweres Herzeleid klagen. Helft
mir bitte, es tapfer zu ertragen.

Als ihr Vater alles gehört hatte, sagte er: „Ach, lieber Bertram!
Wenn doch dabei meine Tochter vernünftig wäre und das Geld
für uns gewönne, daß es uns nicht verlorengehe! Hör auf mich,
liebe Tochter: laß dein weiteres Gefrage und tu, was man von dir
verlangt, sonst bist du meine Tochter gewesen. Wenn das Geld
auf diese Weise uns verlorengeht, werde ich auf dich sehr zornig
sein. Und wenn Bertram wieder nach Hause zurückkehrt, wird
er dir die Augen auskratzen." Der Schmerz der Frau wurde ungeheuer groß. Die Tränen schossen ihr aus den Augen, so schämte
sich die Reine. Da ging sie zu Herrn Gillam und seiner Frau, setzte
sich zu ihren Schwiegereltern und klagte ihnen ihre Herzensnot.
Ihr Schwiegervater sagte: „Tu das, was man dir geraten hat. Ich
kann dir von mir aus nur auch dazu raten, denn wenn du das Geld
aus den Händen läßt, blühen dir Schläge, und wenn Bertram
heimkommt, geht's dir sogar an den Kragen." Da war es mit ihrem
Seelenfrieden zu Ende, und jetzt wurde die Angst, in Schande zu
geraten, immer größer.

Als sie die letzten Worte gehört hatte, war so ihr Glück ganz
und gar zerstört. Der Todespfeil des Schmerzes hatte ihr Herz getroffen. Sie dachte: „Ich will noch ein letztes Mal sie alle zusammen ausforschen, worauf ihr Wille wirklich zielt, ob sie auch offen
voreinander mir in dieser Angelegenheit raten wollen." Den Gedanken führte sie durch. Sie ließ all ihre Verwandten in ihr Gemach
kommen, und da gaben allesamt, Frauen und Männer, ihr wahr
und wahrhaftig den gleichen Rat wie vordem, ohne daß sich auch

nur ein bißchen von ihren Ratschlägen geändert hatte. Nun war ihr Herz bis zu Tode verwundet. In tiefster Not ließen sie die Frau zurück, als sie von ihr Abschied nahmen. Sie saß in Tränen gebadet da, maß ihre Lage nach allen Richtungen ab, und dann überlegte sie, wie sie der Todesschande und der Sündenlast entgehen und wie sie es nur anfangen könne, ihrem lieben Mann unbedingt die Treue zu halten.

Wieder und wieder flehte sie: „Lieber Gott, erbarme dich über mich, und auch Maria, du reine Magd! Mein schweres Leid sei euch geklagt und mein großes Unglück." Da erbarmte sich Gott ihrer Treue und half ihr zu einem guten Plan; denn er läßt niemals den im Stich, der sich auf seine Treue verläßt. Sie sagte zu Ameli: „Du hast mir immer wieder den Rat gegeben, ich solle mir die große Summe Geld verdienen. Nun sag mir einmal eins: bist du damit einverstanden und wäre es dir möglich, hundert Mark anzunehmen und eine Nacht mit ihm zu schlafen?" Da war Ameli schnell entschlossen und sagte: „Das ist doch eine erlaubte Sünde!" Darüber war Frau Irmengart froh. Sie forderte jetzt Herrn Hogier auf, ihr das Geld zu schicken; dann würde sie seine Bitte erfüllen, aber er solle es heimlich tun und, ohne sich sehen zu lassen, kommen. Wenn die Nacht angebrochen sei, solle er an der Tür sein. Dann werde Fräulein Ameli ihn erwarten und ihn freundlich zu ihr einlassen.

Herr Hogier war sehr erfreut und sandte Frau Irmengart die versprochenen tausend Mark. Er war pünktlich zur Stelle. Frau Irmengart aber hatte inzwischen dem Mädchen ihr Kleid angelegt und sich in das ihre gekleidet. Dann legte sie sie in ihr stattliches Bett. Darüber freute sich nun wieder Fräulein Ameli sehr. Die Frau trat an die Tür und merkte gleich, daß der Kaufmann schon da war. Er wurde leise eingelassen und höflich von ihr empfangen. Er glaubte, es wäre nun schon sein Wunsch erfüllt. Sie bat ihn, sich ganz leise zu verhalten; dazu war er natürlich gern bereit. Er steckte ihr gleich mehr als zehn Mark in ihr Kleid, wofür sie ihm überschwenglich dankte und sagte, Gott möge ihm seine Großzügigkeit immer belohnen. Dann nahm sie ihn bei der Hand und sagte: „Ihr braucht nicht länger hier zu stehen. Kommt mit mir zu meiner Herrin in ihr feines Bett." Herr Hogier ging ganz leise, wie sie ihn eindringlich gebeten hatte.

Dies alles spielte sich im Dunkeln ab. Auf diese Weise wurde der Mann hinters Licht geführt. Ameli empfing ihn sehr herzlich, als er zu ihr ins Bett stieg. Sie hatte ein feines Seidengewand und einen Überrock aus Hermelin an. Doch ergab sie sich nicht ohne Kampf: sie trug ihre Rüstung und einen Schild, um die Oberhand zu behalten. Aber er riß ihr kurz entschlossen den Rock vom Leibe und das Hemd auch. Das nahm nun wieder Ameli ihm übel, und sie wehrte sich mit einem Kissen, so daß ihm der Sieg nicht leicht gemacht wurde. Das weckte wieder seinen Zorn, denn er war ein grober Kerl. Er zerriß ihren Schutz und griff sie feindlich an, der rohe Patron, und raubte Kuß nach Kuß. Sie wehrte sich so, daß er, wenn er ihr einen gegeben hatte, dafür zwei von ihr nehmen mußte. Dies trieben sie lange Zeit. Die Frau blieb Sieger, das mußte er ihr zubilligen. Jedenfalls führten sie solchen Kampf auf, wie ich ihn mir wünschte, wenn ich bei meiner Geliebten läge. Bei einem solchen Kampf bricht man sich nicht Arme und Beine, und es fliegen auch keine Steine, die einem den Schädel zerbrechen. Herrn Hogier wurde jedenfalls blauer Dunst vorgemacht. Aber es ist nicht abzuleugnen: Herr Hogier und Fräulein Ameli vertrieben sich die Nacht bis zum Morgen in großer Ausgelassenheit. Ich glaube, eine schönere Nacht hat er nie wieder genossen.

Als der Morgenstern aufging, eilte Frau Irmengart sehr rasch zu ihrer Kemenate und sagte: „Steht auf, Herr, ihr müßt Abschied nehmen, wenn ihr euer Leben retten wollt." – „Ja, Fräulein Ameli!" Dann sagte er zu dieser: „Liebe Frau, ihr müßt mir jetzt ein Andenken geben, daß ich, solange ich lebe, immer an euch erinnert werde." – „Ich habe keins", sagte sie. Da zog er ein scharfes Messer aus der Tasche und schnitt ihr einen Finger ab. Nun war es mit ihrer Freude vorbei. Er aber kehrte wieder nach Hause zurück.

Als er dort ankam, sagte er: „Verehrter Herr Bertram, jetzt gehört mir alles, was ihr habt." Der sagte: „Schweigt, das kann nicht

sein." Herr Hogier erwiderte: „Euch helfen keine Kniffe. Ich lasse
es nicht aus der Hand. Ich will nicht länger warten. Ich möchte
jetzt in vollem Ernst alles haben, was ihr hier und zu Hause besitzt." Da war es mit Bertrams Freude vorbei. Traurigkeit überwältigte ihn, denn er erschrak im Innersten. Er fühlte, daß es um
seine Ehre ging. „Was prahlt der Mann so laut? Er hat sich doch
eine Lüge ausgedacht, damit er mir mein Hab und Gut rauben
kann. Meine Frau ist unbedingt so treu, daß sie nicht vom Wege
abgewichen ist." Dann sagte er: „Ich betrachte es noch nicht als
entschieden, denn ich habe doch natürlich gewonnen." Herr Hogier hatte sich inzwischen etwas überlegt und sagte: „Wir wollen
ein Fest geben. Dort werden wir den Streit entscheiden, wo eure
Freunde es alle sehen können. Wem der Sieg zufällt, der mag sich
dann darüber freuen." Bertram sagte: „Wenn ich verliere, dann
verstehe ich die Welt nicht mehr."

Als Frau Irmengart von der Ankunft ihres Mannes hörte, ging
sie ihm entgegen, umarmte ihn in großer Freude und hieß ihn willkommen. Sie sagte: „Ach, mein lieber Mann, wie bin ich froh,
daß du wieder zurück bist. Mein Herz jubelt vor Freude, denn
es ist wieder froh." Herr Bertram dankte ihr, aber ein Seufzer
schnitt ihm das Wort ab, so daß er nicht reden konnte. Seine Frau
erschrak sehr. Nun lud der tiefbedrückte Bertram zu einem großen
Fest ein; er dachte nämlich: „Ich will noch all meinen Besitz meinen Freunden in Fülle verschenken, denn wenn es alles schon diesem Mann gehören soll, so bleibt mir doch nichts davon. Wenn
aber das Glück sich mir zuwendet, daß mir sein Besitz anheimfällt,
dann habe ich erst recht Lust, es noch einmal zu tun." Da wurden
viele Hühner gebraten und sonst vieles, was man sich nur wünschen konnte. Aber die Sorge nagte an seinem Herzen, und seine
Frau merkte es gar wohl. Freundlich ging sie auf ihn zu und sagte:
Mein lieber Mann, wenn du mich liebhast, sag mir doch, was dich
bekümmert, denn ich will immer mit Liebe um dich sein." Er
sagte: „Meine liebe Frau, mein Herz ist krank vor Kummer, und
ich schäme mich, es dir Guten zu sagen. Aber du siehst es mir
doch gleich an." Sie sagte: „Mein lieber Mann, denk doch daran,

daß ich dir von klein auf an zugetan gewesen bin und daß ich jederzeit, was du wolltest, auch getan habe. Darum mußt du mir nun
diesen Kummer auch anvertrauen, du liebster Mann. Ich kann dir
bestimmt helfen, und du brauchst dann nicht weiter traurig zu
sein, und alles wird für dich wieder gut."

Als er ihr die Wahrheit von Anfang bis Ende gesagt hatte, tröstete sie: „Sei nur guten Mutes. Du brauchst nicht mehr traurig
zu sein. Seine List hilft ihm gar nicht. Was er besitzt, gehört jetzt
alles uns." Herr Bertram wurde darüber glücklich und beging jetzt
das Fest mit großer Freude. Als man reichlich gegessen und die
Tafel aufgehoben hatte, bat Herr Hogier um Gehör und sagte den
Grund, warum sie dort eingeladen seien. Sie verfärbten sich alle
und wurden totenbleich. Herr Hogier sagte höflich und selbstbewußt: „Ich kann meine Behauptung fest stützen." Und damit zog
er den Finger des Mädchens aus der Tasche, so daß jedermann
es sehen konnte: „Diesen Finger habe ich ihr abgeschnitten, als
ich ihr Bett verließ. Das soll mein Beweisstück sein." Da fragten
sie die junge Frau, was sie dagegen vorzubringen habe. Sie sagte:
„Ich muß mich eines Vergehens anklagen; ihr habt mir ja doch
alle zugeredet." Darauf aber zeigte sie triumphierend ihre beiden
Hände. Die waren ganz unversehrt. Das brachte Herrn Hogier
in Zorn, denn nun mußte er seinen ganzen Besitz drangeben. Jetzt
trat auch Ameli hervor und beklagte ihr großes Unglück. Herr
Bertram sagte höflich: „Herr Hogier, nun müßt ihr mich bezahlen." Der antwortete ärgerlich: „Nun ja, nehmt alles, was ich habe,
und macht mich zu eurem Knecht." Doch dann erhielt er Ameli
zur Frau mitsamt den hundert Mark, die sie sich dadurch verdient
hatte, daß sie in einer Liebesnacht seine Frau geworden war. Das
andere nahm Herr Bertram in Besitz.

Diese Geschichte ist erzählt, damit alle Frauen und Mädchen
sich ein Beispiel daran nehmen, ihre Reinheit zu bewahren und
ihre Leidenschaft in Zucht zu halten. Dann wird man immer für
sie beten, und ihr Ansehen bleibt unversehrt.

Diese Geschichte hat Ruprecht von Würzburg erzählt und ja
nun auch zu Ende gebracht. Wir wollen den Herrn Jesus und die

heilige Maria bitten, sie mögen uns vor allen Sünden hier auf Erden und damit auch vor allen Höllenqualen bewahren durch die Kraft ihrer Gnade.

Des Mönches Not

Ich möchte euch jetzt etwas erzählen, was euch beim Anhören viel Vergnügen bereiten wird. Also hört die folgende Geschichte an, die freilich auch sehr merkwürdig ist: wie nämlich ein Mönch ein Kind trug und wie er dazu gekommen war. Ihr werdet etwas sehr Wundersames dabei erfahren.

Ein Knabe wurde schon als Kind für ein heiliges Leben als Mönch bestimmt. Welt und Menschen waren ihm noch ganz unbekannt, als er in ein irgendwo in einem Walde gelegenes Kloster gegeben wurde. Er war erst gerade sieben Jahre alt. Dort lernte er schreiben und andere Fähigkeiten und wurde so gut unterrichtet, daß er alles Geschriebene auch lesen konnte. Er war hoch aufgeschossen, aber nicht dick. Als er in die Jünglingsjahre kam, nahm ihn der Abt in seine eigene Wohnung auf.

Eines Morgens nach der Messe saß er vor seinem Bett und las in einem Buch. Da sah er auf einer Seite die Überschrift ‚Von der Macht der Minne‘. Er dachte nach, was das wohl sein könne oder was es zu bedeuten habe, und warum die Minne über die Menschen Macht gewönne. Damit legte er das Buch zur Seite und suchte erst einmal zu erforschen, was ‚Macht der Minne‘ sei. Der Mönch schlich zu einem ihm vertrauten Knecht, der immer mit dem Abt auszureiten pflegte. Er glaubte, der würde ihm Bescheid sagen, und ihn fragte er, was Minne sei und wo man sie etwa suchen könne, bei alten oder bei jungen Leuten, und ob sie wirklich solche Kraft habe, über die Menschen zu herrschen.

Der Knecht antwortete ihm: „Ihr wißt wohl nicht, wonach ihr mich da gefragt habt; es ist wirklich so, daß Frau Minne euch gesund machen würde, wenn ihr krank wäret. Nicht überall übt sie ihre Macht; aber wem sie ihre Hilfe schenkt, der kennt kein Leid mehr. Ihr Haus ist wunderbar ausgestattet, und es gibt bei ihr herrlich zu essen und zu trinken." Der Mönch sagte: „So will ich zu ihr, ehe noch ein halbes Jahr um ist." Der Knecht riet ihm, den Abt um ein Pferd und einen Begleitknecht zu bitten. Er solle sagen, seine Verwandten seien in Bedrängnis geraten und er wolle ihnen daraus helfen. Der Abt willfahrte seiner Bitte und gewährte ihm gleich ein Pferd und einen Knecht und gab ihm auch noch reichlich Geld. Der Mönch selbst war so umsichtig gewesen, daß er sich in kurzer Zeit schon zehn Gulden gespart hatte.

Wie der Knecht des Abtes geraten hatte, ritt er nun fort, sein Knecht ihm immer voraus; der Mönch folgte, denn er war noch nie aus dem Kloster herausgekommen. Das hatte der Knecht schon gemerkt. Sie kamen jetzt in eine Stadt, und der Knecht suchte Herberge bei einer lebenslustigen Frau in mittleren Jahren. Deren Mann war auf einer Seefahrt, und sie sollte das Haus hüten. Der Knecht hieß sie das Beste auftischen und gab ihr den Mantelsack. Die Frau nahm sie freundlichst auf, machte sich zu schaffen und gab sich alle Mühe, dem Mönch ein gemütliches, abgelegenes Zimmer zu bereiten, wo sie sich seiner richtig annehmen konnte. Es wurde vielerlei zu essen aufgetragen, warm und kalt, dazu edler, kühler Wein. Der Mönch sagte: „Dies könnte wohl der Herrschaftsbereich der Frau Minne sein. Es dünkt mich so herrlich; wäre es in meinem Kloster so, die Mönche wären alle glücklich."

Der Knecht fragte die Wirtin: „Wißt Ihr ein junges Mädchen für meinen Herrn, das ihm gefällig wäre, natürlich gegen Entgelt?" Die Frau sagte: „Wie ist er gestellt? Kann er sechs Gulden für ein trautes Beisammensein aufbringen?" Der Knecht bat dann die Frau selbst sehr, den Mönch zu sich zu lassen, sie könne dadurch einen großen Vorteil haben. Sie sagte gleich: „Ich habe Schulden. Wenn die bezahlt werden, soll der junge Mönch zur Zufriedenheit bedient werden, und ich tue alles, was man verlangt." Der Knecht sagte: „Schön. Das Geld habt ihr ja schon in Verwahrung, nehmt euch nur dararaus, was euch zukommt. Er hat euch schon in sein

Herz geschlossen und kann es kaum erwarten." Da einigte man
sich auf sechs Gulden, und es wurde sogleich bezahlt. Das war
die Entlohnung für die Minnestunde.

Die Frau erfüllte seine Bitte, tat die besten Kleider an und setzte
sich zu dem Mönch. Sie war nicht auf den Mund gefallen. Ihre
Augen funkelten wie die Sterne. Ihre Wangen waren rot, ihr Hals
weiß wie ein Hermelin; sie hatte zierliche Hände, runde Arme,
sie war von gefälliger Statur. Dem Mönch gefiel das, aber von mehr
wußte er nichts. Der Knecht hatte ihm die Lehre gegeben, alles
zu tun, wozu die Frau ihn aufforderte. Er hatte gesagt: „Sie wird
euch die Augen öffnen. Die Minne ist euch dann untertan. Greift
sie munter an, ich habe sie reichlich entlohnt." Der Mönch freute
sich darüber. Er sagte: „Ich werde es so einrichten, daß die Minne
mit mir mitfährt und auch den Abt beglückt und die ganze Klostergemeinschaft, alt und jung." Der arme Tor glaubte wirklich,
der Abt und die Mönche seien erzogen, ohne die Minne zu kennen.
Da befand er sich allerdings in einem starken Irrtum.

Nun kam auch schon die Wirtin, und sie faßte den Mönch bei
der Hand, und schnell wurde er dahin gebracht, wo sie es sich
gedacht hatte. Da stand ein Bett bereit, und zu dem wurde der
Mönch hingeleitet. Er behielt seine Kleider an. Da sagte die schöne
Frau: „Ihr seid hier nicht im Kloster, zieht eure Kleider aus." Das
Licht wurde ausgelöscht, und sie legte sich gleich zu dem Mönch.
Der Tor lag steif wie ein Stock. Die Frau zog ihm das Gewand
aus. Dann rückte sie an ihn heran und drückte ihn an sich. Sie
wünschte, daß er etwas Schönes mit ihr anfinge. Aber er lag still
wie ein Klotz, denn er wußte nichts davon, was man da zu treiben
pflegt. Er war noch nie einer Frau begegnet. Er verstand mehr von
Psalmodieren und Lesen als von der Minne. Die Frau dachte bei
sich listig nach, wie sie ihr Mütchen an ihm kühlen könne. Denn
sie war verärgert über das Müßigliegen. Sie gab dem Mönch einen
Stoß mit den Füßen, daß er an die Wand rollte. Sie ließ aber nicht
von ihm ab, sondern rückte ihm nach. Sie knetete ihn mit den
Knien, trat ihn mit den Füßen, daß es ihm an Rücken und Brust
sehr weh tat, wie wenn er verbrannt wäre. Es schien ihm jetzt etwas

Schreckliches zu sein, Frauen zu minnen, und er verlangte dringend danach fortzukommen. Daß er jemals die Liebe sich gewünscht hatte, hatte er schon ganz abgeschworen. Nun gab ihm die Frau einen Schlag, daß er wieder still lag. Sie sagte: „Liegt still, ihr Schlappschwanz. Euch passiert nichts. Das hat euch Frau Minne geschickt, nach der ihr ja ausgefahren wart." Der Mönch wagte nichts zu den Schlägen zu sagen, sondern blieb still liegen.

Um Mitternacht begann die Frau wieder ihr Spiel zu treiben, sie reckte die Hände, dann warf sie sich herum wie die Natter, wenn sie auf Böses sinnt. Jetzt griff sie den Mönch wieder an und verkürzte sich auch gleich mit tüchtigen Schlägen die Zeit. Er wünschte sich lieber hundert Meilen fort. Er glaubte, die Minne sei ihm zu sehr auf den Leib gerückt. Schlafen konnte er nicht. Sie sagte: „Das ist der zweite Liebesbrief, den Frau Minne euch schickt. Nun könnt ihr glücklich sein." Er schwieg dazu und dachte sich: „Wenn ich doch in meinem Kloster wäre und Frau Minne vor der Tür, ich würde niemals hervorkommen."

Kurz vor Tagesanbruch fing die Frau wieder an zu schelten, weil sie von ihm so mißachtet worden war. Sie las ihm wieder eine Lektion von Schlägen, das war die dritte Strafe. Erst als sie das Morgenrot heraufkommen sah, ließ sie den Mönch frei.

Der war darüber froh und lief ohne Abschiedsgruß davon. Er rief dem Knecht zornig zu, er solle die Pferde nachbringen, er wolle nicht länger bleiben. Der Knecht erschrak sehr und glaubte, der Hausherr sei schon zurückgekommen. Sie hatten es beide eilig, jetzt der Mönch voran und der Knecht hinterdrein. Sie ritten einen schnellen Trab querfeldein, gut drei Meilen weit. Jeder fühlte sich erst sicher, als sie auf freiem Felde waren. Dort stiegen sie beide von den Pferden.

Als der Knecht den Herrn ansah, dünkte ihn dieser schwer mitgenommen und bleich im Gesicht. Er fragte ihn, wie es ihm mit der Minne ergangen sei. Der Mönch sagte nachdenklich: „Selbst wenn es mir gut gegangen ist, rühme ich mich dessen nicht, denn jegliches Rühmen ist Gott zuwider. Das laß dir gesagt sein." Der Knecht fragte auch nicht weiter. Der Mönch drängte wieder sehr,

in sein Kloster heimzukommen. Nach einiger Zeit sagte er zu dem
Knecht: „Ich habe oft gehört, daß wenn zwei beieinander sind,
dadurch Kinder kommen. Sagt mir bitte ehrlich, wer von den beiden trägt das Kind?" – „Das sage ich dir gern", sagte der Knecht,
„der, der unten liegt." – „O Jammer!" dachte der Mönch, und
jetzt erst ging sein Leid richtig an. Er dachte: ‚Weh! Was soll ich
machen? Ich Armer habe ja unten gelegen! Nun muß ich ein Kind
gebären! Auch gehe ich meiner Ehre verlustig. Dazu verliere ich
mein sicheres Amt, wenn der Abt es gewahr wird, und alle Mönche
stoßen mich aus ihrer Gemeinschaft. Ehe ich ihren Spott erdulden
muß, wäre ich lieber tot!"

Noch zwölf Wochen kränkelte der Mönch, so sehr hatte sie ihn
zugerichtet. Da fragten ihn seine Brüder, wie es komme, daß er
so abgemagert sei und was ihm Schmerzen bereite. Er wollte keinem eingestehen, was ihm von Frau Minne zugefügt worden war;
denn er hätte dann gleich auch zu beeiden geglaubt, daß er ein
Kind zur Welt bringen würde.

Einen Tag später wurde dem Abt von einem seiner Leute eine
Klage vorgetragen, die der Mönch, der sich schwanger wähnte,
mit anhörte. Der Mann sagte folgendes: „Ich muß bei Euch eine
Klage vorbringen: der Sohn einer Witwe hat mir oben im Dorf
ein Rind so geschlagen, daß es sein schönes Kälbchen tot zur Welt
gebracht hat!" – „Da will ich gern ein gerechtes Urteil sprechen",
sagte der Abt zu dem Mann; „wenn er zu meinen Dienstleuten
gehört, werde ich ihn zwingen, mit dir einen Vergleich zu schließen, und er wird dir dein Kalb bezahlen, wie er es pflichtgemäß
muß!"

Der Mönch, der sich schwanger dünkte, hatte kaum die Worte
des Mannes gehört, da schickte er schon zu dem Sohn der Witwe,
den er gut kannte, und ließ sagen, er möchte ihn doch aufsuchen
und mit ihm unter vier Augen sprechen. Der Sohn der Witwe kam
ins Kloster, der Mönch empfing ihn freundlich und führte ihn in
seine Zelle. Dann sagte er zu ihm: „Ich hörte heute eine Klage
über dich vorbringen: du habest ein Rind so geschlagen, daß es
ein Kalb tot zur Welt gebracht habe. Ich glaube, ich bedarf eben-

solcher Schläge von deiner Hand, denn zu meinem großen Schmerz weiß ich, daß ich ein lebendiges Kind trage. Nun muß ich fürchten, wenn ich es jemand sage, daß ich große Schande davon habe." Da sagte der Sohn der Witwe gleich: „Oh, wie ist das gekommen, daß Ihr ein Kind empfangen habt? Euer Prior dünkt mich doch zu gleichgültig und der Abt schon zu alt. Wer hat denn diese wunderliche Sache zuwege gebracht? Hat es irgendeiner von den Klosterleuten getan, so muß es doch ein sehr übermütiger Mann gewesen sein." Der Mönch sagte: „Nein, von den Mönchen ist keiner an mir schuldig geworden; ich habe es von einer Frau erhalten, mit der ich Minne getrieben habe, so daß mir das Kind davon nachgeblieben ist." Da sagte der Sohn der Witwe: „Ich bin gern bereit, alles, was ihr wünscht, zu erfüllen; aber es bleiben nur wenige Leute am Leben von denen, die ihr Kind nicht austragen können." Der Mönch sagte: „Ich will es trotzdem wagen, wenn es dich nicht verdrießt. Schlag mich kräftig, denn das muß sein. Denke dabei nicht daran, ob ich sterben könnte. Ich vergebe dir wahr und wahrhaftig, wenn du an mir sündigst. Damit ich auch sicher bin, daß du mich schlägst, werde ich dir drei Gulden geben." Der andere war sehr froh, zögerte nicht länger und sagte: „Kommt morgen früh nur in das Klosterwäldchen. Dann werde ich euch so gut ich kann noch am Vormittag helfen." Der Mönch sagte: „Gerne komme ich. Komm auch du nicht zu spät."

Der Sohn der Witwe war ein derber Bursche. Er brach sich für die Haut des Mönches drei eichene Knüttel ab, die brachte er gleich mit sich an die verabredete Stelle. Der Mönch war schon früh hingekommen. Als er den andern erblickte, gab er ihm die drei Gulden und sagte: „Nun schlag unverdrossen, schone mich nicht, ich werde dir noch besser lohnen." Da sagte jener: „Tu nur deinen Mantel ab." Das geschah gleich, so daß der Mönch nur noch sein Hemd anhatte. Dann warf der Mann ihn zu Boden wie ein Rind und schlug auf ihn ein – ja, wären sieben Kinder in seinem Leib gewesen, keines wäre am Leben geblieben; all ihre Knochen wären ihnen zerbrochen unter den vielen harten Schlägen. Da lag nahebei in seinem Versteck ein ängstlicher junger Hase, der hatte sich unter dem Gras verkrochen und wagte sich während der furchtbaren Schläge nicht zu regen. Aber als der dritte Knüttel zerbrochen war, sah der Mönch den Hasen davonspringen. Da rief er: „Nun hör auf zu schlagen, ich will jetzt hinter meinem Kind herlaufen. Ach, könnte ich es doch fangen! Dann würde ich es zu einer Amme bringen, daß sie es nährte." Der Hase wandte sich waldwärts. Der Mönch verfolgte ihn mit den Augen und rief dann jämmerlich: „O mein liebes Kind, was hast du für schnelle Beine! Das ist ewig schade: du solltest Kurier eines Fürsten werden, denn du bist in dem kleinen Augenblick schon viele Meilen gelaufen, oder du könntest auch ein Koch werden, denn du trägst ja die Löffel schon mit dir wie der Mann, der in der Küche das Essen bereitet."

Nun müßt ihr wissen: der Tor meinte die Ohren des Hasen, die er so in die Höhe gerichtet erblickte. Und jetzt eilte der Mönch auch in den Wald, er konnte den Schmerz nicht länger ertragen, er wollte sich sein Kind wieder holen. Er lief wie ein wilder Jagdhund, er schlug sich tausendmal auf die Brust, wand klagend seine Hände, raufte sich im Schmerz das Haar aus dem Kopf, aber sein Kind fand er doch nicht.

All dies hatte ein alter Mönch mitangesehen. Der war ahnungslos dorthin geritten. Jetzt sprach er den Armen an: „Was soll das alles, und warum verfahrt ihr so grausam mit euch? Bedeutet das ein Strafgericht Gottes?" Der Tor sagte: „Ich habe mein Kind verloren, das ich selbst in mir getragen habe. Das ist der Grund meines Schmerzes." Der andere Mönch wurde zornig und sagte: „Bei Gott, ich habe es noch nie erlebt, daß ein Mönch ein Kind getragen hätte. Das muß ich dem Abt und der ganzen Klostergemeinschaft doch erzählen." Da sagte der junge Mönch: „Es ist mir jetzt ganz gleich, wer es erfährt, ob sie nun gut oder böse gesonnen sind. Wenn ich bloß erst mein Kind wiederhätte! Jetzt ist es ganz um mein Glück geschehen." Da gab ihm jener einen Schlag, daß er zu Boden sank, und rief: „Ihr seid ja ganz von Sinnen und bringt unserm Orden und all seinen Mitgliedern nur Schande." Jener aber rief: „Oh, könnte ich nur mein Kind ein einziges Mal sehen! Dann ist mir alles gleich, was noch mit mir geschieht."

„Kreuzdonnerwetter", sagte der Alte, „in diesem Wald wollt ihr euer Kind finden?" und damit band er ihm die Hände wie einem Dieb zusammen und sagte: „Wenn ihr solch Verlangen nach fremden Kindern habt, werdet ihr es wohl gehörig zu spüren bekommen, was man davon zu halten hat!" Und damit schlug er weiter kräftig auf ihn ein. Während der alte Mönch fluchte, schritt der junge neben ihm an einem Strick angebunden und weinte heiße Tränen, weil er an sein Kind denken mußte.

Als er so in das Kloster gebracht wurde, kamen die Mönche in Scharen angelaufen, um ihn sich anzusehen. Als ihn der Abt erblickte, fragte er ihn leise: „Mein Lieber, was ist denn mit dir?" Da sagte jener: „Ach, hättet ihr mein Kind nur gesehen! Ich kann nicht mehr sagen, als daß auch ihr darauf stolz wäret. Wenn ich ihm noch einmal nachjagen könnte, ich würde es dann taufen lassen und euch zum Gevatter bitten und auch den Prior und den Kellermeister." Den Mönchen, die dies hörten, dünkte es merkwürdig. Sie hoben ihm den Rock hoch, und als sie nun die Schläge sahen, sagten sie alle: „Der ist von einem bösen Geist befallen.

Da ließ der Abt den Psalter und die andern heiligen Bücher herbeiholen und ließ den bösen Geist mit der ganzen Würde seines geistlichen Amtes beschwören, damit der Mönch von dieser schweren Heimsuchung erlöst würde. Das Gebot des Abtes wurde erfüllt. Sie stellten sich über den Mönch und besprachen ihn mit Zeichen. Der fing vor gewaltigem Schmerz an zu rasen. Er sagte: „Noch ist mein Kind ein Heide. Wenn es doch erst den christlichen Glauben empfangen könnte, dann wäre die Belastung von meiner Seele genommen." Der Abt sagte: „Hört ihr, wie uns der Teufel betrügt und welcher hinterhältigen Worte er sich bedient? Er versteht sich auf viele böse Künste. Es ist natürlich ärgerlich, wenn er jetzt in unsere Gewalt kommt." Dann trug man das Weihwasser herbei und bespritzte ihn damit, und sie hängten ihm den heiligen Rock um. Aber was sie auch mit ihm anstellten, ob sie ihn bedrohten oder anflehten – das glitt alles an ihm ab. Er sagte immer wieder: „Hätte ich doch nur mein liebes Kind, das ich wohl zwölf Wochen lang getragen habe! Ich hätte Glück im Übermaß."

Da ergriff die Mönche Wut und Empörung. Sie schworen alle
darauf, daß er von Sinnen sei. Und dann brachten sie ihn in ihrem
Zorn in den Kerker. Darin lag der Arme vierzehn Tage und
Nächte, ohne daß ihm etwas anderes als Wasser und Brot zu essen
gebracht wurde. Ununterbrochen aber bettelte er zu Gott, er möge
ihm doch sein Kind senden, damit es den Namen Christi annehmen könnte.

Am fünfzehnten Tage sagte der Mönch endlich dem Abt in der
Beichte, wie es sich mit der Minne und dem Knecht und der Frau
verhalten habe, die ihn da geschlagen und von der er das Kind
getragen habe, und wie er unter ihr gelegen habe, als sie mit ihm
das Liebesspiel geübt. Alles dies sagte er ihm von Angang bis Ende,
wie es geschehen war. Da sagte der Abt: „Heute soll nun dein
Unglück zu Ende sein. Du brauchst dich nicht weiter vor mir noch
vor dem Prior zu schämen. Geh jetzt in den Chor; dort sollst du
beten und singen, und du wirst wieder ein echtes Kind Gottes sein,
wie du es vordem gewesen, und nimm auch mich in dein Gebet
mit auf. Die Sünden sind dir vergeben, nun bemühe dich, daß du
dereinst das ewige Leben erwirbst.“

Damit ist diese Geschichte zu Ende, die der Zwingauer gedichtet
hat. Er hat euch von der furchtbaren Not eines Mönches erzählt.
Wir alle wollen ebenso zu Gott beten, daß er uns am Jüngsten
Tage sein himmlisches Reich nicht versagen möchte.

Der Dieb von Brügge

Ich möchte mich jetzt, so gut ich kann, an eine Aufgabe machen und eine Geschichte mit sehr merkwürdigem Inhalt erzählen, so wie sie mir selbst erzählt wurde, und will gleich damit anfangen.

In der Stadt Paris lebte einst stolz und unabhängig ein sehr kluger und geschickter Dieb. Er hatte ein schönes Weib und mit ihr auch Kinder. So beginnt die Geschichte. In dieser Stadt residierte der reiche, mächtige König von Frankreich; der hatte alle seine Schätze in einem Turm sicher verwahrt. Gerade darum überlegte sich der Dieb, wie er mit List den Schatz doch rauben könne. Solche Schelmenstreiche hatte unser lustiger Dieb nämlich oft im Sinn. Er sagte sich: „Hoffentlich hilft mir der liebe Gott dabei", dachte aber weiter: „Ganz allein kannst du an diesen Schatz nicht kommen." Nun hatte er von einem andern Dieb gehört – und das freute ihn von ganzem Herzen –, der wohnte in einer schönen und reichen Stadt, die heißt Brügge. Der Dieb, der dort lebte, war auch reich und stolz. Der trug kostbare Pelzkleider, besaß Silber und Gold und verkehrte ohne Ausnahme nur mit den vornehmsten Leuten. Jetzt überlegte sich der Dieb von Paris: „Wie kannst du den Dieb von Brügge als Kumpan gewinnen?" Zunächst holte er sich einen jungen Burschen und fragte ihn: „Willst du mir einen Gefallen tun? Ich will dir auch reiche Belohnung geben, Gold und Silber." Der Bursche erwiderte: „Ich bin bereit und werde mir alle Mühe geben, euern Willen in jeder Weise zu erfüllen." Der Dieb sagte: „Hör zu, was ich beschlossen habe, und lauf so rasch du kannst nach Brügge. Ohne diesen Weg geht es nicht. Wenn du da angekommen bist, zieh Narrenkleider an und lauf in der Stadt kreuz und quer herum, und wo du einen besonders vornehmen Mann siehst, begib dich gleich dorthin, schrei wie besessen und rufe laut nach allen Seiten: ‚Dieb von Brügge, höre: der Dieb von Paris will dich sprechen. Du sollst sofort zu ihm kommen; es wird zu euer beider Nutz und Frommen sein.‘ Dann blick dich um und eile nicht rasch weg, der Dieb wird wie ein vornehmer Herr hinter dir herkommen.“ Der Bursch sagte: Jawohl, so wird es gemacht. Man wird mich bald in Brügge sehen.“ Mit diesen Worten verabschiedete er sich und lief los.

In Brügge angekommen schrie er auf den Straßen laut wie ein ganz närrischer Mensch. Als er in die Kirche kam, erhob er auch dort ein Geschrei wie ein Irrer. Er rief: „Dieb von Brügge höre: der Dieb von Paris will dich sprechen. Du sollst sofort zu ihm kommen; es wird zu euer beider Nutzen sein.“ Der Dieb befand sich gerade im Kreise vornehmer Herren, bei denen er hoch geschätzt war, und lachte. Sie sagten: „Das ist ein komischer Kauz, der treibt ja merkwürdige Dinge.“ So sagten auch alle anderen. Der Dieb aber folgte ihm auf dem Fuße; der Bursche ging langsam, denn er erinnerte sich der Worte, die ihm sein Herr zuhause gesagt hatte. Der vornehme Dieb fragte: „Wo ist der, der dich geschickt hat?“ – „Folgt mir nur, ich sage es euch gleich: er wohnt in Paris und läßt euch freundlich grüßen und bitten, zu ihm zu kommen.“ Als der Dieb das hörte, sagte er gleich: „Geh jetzt erst einmal in dies Haus, iß und trink und ruh dich aus. Ich komme bald wieder zurück; erwarte mich hier.“ Darauf drehte er sich um und ging weg. Er verschaffte sich ein schönes Pferd, ließ es zurüsten und gürtete sich ein Schwert um. Nun war er reisefertig. Dann bestieg der Dieb stolz und frohgemut das Pferd und ritt bis zu dem Haus, wo er den Burschen zurückgelassen hatte. Er sagte: „Bist du bereit, mein Sohn?“ – „Ja, ich bin’s.“ So beeil dich und lauf immer vor mir her; ich folge dir dann nach.“ – So zogen sie beide los. Dem Knecht waren die Wege wohlbekannt; er diente dem Fremden unterwegs, wie man einem geachteten Herrn dienen soll. Als der Dieb nach Paris kam, führte ihn der Knecht gleich zu seinem Herrn. Der freute sich sehr und hieß den Gast willkommen: „Ich begrüße dich, mein lieber Geselle.“ Er ließ sein Pferd

in den Stall bringen und es gut versorgen. Dann sagte er zu dem
Gast: „Seid froh und guter Dinge! Wir werden jetzt guten Wein
holen, dann wollen wir essen und trinken und alle Sorgen beiseite
tun. Ich muß euch gestehen, daß ich mich seit vielen Jahren nicht
so auf einen Gast gefreut habe. Ihr habt einen weiten Weg gehabt.
Nun macht es euch erst einmal bequem. Morgen will ich euch,
wenn wir allein sind, einen Plan mitteilen, von dem wir, das könnt
ihr mir glauben, großen Gewinn haben werden. Ich habe schon
gut vorgearbeitet." Der Gast erwiderte: „Ich werde euch jederzeit
dabei tüchtig helfen."

So blieben sie gemütlich beieinander und erzählten sich allerlei,
bis die Nacht hereinbrach. Dann wurde für ein Nachtlager gesorgt; der Gast legte sich in ein schönes, breites Bett, dort schlief
er, bis am andern Morgen der helle Tag hereinleuchtete. Da sagte
der Wirt zu seinem Gast: „Nun steh auf, wir wollen guter Dinge
sein. Es wird schon für die Leute Zeit, zur Messe zu gehen." Der
Gast erhob sich sogleich und erfuhr jetzt darüber Näheres, wovon
am Abend vorher die Rede gewesen war. Sie legten vornehme,
kostbare Kleider an, und so kamen sie beide ungehindert in den
Palast des Königs. Da blickten sie sich nach allen Seiten um. Der
Wirt sagte zu seinem Gast: „Dort steht der mächtige, starke Turm,
in dem liegt viel Geld und viele Schätze, Gold und Silber. Wer
die stehlen wollte, der müßte schon sehr klug und geschickt sein.
Ich bin dafür berühmt, daß mir in der ganzen Welt keiner gleich-
kommt: alle andern Diebe stehen weit hinter mir zurück. Ich
wollte aber – das muß ich euch jetzt sagen – diese Sache nicht ohne
Hilfe angreifen; darum hab ich euch ja gebeten, zu mir zu kommen." Der Gast sagte: „Du hast recht, einer soll dem anderen helfen. Doch jetzt brauchen wir nicht weiter davon zu reden, in der
Nacht kommen wir wieder." Sie freuten sich schon darauf, als sie
nach Hause gingen.

Auf dem Wege sahen sie einen schönen, hohen und breiten
Baum und auf ihm ein Nest und darin eine Elster mit ihren Jungen.
Da sagte der Gast höflich zu seinem Wirt: „Wer dort rasch die
Eier aus dem Nest stehlen könnte, ohne daß es die alte Elster

merkte, müßte sehr geübt sein und müßte viel Erfahrung haben, wenn er sich dabei einen Preis verdienen wollte." Der Wirt sagte: „Ich will versuchen, meine Künste durch ein neues Kunststück noch zu übertreffen." Damit stieg er selbstbewußt auf den Baum; der Gast folgte ihm unbemerkt. Der Wirt war sehr flink bei der Sache, aber der Gast war ihm hinterhergestiegen und war so geschickt, daß er ihm die Hose heimlich herunterzog; er machte es sehr listig, so daß der Wirt nichts davon merkte. Der Wirt war auch ein sehr erfahrener Dieb; er holte sich heimlich die Eier als Beute aus dem Nest. Dann stieg er vom Baum herunter. Darauf fragte ihn der Gast, wieviel Eier er erwischt hätte. Er antwortete: „Ungelogen fünf Stück." Als er wieder ganz auf der Erde stand, merkte er, daß er seine Hose losgeworden war. „Wie kann denn das geschehen sein?" fragte er. „Bin ich verhext? Wo ist denn meine Hose hin? So etwas Komisches habe ich noch nicht erlebt!" Der Gast besah sich seinen Wirt und sagte schmunzelnd: „Mein lieber Geselle, sieh, hier hast du deine Hose unversehrt zurück. Nun sei guter Dinge. Ich werde dir auch ebenso geschickt helfen." Der Wirt freute sich darüber, daß er die Sache so auffassen konnte. Er sagte: „Mein Herzensbruder, komm jetzt nach Haus; wir wollen feiern und essen und guten Wein trinken." Sie waren beide in bester Laune.

Als es dunkel wurde, machten sie sich auf den Weg zum Turm. Da sagte der Wirt: „Jetzt werde ich es dir erst richtig zeigen und meine Kunst durch ein Meisterstück krönen." Und er brach ganz im Dunkeln eine Menge Steine aus dem Turm heraus und machte mit großem Geschick ein weites Loch. Sein Gast war guter Dinge, kroch in die Öffnung und holte Gold und Silber heraus. Da sagte der Wirt zu ihm: „Nimm ja ordentlich viel! Wenn ich nur wüßte, wer das alles wegschleppen soll. Da hätten viele dran zu tragen." Da sagte der Gast zu ihm: „Jetzt sind unsere Säcke voll. Nun müssen wir noch das Loch zustopfen." – „Ja", meinte der Wirt, „das soll geschehen, reich mir gleich den ersten Stein zu." So wurde das Loch wieder glatt gemacht. Die beiden säumten nun nicht länger und gingen gleich wieder nach Hause. Sie waren so recht von

Herzen vergnügt. Der Wirt sagte zu dem Gast: „Wir wollen nicht gleich Abschied voneinander nehmen. Wir verstehen doch beide unser Handwerk! Laß uns jetzt nach Herzenslust essen und trinken!" – „Das ist mir sehr lieb", sagte der Gast, der Meisterdieb.

Am nächsten Morgen wollte der Turmwächter in seinen Turm gehen. Als er hineinkam und sich umblickte, erschrak er heftig: „Ach ich Armer, jetzt bin ich verloren! Da ist ja der Schatz des Königs gestohlen. Da kann nicht länger verborgen bleiben." Er ging vor den König, ganz niedergeschlagen, und wußte sich vor Kummer nicht zu lassen. Er sagte: „Ach, Herr König, es kann ja nicht länger verborgen bleiben: euer Schatz ist aus dem Turm gestohlen, das ist mit Nachschlüsseln gemacht worden, anders kann ich es mir nicht erklären." Neben dem König stand ein alter Ritter; der hatte in seiner Jugend selbst viele böse Streiche begangen und wußte über die verschiedenen Diebesschliche Bescheid. Er sagte: „Laßt mich mal den Schlüssel sehen! Das werde ich rasch herausbekommen, ob ihm andere nachgefeilt sind." Da brachte man die Schlüssel herbei, aber der Alte sagte: „Damit ist es nichts; so kommen wir überhaupt nicht weiter. Wer sich auf solche Dinge versteht, der ist bestimmt durch die Mauer eingebrochen." Der Turmwächter sagte: „Nein, an der Mauer ist nicht ein bißchen zu sehen." Da ließ der alte Ritter Stroh und trockenen Mist holen und anzünden. Das trug man in den Turm und schloß ihn fest zu. Darauf gingen sie um den Turm herum, bis sie ganz deutlich den Rauch durch die Mauer schlagen sahen. Der Alte sagte: „Hier ist die Stelle! Nun müssen wir es aber listig anfangen. Paßt recht auf, damit wir den Dieb auch kriegen, denn er ist furchtbar klug." Dann fuhr der Alte fort: „Nehmt eine große Pfanne voll Pech und setzt sie in dem Turm vor das Loch, und dann macht unter der Pfanne ein Feuer, das ununterbrochen weiterbrennt. Denn bestimmt wird der Dieb noch mehr holen wollen, das Gold läßt ihm keine Ruhe, und dann fällt er, wenn er in das Loch kriecht, in die Pfanne, versteht ihr?" Und so, wie der Alte es ihnen klargemacht hatte, wurde die Sache ausgeführt.

In der Nacht darauf kamen die Diebe – denn sie hatten Hunger

nach mehr Gold – und schlichen im Dunkeln, wie sie es vorher
ausgedacht hatten, wieder vor das alte Loch in den Turm. Sie brachen noch leichter in die Mauer ein. Der Wirt sagte: „Jetzt bin
ich dran; du warst das erste Mal in dem Loch drin." – „Das ist
mir recht", sagte der Gast. Der Wirt stieg also in das Loch und
sprang in die Pfanne. Da war es um ihn geschehen. Er sagte: „Jetzt
muß ich sterben. Schlag mir jetzt, wo ich in diese entsetzliche Pat-
sche geraten bin, den Kopf ab. Ich überantworte dir mein liebes
Weib und meine Kinder." Der andere schlug ihm den Kopf ab,
brachte diesen auf einen Kirchhof und begrub ihn. Er grämte sich
bis in den Grund seines Herzens und ging gleich zu dem Weib
seines Gesellen. Er sagte: „Seid nicht traurig, Frau, ich muß euch
etwas Furchtbares berichten. Euer Mann ist umgekommen." Sie
sagte: „O dieses Unglück! Dann sind wir ja alle verloren – ich
und meine Kinder." Der Dieb sagte: „Seid unbesorgt, ich werde
euer Vormund sein. Ich will euch hegen und pflegen, so gut ich
nur kann. Du sollst dein Auskommen haben, Kleider und reichlich
zu essen. Darum sei nur guten Mutes und nimm dir die Sache nicht
zu sehr zu Herzen. Sonst ist es nämlich mit uns allen aus, und
es wäre besser, wenn du gar nicht mehr lebtest." Sie sagte: „Ich
werde vernünftig sein und nicht mehr an meinen lieben Mann denken."

Am anderen Morgen fand man richtig den Dieb in der Pfanne
liegen. Der Turmwächter freute sich. Er eilte zum König und
sagte: „Der Dieb ist in der Pfanne im Pech umgekommen." Der
alte Ritter sagte: „Geh schnell hin und sieh zu, ob du ihn kennst."
Der Wächter gin hin und fand den Dieb daliegen, aber ohne Kopf.
Er kehrte um und berichtete es dem alten Ritter. Der frohlockte
darüber und sagte gleich: „Er hat bestimmt einen klugen Helfershelfer. Den werden wir gleich haben, und wenn er sich noch so
viele Listen ausdenkt. Tut jetzt nach meinem Rat, wartet nicht zu
lange damit und bringt den toten Dieb gleich vor uns." Der König
sagte, das sei ihm recht. Der Dieb wurde im Beisein des Alten her-
ausgeholt. Dann sagte er: „Nehmt nun den Mann und schleppt
ihn sofort durch die ganze Stadt; laßt Knechte mitgehen und gebt

ihnen den Auftrag, sich überall umzusehen und bei jedem Haus genau darauf zu achten: wo man Schreien und Weinen hört, dort wohnt seine ganze Sippe. Die soll man dann alle gefangennehmen; auf diese Weise findet man auch seinen Kumpan."

Das wurde getan; man schleppte den Leichnam straßauf, straßab. Sie riefen alle laut: „Hier bringen wir den Dieb, der den König bestohlen hat."

Als sie in die Straße kamen, in der der Dieb wohnte, hatte unser Dieb schon davon gehört. Er sagte: „Frau, nun seid bloß still. Ich meine es gut mit euch allen. Weint ihr auch nur ein bißchen, so kommen wir in höchste Lebensgefahr; dann sind wir alle verloren." Inzwischen hatte der Dieb sich schon ein Messer genommen und schnitt an einem großen Stück Holz herum. Indem hatte man die Tür aufgemacht und sah, wie der Tote vorbeigeschleppt wurde. Als die Frau ihn sah, schluchzte sie auf und rang die Hände. Drinnen hatte sich der Dieb gerade ein Loch in die Hand geschnitten. Die Knechte des Königs hörten alle das laute Jammern der Frau und liefen natürlich in das Haus. Da sahen sie einen Mann sitzen, dessen Hand ganz blutig war; der sagte: „Frau, nun eilt, holt mir Salbe und laßt euer Weinen. Ich werde schon trotz dieser Wunde am Leben bleiben." Darauf kehrten die Leute des Königs um und schleppten den Toten mit Geschrei durch alle Straßen der Stadt weiter, bis sie aufs freie Feld kamen. Dann fielen die Pferde in Schritt und zogen den toten Dieb auf den Berg. Dort hängten die Knechte den Leichnam offen sichtbar an den Galgen. Das ging seinem Gesellen sehr gegen die Ehre.

Inzwischen sagte er zu der Frau: „Meine Liebe, wir müssen von hier fort. Nehmt eure Kinder mit. Wir ziehen in eine andere Straße. Unser Hab und Gut wollen wir nicht zurücklassen; wir haben doch damit immerhin genug, solange wir leben."

Unterdessen waren die Knechte an den Königshof zurückgekommen. Der alte Ritter fragte: „Habt ihr etwas herausgekriegt? Sie sagten: „Nein, gar ichts, nur eins können wir euch berichten: eine Frau weinte sehr, weil ihr Mann von einem Messer eine große Wunde an seiner Hand hatte. Die Frau mußte sie ihm verbinden."

Da sagte der alte Ritter sehr zornig: „Das war der Schuldige. Lauft rasch hin und holt die ganze Gesellschaft, Mann, Frau, Kinder!" Die Knechte taten es und kamen nach kurzer Zeit wieder vor das Haus; aber da war nicht eine Maus drin zu finden, das könnt ihr glauben. Sie waren sehr bedrückt und schlichen wieder vor den König und sagten: „Edler König, da war wirklich keiner mehr drin; wir fanden nur die leeren Wände." Der König ließ wieder den alten Ritter holen und berichtete ihm alles. Der sagte: „Dieser Dieb ist ein kluger und auch kühner Mann. Außerdem hat er auch seinen Gesellen sehr lieb. Er läßt ihn also nicht am Galgen hängen, selbst wenn er dabei erwischt werden sollte. Darum gebe ich euch den Rat: holt zwölf eurer besten Männer, wohl bewaffnet, und laßt sie Nacht für Nacht wachen und scharf nach dem Dieb Ausschau halten." Sie taten das bereitwillig, wie ihnen der König befahl. Unser Dieb hatte das bald erfahren und sagte sich: „Das kann mir nur lieb sein." Er ließ zwölf Kutten aus grauem Wollstoff zuschneiden und nähen; die waren schnell fertig. Dann holte er eine alte Karre und beschloß, sich auf den Weg zu seinem Gesellen zu machen. Spät abends ließ er Weizenbrot und gebratene Kapaunen herbeischaffen und lud dies alles mit Wein und Met auf die Karre und dazu ein Fäßchen, das sehr gut roch; da war ein guter Schlaftrunk drin. Auch die Kutten lud er auf die Karre, spannte ein altes Pferd vor und fuhr zu dem Galgen hinaus, in dessen Nähe sich ein Kloster befand. Er hatte es sehr eilig hinzukommen. Vorher hatte er sich schlechte Kleider angezogen.

Es war schon tief in der Nacht, als er den Weg an der Klostermauer entlang kam. Er rief: „Hüh, hott, vorwärts los!" und schlug auf seinen Gaul ein, unser Dieb. Dies Geschrei und Lärm hörten die Wächter alle und liefen wie auf Verabredung schnell zu der Karre hin; sie merkten, daß gute Speise drin war. Der eine griff hier, der andere dort hinein, und sie nahmen sich die Hühner und das Brot. Der Karrenführer rief: „O weh! Ihr Herren laßt mir doch wenigstens den Wein; den soll ich zum Kloster bringen!" Jetzt freuten sich alle erst recht und tranken gleich vergnügt ringsum.

Es gab blanke Becher dazu. Sie tranken den Met und auch den Wein aus. Sie sagten: „Freund, seid nicht böse, wir wollen es wieder gut machen." – Der Dieb sagte: „Ach ihr Herren, laßt mir wenigstens noch das kleine Fäßchen, da ist Gewürzwein drin; den soll der kranke Abt haben. Dann kann ich doch noch mit einem blauen Auge davonkommen." Kaum hatten sie das gehört, da nahmen sie auch den Schlaftrunk. Ach, wie er da seine Hände rang! Er sagte. „O, jetzt bin ich des Teufels!" Doch sie tranken alle vergnügt aus dem Fäßchen, und als sie es ausgetrunken hatten, schliefen sie samt und sonders und lagen wie tot da. Da goß er ihnen Wasser über den Kopf, so daß ihre Haare naß wurden, und schor ihnen eine Platte, zog ihnen ihre feinen Rüstungen aus, legte diese auf den Karren und zog dafür jedem eine graue Kutte an. Sodann nahm der Dieb schnell seinen Gesellen vom Galgen ab und fuhr befriedigt nach Hause. Zu der Frau sagte er: „Jetzt sind wir gut dran. Nehmt hier das Zeug und versteckt es. Ich will euren Mann, so gut es geht, auf dem Kirchhof begraben."

Als es am anderen Morgen hell wurde, sagte der alte Ritter zu dem König: „Die Sonne ist schon aufgegangen. Was mag es mit den Wächtern auf sich haben, daß sie so lange ausbleiben? Wer weiß, ob sie überhaupt noch leben?" Da wurde ein Bote hingeschickt, der fand dort zwölf Mönche. Er lief eilig zurück und als er den König erblickte, rief er: „Herr, da liegen zwölf Mönche in grauen Kutten, wahr und wahrhaftig!" – „Verflucht noch mal," sagte der König zu dem Alten, „sind sie jetzt Mönche geworden, so hat sie der Teufel verführt." Inzwischen kamen sie angestapft, die zwölf in ihren Kutten. Der König fragte sie lachend: „Nanu? Schlaft ihr alle immer noch?" Einer von ihnen antwortete: „Lieber Herr, zürnt bitte nicht. Uns ist nicht nach Lachen zumute. Wir wissen selbst nicht: es kam da ein fremder Mann mit einem Karren. Auf dem waren gebratene Hühner und Wein; davon aßen und tranken wir und waren sehr lustig. Indessen überkam uns der Schlaf, und dadurch sind wir so verwandelt worden."

Da sagte der alte Ritter: „Nun, wo es so wunderlich zugegangen ist, weiß ich nicht mehr, wie wir den Dieb fangen können. Der

ist klug und gewitzigt und dabei kühn und stolz. So hat er sicher
auch ein Herz für schöne Frauen. Wenn wir ihn überhaupt fangen
wollen, so müssen wir die Kunst der Frauen zu Hilfe nehmen.
Anders weiß ich keinen Rat mehr. Doch das ist eine mißliche Sache." Der König sagte: „Einerlei! Selbst wenn der Dieb schließlich
mit dem Leben davonkommt, entgehen soll er uns nicht, und wenn
es mein ganzes Vermögen kostet." Der Alte sagte: „Ja, dann muß
es sein. Ihr habt doch eine schöne Tochter. Die müssen wir, um
den Dieb zu fangen, aufs Spiel setzen." Der König sagte: „Das
ist mir recht." – „So müssen wir für diesen Zweck sechzig Betten
machen lassen und in einem Saal aufstellen. Dann laßt verkünden:
Wer hier schlafen will, kann nach Herzenslust mit eurer jungen
Tochter zusammensein. Sicher wird der Dieb als erster kommen.
Ich glaube, ja, ich weiß es bestimmt: er kommt sicherlich dahin,
und wenn es sein Leben kostet. Er macht dann das Mädchen zur
Frau. Sie muß aber einen Farbtopf neben sich haben und den Mann
durch ein Kreuzchen auf der Stirn kennzeichnen. Wenn alles so
weit ist und jeder auf seinem Bett liegt und eure Tochter dazwischen, dann soll man den Saal abschließen, daß keiner mehr ent-
weichen kann. Und am Morgen, wenn alles vorbei ist, werden wir
sehen, wer gezeichnet ist: das ist bestimmt der Dieb. So können
wir ihn fangen und an einen Galgen hängen. Nur auf diese Weise
können wir ihn fassen." Der König sagte: „Gut, wir wollen gleich
damit anfangen!" Und alles wurde so gemacht wie vorgesehen.

Da kamen viele schöne Männer hin. Auch der Dieb hörte von
diesem Unternehmen. Er sagte sich: „Da muß ich auch hin. Ich
muß unbedingt bei der Jungfrau liegen." Er nahm auch ein kleines
Gefäß mit seinem Schlaftrunk und unterließ es auch nicht, sich
vornehm anzuziehen: „Mir steht ein goldgewirktes Kleid sehr
wohl an." Er ging in den Königspalast und mischte sich unter die
hohen Herren. Dort blickte er sich um und merkte sich genau,
wo die Königstochter gebettet war. Nicht weit davon warf er sein
Gewand auf ein schönes Bett. Und nun überlegte er sorgfältig,
wie er sich als erster der Jungfrau nähern könnte; denn die andern
ehrenwerten Herren waren ja auch auf ihren Betten. Nun wurden

die Lichter ausgelöscht. Der Dieb hatte es so abgepaßt, daß er in Kürze an der Seite der Junfrau lag. Nun begann er, wie es ihm gefiel, mit ihr zu kosen, wie man es bei vornehmen Frauen tut, und trieb mit ihr das Liebesspiel. Da griff die Jungfrau schnell ihren Topf mit roter Farbe und strich sie heimlich dem Dieb auf die Stirn. Der fühlte die Farbe auf seinem Kopf und fiel in große Angst, denn er dachte: ‚Das geht ja gar nicht wieder ab.' Da gab er der Jungfrau kurz entschlossen etwas von seinem Schlaftrunk in den Mund. Sie schlief sofort ein. Darauf stahl sich der Dieb die Farbbüchse, ließ sein süßes Liebchen liegen, kroch heimlich in dem Saal überall zwischen die Herren und tropfte auch ihnen allen von dem Schlaftrunk in den Mund. Nun schliefen auch die Herren alle fest. Darüber freute sich der Dieb sehr und malte jedem auch ein Kreuzchen auf seine Stirn. Dann setzte er die Büchse wieder neben die Schlafende, legte sich in sein Bett und schlief wie die andern.

Als es am Morgen hell wurde, wollte der König nachsehen und kam aufgeregt in den Saal. Da fand er sie alle gezeichnet. „Wie ist denn das gekommen?" rief er laut. „Haben sie denn alle von meiner Tochter das Kreuz erhalten? Das wäre zu viel!" Der alte Ritter sagte: „Ich will euch erklären, wie das zugegangen ist. Bei der Jungfrau hat nicht mehr als einer geschlafen. Der Dieb ist sehr verschlagen und hat sich gerettet. Das sage ich euch als sicher: er ist hier vor euch anwesend. Als er die Farbe auf seiner Stirn spürte, hat er sich listig die Büchse verschafft und hat sie alle miteinander gezeichnet. Das hat er sehr geschickt und heimlich gemacht."

Der König war zwar sehr ärgerlich darüber, aber er schwor nun doch bei seiner Krone und sagte: „Lieber Freund und Meisterdieb, ihr seid mir von Herzen willkommen. Gebt euch zu erkennen und stellt euch mir vor, damit ich jetzt weiß, wer ihr seid; ich schwöre euch bei meinem Leben: ihr sollt meine Tochter zur Frau haben, darauf könnt ihr euch verlassen. Ich will euch meine Zuneigung nicht mehr vorenthalten; ihr habt sie euch auf redliche Weise verdiemt." Da rief der Dieb laut: „Herr König, eure Tochter ist schon eben meine Frau geworden; übergebt sie mir jetzt öffentlich; dazu seid ihr bei eurer Ehre verpflichtet." Der König sagte: „Das soll geschehen, da du die Wahrheit bekannt hast."

Da wurde eine reiche Hochzeit gehalten; der Dieb wurde hoch geehrt, er gehörte von nun an zu den vornehmen Herren und wurde ein mächtiger Fürst. Er lebte geachtet sein Leben lang, das ist wirklich wahr. Er nahm auch das Weib seines Gesellen zu sich und sorgte für sie mit allen Kräften. So lebte er in allen Ehren, bis er starb. Damit erwarb er sich Gottes Huld, wie es uns allen vergönnt sein möge. Und damit in Gottes Namen Amen.

Dies merkwürdige Büchlein heißt

‚Der Wiener Meerfahrt‘

Einst war es in der Welt so bestellt, daß die Menschen glücklich
lebten, von sauberer Gesinnung waren und sich, soweit sie es verstanden, immer dem Guten zuwandten. Alles, was sie unternah-
men, wollten sie anständig machen. Jetzt aber hat sich die Welt
gewandelt, ist überall auf irdische Güter gerichtet. Und man findet
keine Menschen in freudiger Stimmung. Die Reichen insgesamt
lieben den Besitz mehr als die innere Zufriedenheit; und die rechte
Lebensfreude gibt es nicht mehr. Das Geld ist so angesehen, daß
alle Menschen nur danach verlangen. Einst stand Frau Ehre in Ansehen. Jetzt ist der äußere Besitz diesen Mißgeleiteten mehr wert
als sie; das ist wahr. Aber es gibt auch noch öfter ehrenwerte Männer, die Frau Ehre noch mehr lieben als verächtlichen Besitz. Das
nenne ich dann höfische Gesinnung, wenn einer die rechte Le-
bensform noch achtet.

Mir hat ein Mann, der die Wahrheit zu sagen pflegt, eine Geschichte erzählt, die man immerhin als merkwürdig bezeichnen
kann. Jedenfalls hat mich Burggraf Hermann von Dewin, ein ma-
kelloser und ehrenwerter Herr, davon unterrichtet. Möge es ihm
am Jüngsten Tage wohlergehen! Darum zu bitten, haben wir
Grund. Denn er war ein gebildeter Mann, von treuer Gesinnung
gegen Fremde und gegen Freunde. Deshalb möge ihn Gott im
Himmel jetzt von seinen Sünden freisprechen, im Namen seiner
Dreieinigkeit. Der nun erzählte mir diese Geschichte. Verfaßt hat
sie der Freudenleere ganz so, wie sie sich ereignet hat und wie sie
ihm in Wien gute Leute erzählt hatten, von denen er die Geschichte
gehört. Wien liegt in Österreich. Dort lebt man herrlich und in

Freuden. Und wer gar Silber und Gold besitzt, dem kann geholfen werden. In dieser schönen Stadt kennt man ein Bad von ganz bestimmter Art, wie ich oft gehört habe, wo man einen Fremden bis auf en letzten Pfennig ausraubt und ihm sowohl Kleider wie Geld stiehlt. Wer sich in dies Bad begibt, mit dessen Habe ist es zu Ende, ob er nun viel oder wenig besessen hat.

Solch Bad gefällt mir gar nicht. Aber ich werde die Stadt Wien in anderer Beziehung loben. Wien ist auch rühmenswert, weil man dort vielerlei Zeitvertreib hat: Pferderennen, Musik und Kunst. Das alles gibt es in Wien reichlich, alles in höfischer und schicklicher Art. Wer daran Anteil nehmen will, finder auch die Gelegenheit dazu. Wenn einer nur Geld hat, findet er allerlei: heurigen und süßen Wein, viele schöne Frauen voller Lebenslust, vornehm und reich, die kann man in Wien treffen.

In dieser Stadt hat sich nun also unsere merkwürdige Geschichte abgespielt. Die reichen Bürger saßen einmal zusammen mit Fremden und Einheimischen bei einem guten Becher Wein, der so oft traurige Stimmung in Freude umwandelt. Sie ließen wie an einer Fürstentafel in Fülle die besten Speisen und den besten Wein, den man nur mit Gewürzen und Safran versüßen kann, auftischen. Sie tranken den ganzen Tag, bis ihre Traurigkeit verschwunden war.

Dies vergnügte Fest ging auf einem Laubengang vor sich, wo die Herren aßen und tranken und sich gut unterhielten. Man trug immer neue Speisen auf, grünes Gras war auf dem Boden ausgestreut. Und die Becher und Gläser wurden überhaupt nicht leer. Sie tranken sorglos, bis es ihnen heiß wurde. Aber keinen rührte das. Sie tranken jedes Mal ihr Glas bis auf den Grund aus. Durch den süßen Wein wurden ihnen langsam die Beine schwer. Wirklich, das ist kein Märchen. Der Wein war süffig und süß. Schließlich erkannte keiner mehr seinen Tischnachbarn. Dann zündete man schleunigst Lichter an, als es Abend wurde. Nun begann das Trinken aufs Neue. Sie ließen immer mehr holen. Das war dem Wirt keineswegs unangenehm.

Sie waren plötzlich sehr freigebige und große Herren. Wer am Vormittag noch ärmlich und nüchtern leben mußte, wollte jetzt

um die Wette spendieren. Der eine versprach hoch und heilig, seine Kleider und sein Geld seinen Freunden zu vermachen; der zweite wurde tiefsinnig; noch ein anderer fühlte sich allen verwandt: „Von Adams Rippe her sind wir doch verwandt, so wie Akkon und Prag zum Beispiel." So redeten sie untereinander und wurden ausgemacht lustig. Sie erzählten nun ihre Geschichten. Der vornehme Schreiber holte kühlen Wein. Er wollte mit zu den Vornehmsten gehören. Sie tranken ungehemmt weiter. Der eine erzählte von der Wallfahrt zum heiligen Jakobus, ein anderer von einem Kreuzzug nach Preußen (inzwischen tranken sie gewohnheitsmäßig immer weiter).

Jetzt wurden sie beim Trunk immer lauter, bis auch die, die sich so lange noch gerade halten konnten, auf die Bank niedersanken. Ein anderer wieder war plötzlich so gelenkig, daß er taumelte und herumsprang, von der Tafel auf die Bank, so daß er sich dann dort festklemmte.

Während sich dies alles abspielte, nahm endlich ein reicher Bürger das Wort: „Wenn ihr mir beistimmt, so möchte ich euch einen ausgezeichneten Plan vorlegen." Sie riefen alle: „Erst noch einmal neuen Wein! Dann sind wir ganz Ohr." Da sagte der Bürger: „Ich sage euch, was mir gut scheint. Wollt ihr zustimmen und euch meinem Plan anschließen, so wollen wir gleich dem lieben Gott einen rühmlichen Dienst erweisen. Wir sind ja reiche Leute und haben etwas zu bieten. Und Gott wird uns dafür belohnen. Wir wollen jetzt nämlich einen Kreuzzug über das Meer veranstalten und wollen dabei weder unser Leben noch unsern Besitz schonen." – „Ich bin ganz der gleichen Meinung", sagte sein Nachbar dazu. Und dann wurden es drei, die übereinstimmend meinten: „Der Ablaß, den man sich durch einen Kreuzzug holt, ist wirksam." Und nun wurde nicht lange gezögert. Die ganze Kumpanei rief laut: „Wir wollen unbedingt mit einer starken Mannschaft Gott zu Ehren fahren." Der Überfluß des Weines tat nachdrücklich das Seinige bei diesem Unternehmen, so daß sie den kühnen Entschluß faßten, alle Mühsal willig auf sich zu nehmen. So wurde denn die Meerfahrt festgesetzt.

Sie verabredeten untereinander, daß man wie üblich nach Akkon fahren wollte, wenn der Zeitpunkt gekommen wäre, den richtigen Kreuzzug zu machen. Das gefiel ihnen allen. Sie rückten in schönster Eintracht noch enger zusammen und gaben an der Tafel groß an, was sie alles anstellen wollten. Der Wein hatte allmählich ihre Phantasie in Bewegung gesetzt. Es mußte jetzt Speise auf das Schiff geschafft werden und Vorrat zum Trinken. In Wirklichkeit gab es natürlich kein Schiff, das müßt ihr wissen. Sie waren dabei sehr großzügig. Nichts wurde beiseite gelassen, was man gebrauchen konnte. Und sie hatten ja Gold und Silber in Fülle in Wien. Der Schreiber schleppte weiter Wein heran und wandte sich an alle: „Hört mich freundlich an: das geht auf gemeinsame Kosten." Und er spendierte einen großen Umtrunk. Der Wirt war auch nicht der Schlechteste, der sich jetzt am Abend unter die Schar der Pilger mischte. Er ließ zuletzt noch schnell Latwerge holen. Ein anderer gab Muskat, wieder ein anderer Ingwer und ein vierter Galgant hinzu. Und ein junger Mann gab dann noch Pfeffer, ein anderer Nelken dazu. Und dann tranken sie den Wein teils gewärmt, teils kalt, so daß die Jungen sich alt und die Alten sich jung fühlten. So tranken sie sich jetzt einander im Laubengang zu. Sie hatten es plötzlich eilig, die Fahrt anzutreten. Aber das Meer war ja noch weit weg.

Nun fingen sie laut zu deklamieren und zu singen an, daß die Laube von dem Lärm zu schwanken begann. Die Genossen hatten sich jetzt in diese Sache verrannt, worin sich die Güte des Weins zeigte. Sie hatten ihr ganzes Interesse auf das Meer gerichtet. Natürlich wurde bei der Gelegenheit nicht das Trinken gelassen. Sie waren jetzt schon eiligst auf dem Marsche. Vom Übermaß des Weines hatten sie eine klare Vorstellung schon verloren. Denn sie wollten geradezu schwören, sie hätten schon den halben Weg hinter sich. Sie gaben Befehl, das Schiff zu bewachen, damit ihnen die Flucht nicht gefährlich werde. Im übrigen war das Segel schon aufgerichtet und alles Nötige besorgt. Sie waren aber noch weit von dem Lande entfernt, in dem Gott als Mensch gewandelt war. Die Kraft des Weines ergriff sie jetzt so, daß sie stumpf und kin-

disch wurden, und so vergnügten sie sich, indem sie noch dies und
das erzählten, bis die Zeit ihnen hinging.

Während sie unentwegt auf der Kreuzzugsfahrt waren, tranken
sie nun schon ganz aus Gewohnheit den schweren Wein, der über
ihre Kraft ging. Inzwischen war die Mitternacht schon vorüberge-
gangen. Da wurden sie wieder ganz aufgeräumt und vertraut miteinander. Die Süße des Weins hatte sie fröhlich gemacht, und sie
wurden so ausgelassen lustig, daß sie mitten auf dem Meere zu
schwimmen meinten. Alle Sorgen waren vergessen, und sie sangen
aus voller Kehle auf dem offenen Laubengang ihr geistliches
Kreuzlied: „In Gottes Namen fahren wir!" Der eine sagte: „Mein
Freund, dir überantworte ich Frau und Kinder auf Gottes Gedeih!
Sorge getreulich für sie, wie es einem Freunde geziemt, und unter-
lasse es keinen Augenblick." Das fanden sie alle sehr schön, denn
alle waren voll süßen Weines.

So fuhren sie in froher Stimmung, aber ohne noch recht bei Besinnung zu sein weiter. Wie einfältige Kinder beteten sie zu Gott
um guten Wind. Aber ich glaube kaum, daß einer von ihnen seinen
Bruder noch kannte. Und während sie so auf ihrem gottgefälligen
Kreuzfahrerschiff waren, forderte der eine laut, der andere sanft,
daß der Schreiber neuen Wein bringen sollte. Ich glaube, sie hatten
schon genügend guten Wind. Und während man den Wein heran-
trug, stieg ihnen, weil sie schon ganz betrunken waren, sein süßer
Duft ins Gesicht. Ich muß schon sagen, sie tranken sehr stark, diese
Weinkumpanen. Der eine lag jetzt schon lang und schlief. Der andere lärmte und brüllte. Der dritte torkelte und kam dann zu Fall.
Der vierte sagte dazu: „Es ist das Schiff, das so wackelt." – „Es
droht ein Sturm über uns zu kommen", sagte da gleich ein fünfter.
Der sechste bekam es mit der Angst, er schlug schnell ein Kreuz,
um den Sturm abzuwehren. Und jetzt glaubten sie tatsächlich, daß
das Meer die Ursache davon wäre. Es war aber der süße Wein,
der seine Qualität offenbarte. So wurden sie selber getäuscht.
Denn ihre Köpfe waren von dem Wein beschwert. Und als nun
alle betrunken waren, gab es ein großes Unglück. Der eine sagte
klagend: „Ach, der Kopf tut mir so weh. Natürlich müssen wir

hinnehmen, was Gott schickt. Aber jetzt wird ein Sturmwetter über uns kommen, und das wird schlimm für uns." Da fingen auch alle Mitfahrer an zu jammern. Der eine klagte um sein eigenes Leben, der andere um seine Kinder, der dritte um seine Frau, der nächste wiederum um sein Seelenheil und wieder einer um seinen Besitz. So waren die Übermütigen, wie es oft vorkommt, ganz klein und häßlich geworden.

Der Wein brachte sie in neuen Aufruhr. Sie schwuren und gelobten mit Händen und Füßen, daß sie für alles, was sie angerichtet hätten, Buße tun wollten: sie würden dafür Genugtuung leisten. Jeder sagte zum andern: „Verwünscht, daß wir diese Fahrt unternommen haben! Wind und Wellen jagen das Schiff so gewaltig hin und her. O, jetzt tun mir all meine Sünden leid." In ihren Köpfen raste es. Weil sie in dem Laubengang saßen, konnten sie natürlich die Sterne nicht sehen. Der Morgen brach an. Ihre Fahrt war gefährlich geworden, und dabei hatten sie doch erst den halben Weg nach Brindisi zurückgelegt. Je mehr der Wein in ihnen überhand nahm, umso weniger kamen sie dem Land näher. Sie riefen voll Schmerz: „Lieber Gott, hilf deinen armen Geschöpfen! Wenn du uns jetzt nicht Weisung gibst und uns beistehst, dann müssen wir ja sterben!" Da sah der eine dorthin, wo jener reiche Bürger lag, der am Ende der Tafel neben der Bank zu Boden gefallen war. Als er ihn sah, sagte er zu den andern: „Gefährten, seid guter Dinge! Wir alle müssen jetzt Gott danken, daß er uns aus dieser großen Sturmflut gerettet hat. Uns kann nun geholfen werden. Hier liegt ja ein toter Pilgersmann. Der war daran schuld, daß das Meer sein Ungestüm an uns gezeigt hat. Steht mir alle bei und nehmt diesen Toten, der doch zu nichts mehr nütze ist, und werft ihn schnell und ohne Umstände vom Schiff ins Meer. Dann hört der Sturm auf." – „Das walte Gott!" riefen da alle. „Denn das Meer ist so unschuldig, daß es nichts Böses zuläßt." Darüber waren alle froh.

Sie standen rasch nach einstimmigem Beschluß auf, die noch vor Trunkenheit dazu fähig waren und noch gehen konnten, und ergriffen ihren Nachbarn, dem nun der süße Wein zum Verhängnis

wurde, und trugen ihn zornig unter Gebrüll an das hoch gelegene
Fenster. Jetzt fing der Mann an zu rufen: „Laßt mich doch liegen!
Ihr seht ja, daß ich wach bin und lebe wie nur irgendeiner von
euch." Sie sagten: „Bei Gott, nein, ihr seid zum Tode bestimmt
gewesen. Ihr könnt ja doch nicht am Leben bleiben. Das wissen
wir alle genau." Und gleich schleppten sie ihn, soviel er auch rief
und bat, von der Stelle weg, wo er lag, und warfen ihn aus dem
Fenster einfach mitten auf die Straße vor die Tür auf die harten
Steine, daß ihm bei dem Fall Arme und Beine brachen. Das war
ein großes Unrecht und ging über das Vergnügen. Ich jedenfalls
möchte vor solcher Meerfahrt doch lieber bewahrt bleiben. Sie
selbst setzten sich wieder freudig zu Tisch und tranken erst einmal
weiter. Ihre Schmerzen vergaßen sie, aber mit dem Wein kämpften
sie weiter, so daß der Laubengang vom Wein überschwemmt war.
Nun tat ihnen das Meer keinen Schaden mehr an, und sie sagten
übereinstimmend: „Uns ist großes Heil widerfahren, daß wir den
Mann gefunden haben, der doch zum Tode bestimmt war. Und
wenn der Mann hier im Schiffe geblieben wäre, wären wir alle nicht
mehr am Leben. Gott selbst hat ihn nicht geduldet und aus dem
Schiff hinausbefördert mit seiner göttlichen Macht und hat uns
alle erhört. Denn das Wasser war uns ja schon bis an den Schiffs-
rand gestiegen." Und nun sangen sie lauter Lobgesänge.

Der Bürger schrie inzwischen laut um Hilfe: „Wofür hat man
mich bestraft? Jetzt ist mir ein Bein gebrochen und auch ein Arm."
Sehr jämmerlich schrie er, der reiche Bürger, vor lauter Schmerzen
und klagte so, daß es weit über die Gasse tönte. Die Kameraden
wieder in ihrer frohen Stimmung sangen ebenso laut, so daß sie
nichts von den Worten hören konnten, die der Bürger im Schmerz
hören ließ. Inzwischen war es Tag geworden. Da sagten sie untereinander: „Gott sei Dank, daß er es uns gewährt hat, nach Akkon zu fahren! Möge er uns auch weiterhin Seele, Leben und Besitz
schützen! Möge er unsere Frauen behüten und sich mit seiner gnädigen Hilfe unserer Kinder annehmen, bis wir heimkehren." Sie
waren sich noch nicht klar darüber, die dummen Wiener, daß sie
sich in Wien befanden, wo sie von Kindesbein an aufgewachsen

waren. Der Wein hatte sie in die Irre geführt. Dann wurde es ganz heller Tag, und sie waren wirklich noch immer ohne Besinnung wie gestürzte Garben auf dem Felde. Der Bürger, der in der Nacht so gerufen hatte, hatte mit seinem Geschrei aufgehört und war ein bißchen eingeschlafen. Zwar war er auch noch etwas betäubt, aber der Wein hatte doch keine Macht mehr über seinen Kopf. Er war dadurch zu Schaden gekommen, daß er so rasch eingeschlafen war, so daß er nunmehr beinah sein Leben eingebüßt hätte. Der Fall hatte ihm die heftigsten Schmerzen bereitet, die noch immer zunahmen. Er büßte dadurch am stärksten, daß er ganz naß von Blut war, als er gefallen war.

Am frühen Vormittag kamen die Nachbarn dorthin, wo sie den Lärm gehört hatten. Sie waren natürlich nüchtern und sagten übereinstimmend zu den andern: „Ihr seid ja in dieser Nacht furchtbar lustig gewesen und seid sehr lange aufgeblieben und habt unmäßigen Lärm gemacht. Ist denn gar nichts mehr von dem Wein übriggeblieben? Die Sonne steht doch schon hoch über den Bäumen.“ Da sagten die Zecher: „Ihr könnt uns das schon gönnen. Wir sind heute nacht fröhlich über das Meer gefahren. Daran konnte uns keiner hindern. Gott hat uns von Anfang bis Ende seinen Beistand gewährt und schickte uns auch guten Fahrtwind. Dann aber erhob sich später ein furchtbares Sturmwetter, daß die tosenden Wellen uns gewaltig in das Schiff schlugen. Und wir kamen in große Gefahr. Wir fürchteten schon wirklich alle, daß wir ertrinken müßten. Aber uns wurde das große Glück beschert, daß ein Seefahrer einen Toten erblickte, und so wie es Gott gefügt hatte, warfen wir ihn rasch auf übereinstimmenden Beschluß vom Schiff über Bord und überwanden auf die Weise die Gefahr, wie der Seefahrer es uns vorausgesagt hatte. Der Sturm und das Gewitter sind auch darauf zum Erliegen gekommen.“ Die nüchternen Bürger lachten laut. Denn der Wirt lag neben seinen Gästen, und die waren noch ganz betrunken. Auch der Schreiber war neben der Bank zu Boden gesunken. Er wußte überhaupt nichts von der Rechnung, wer das Ganze zu zahlen hatte. Denn natürlich war der Wein noch unbezahlt. Nun erhob der Bürger seine Stimme, der ins Meer geschleudert worden war, und klagte über sein Unglück. Von dem Augenblick an, in dem sie den Mann sahen, gab es ein großes Gedränge. Der war immerhin von hoch oben aus dem Fenster in den Schmutz gefallen, so daß man ihn gar nicht mehr erkennen konnte, bis er seinen Namen genannt hatte. Da stellte sich heraus, daß er einer der Vornehmsten war. Alle sagten: „Nein doch, das war kein guter Spaß. Der wird ja kaum wieder gesund werden. Da wart ihr aber schlecht beraten."

Als die Angehörigen sahen, was man hier bei ihrem reichen Verwandten angerichtet hatte, liefen sie voll Zorn alle hin. Sie führten sich sehr böse auf und wollten die erschlagen, die das getan hatten. Sie sagten ganz empört: „Ihr habt unsern Verwandten ganz schändlich zugrunde gerichtet. Er war in der Nacht noch in der besten Verfassung, und jetzt ist er ein Krüppel. Ihr werdet noch dafür bestraft werden, daß ihr so hinterlistig an ihm gehandelt habt." Die andern antworteten sogleich: „Davon wissen wir nichts. Wir sind richtig auf See gefahren, und Gott, zu dessen Ehre wir fuhren, wird uns weiter beschützen. Sucht hier keine Händel! Dagegen werden wir uns mit gutem Grund zu schützen wissen. Sollen wir darum so viel geopfert haben, daß ihr euch jetzt ungebührlich gegen uns benehmen wollt? Ja, wir haben in der Tat Gold und Silber auf unserm Kreuzzug geopfert. Denn wenn Gott uns nicht geschützt hätte, wären wir alle untergegangen. Wir kamen in so schwere Not, daß wir uns kaum retten konnten. Wollt ihr uns darum nun feind sein, so ist uns das, bei Gott, sehr ärgerlich. Es war der eindringliche Rat des Seefahrers und keineswegs eine Kinderei."

Nun brach aber unter den Verwandten der Zorn erst recht los. Sie gingen auf die andern los und zogen ihre Schwerter zum Kampf. Da traten die Vernünftigsten dazwischen, flehten und baten, bis sie einen Termin festsetzten, wo die Klagen von beiden Seiten erhoben werden sollten. Sie bedauerten das Unglück ihres Mitbürgers sehr und begrüßten anderseits, daß es im Zustande der Trunkenheit geschehen war. Inzwischen hatten sie alle eingesehen, daß das unmäßige Trinken die Ursache gewesen war. Viele nahmen ihre Verwandten und brachten sie erst einmal zu Bett. Wenn ich Zeit hätte, könnte ich euch noch merkwürdige Dinge darüber berichten. Den Bürger, der den schlimmen Fall getan hatte, so daß er kaum mit dem Leben davongekommen war, trug man nach Hause.

Als sie so zum Liegen gekommen waren und sich drei Tage lang ausgeruht hatten – von dem Tage an gerechnet, wo der Sturmwind und zugleich mit ihm die Kraft des Weines, der über sie Gewalt gewonnen, ausgetobt hatte –, standen sie morgens sorgenvoll auf. Denn erst jetzt merkten sie, daß sie in der Trunkenheit ihrer Vernunft beraubt waren. Fortan weckte der Trunk zum Andenken der heiligen Gertrud jedesmal ihr schlechtes Gewissen. Ihr Nachbar, der reiche Bürger, war natürlich auch über die Meerfahrt einigermaßen betrübt. Aber er hatte Grund, alle anzuklagen, wie die Burgunden Kriemhild anklagten. Jene wurden rot vor Scham und Schande, als sie jetzt einsahen, was sie in Wahrheit angerichtet hatten. Das Vergehen an ihrem braven Mitbürger war kein Ruhmestitel für sie. Die Bürger redeten nun alle zum Guten, so daß man es, wenn auch nicht ohne Mühe, dahin brachte, dem Mann 200 Pfund als Schmerzensgeld zu zahlen für seinen schlimmen Schaden. So war ihnen der süße Wein sauer geworden, als sie jetzt das Silber abwogen. Für den Preis waren sie also sehr ehrenvoll über das Meer gefahren. Ja, wenn man nicht mit dem Wein hauszuhalten und sich mit dem Trinken zurückzuhalten weiß, wird man der Knecht des Weines statt sein Herr zu bleiben. Und wenn man zuviel trinkt, geht es auch auf Kosten der Ehre.

Nun wollen wir noch einiges über den Wein hinzufügen: wenn man ihn maßvoll zu trinken versteht, kann er Frauen und Männer, wenn sie traurig sind, wieder froh machen. Wer aber auf ein Übermaß im Trinken aus ist, der schadet seinem Ansehen, der schwächt seine Gesundheit, und außerdem verschlingt das Trinken auch noch das Vermögen. Merkt euch, was der Wein sonst noch für Schaden anrichtet: über das Maß zu trinken, ist auch ein tödlicher Schlag für die Seele und bringt den Menschen um sein Seelenheil. Denn die böse Trunkenheit gehört zu den Todsünden. Wenn der

Wein dem Menschen durch die Kehle rinnt, wird er fröhlich; aber Leben, Besitz und Seele werden ihm leicht zerstört. Darum hütet euch, ihr Männer und Frauen, daß ihr nicht vom unmäßigen Trinken in Gefahr und Not kommt! Es gibt natürlich auch viele Menschen, die im Trinken Maß zu halten wissen. Das ist Gott wohlgefällig und auch den andern Menschen, wenn einer mit Anstand trinkt. Wenn aber jemand seine irdischen Güter höher schätzt als seine Ehre, möchte ich ihm das richtige Trinken beibringen. Er darf nämlich zum Vergnügen bisweilen auch einen guten Becher Wein leeren. Dann unterdrückt er seinen Geiz und zeigt sich beim Trinken doch gelegentlich freigebig. Denn wer nur auf seinen Besitz Wert legt, der ist ein Schlappschwanz, ob er nun nüchtern oder satt ist. Wenn man aber für einen Bösen sich einsetzt, ist das auch gar nichts wert. Wer sich dem Bösen unterwirft und keinen Sinn für Ehre hat, den mag Gott aus der Bahn des Glücks werfen. Jetzt ist die Geschichte zuende. Sie heißt „Die Meerfahrt". Prägt euch diesen Titel ein!

Anhang

Vorbemerkung

Die hier zum Vergleichen synoptisch wiedergegebenen Textproben von Original und Übersetzung wollen dafür Zeugnis ablegen, daß es bei der Übersetzung altdeutscher Dichtung vor allem darauf ankommt, den ununterbrochen fortlaufenden Bedeutungswandel der Wörter zu beachten, daß also eine wörtliche Übersetzung, d. h. eine Beibehaltung der alten Wörter, oft Sinnfälschung mit sich bringt. In früheren Zeiten folgte man möglichst dem Scheinideal der Worttreue, oder anderseits entfernte man sich gelegentlich auch zu weit von dem originalen Text mit dem Hauptziel eines glatten, eleganten, leicht eingängigen, wirksamen Stils und modifizierte dann den Inhalt oder ließ fremdartige Stellen einfach beiseite (z. B. Leo Greiners Erneuerung mittelhochdeutscher Novellen). Unsere Übersetzung sucht unter Aufopferung der einzelnen Wörter, Wendungen oder Konstruktionsformen, die sich seither gewandelt haben, überall die Sinntreue der alten Dichtungen und ihre poetische Stillage als Ganzes zu bewahren, obwohl sie statt der Versform poetische Prosa gebraucht.

Einige Grundfragen zum Problem der Übersetzung altdeutscher Dichtungen sind in einem Aufsatz über die Übersetzung von Wolframs Parzival behandelt (Deutschunterricht 1954, Heft 5, S. 41 ff.).

Übersetzungsbeispiele

Moritz von Craûn

Ir hât dicke vernomen
unde ist iu mit rede vür komen
von wârlîchem mære,
daz ritterschaft ie wære
5   wert unt müeze ie mêre wesen.
wir hœren an den buochen lesen,
wâ man ir von êrste began
unde war sî sider bequan.
ze Kriechen heizet man daz lant,
10   dâ man den list alrêrste vant,
der ze ritterschefte hœret;
dâ wart sî sît zerstœret.
ze Kriechen huop sich ritterschaft,
dô sie Troie mit kraft
15   besâzen durch ein vrouwen.
dâ mohte man wól schouwen

---

1 Ihr habt schon sehr oft davon gehört, und es ist euch ausdrücklich als Wahrheit zu Ohren gekommen, daß das Rittertum einstmals
in hoher Geltung gestanden hat. So sollte es auch in Zukunft immer
sein! Wir vernehmen aus Büchern, wo es seinen Ursprung hat und
wohin es später weiter verpflanzt wurde. Griechenland heißt das Land,
wo man ritterliche Standeskultur zuerst ausgebildet sah; dort verfiel
sie dann später. Bei den Griechen hatte das Rittertum begonnen, als
sie mit aller Macht Troja belagerten um Helenas willen. Da konnte

manegen Kriechen nâch sage,
die gelîche wurben alle tage
umbe ritterlîchen prîs.

Ector unt Pârîs,   20
Elênus unde Deiphobus
unde ir bruoder Trôilus,
die küenen nôtvesten,
die werten den gesten
vor der mûre dicke ir velt   25
unt gâben solichez widergelt
den hôchverten Kriechen,
daz sie tôten unde die siechen
wider vuorten zuo ir here.

der Kriechen sturm unt widerwere   30
ruowete nie vür wâr;
sie hâten arbeit manec jâr. –
    Ich sagete iu noch vürbaz
von Troie – waz hulfe daz?
wir mügen ez lân belîben;   35
ezn kan niemen gar geschrîben.

Dares, der dâ mite was,
der die naht schreip unde las,
swaz des tages dâ geschah,

---

man, wie erzählt wird, das ganze große Heer der Griechen glanzvoll vor Augen sehen, wie sie Tag für Tag gemeinsam um ritterlichen
Ruhm wetteiferten. Aber Hektor und Paris und ihre Brüder Helenus,
Deiphobus und Troilus, die kühnen Kämpfer, verteidigten ihre Stellung zäh gegen die Feinde vor der Stadtmauer und zahlten den Griechen ihren Übermut so wirksam heim, daß diese sich mit Toten und
Verwundeten wieder in ihr Lager zurückziehen mußten. In Angriff
und Verteidigung kamen die Griechen nie zur Ruhe; sie hatten viele
Jahre lang die Mühen des Kampfes zu erdulden.

33 Ich könnte euch von Troja noch vieles Weitere erzählen, aber
wozu? Wir wollen damit abbrechen; denn das kann doch niemand
erschöpfend darstellen. Dares, der mit dabei war und nachts immer
aufschrieb und gleich weitergab, was am Tage vorgegangen war und

40   alse erz mit ougen ane sach,
            dem gebiristet an dem mære,
            wie die Troiære
            werten ir urbor,
            al die wîl unde Ector
45   lebete unde ir aller phlac.
            dô aber Ector gelac,
            dô swachete ir êre
            tegelîchen sêre:
            sîn herze ir aller herze was.

1032   Dô nû der âbent nâhte,
            dô was er müede entwichen
            von slegen unt von stichen
1035   zuo dem gezelte durch sîn gemach.
            swer in durch guot ane sprach,
            den kunde er wol gestillen
            mit guote unt mit willen.
            des wart dô sîn lop vil breit.
1040   daz schif, daz er dar gereit,
            hiez er die garzûne nemen:
            ‚wen möhte es baz dan iuch gezemen?‘
            ane griffen sie ez gar,
            der varnden quam ouch vil dar,

---

wie er es mit eigenen Augen gesehen hatte, bei dem fehlt die Geschichte, wie die Trojaner ihren Besitz verteidigten, solange Hektor
lebte und für sie kämpfte. Aber als Hektor gefallen war, war es von
Tag zu Tag schlimmer um Troja bestellt; er war Troja!

1032 Als der Abend herangekommen war, hatte er sich, vom Speer-
und Schwertkampf ermüdet, in sein Zelt zurückgezogen, um zu ruhen.
Wer ihn um ein Geschenk ansprach, der wurde durch seine Gaben
und Freundlichkeiten wirklich zufriedengestellt. Dafür pries man ihn
überall. Auch sein Schiff, das er dorthin geführt, ließ er jetzt von
seinen Knappen in Besitz nehmen: „Wem steht es mehr zu als euch?“
Und sie belegten es auch gleich ganz mit Beschlag. Auch an Spielleuten

daz sie nieman kunde gezeln.   1045
dô wurden einem zwô eln,
dem dritten alse dem andern drî
unde dem vierden dâ bî
ze einem rocke genuoc.
der vünfte den sehsten sluoc,   1050
daz im daz houbet zebrast.
der sibende begreif den mast,
der ahte daz ruoder,
dem niunden wart zem muoder,
dem zehenden tuoch zem gêren.   1055
mit sus getânen êren
wart ez geteilet under sie.
ir ervrieschet dâ vor nie
dehein schif sô mære,
daz âne wazzer wære.   1060
   Dô der turnei was zergangen,
dô quam ein man gevangen,
der bat in sêre der habe.
sînen halsberc zôch er abe
unt gap im den ze stiure: 1065

---

kamen so viele hinzu, daß sie keiner mehr zählen konnte. Da erhielt
der eine zwei Ellen kostbaren Stoff, der zweite und der dritte drei,
der vierte gleich so viel, wie er zu einem Rocke – reichlich gemessen –
brauchte. Der fünfte kam mit dem sechsten gleich ins Zanken und
schlug auf seinen Schädel ein. Der siebente nahm den Mast für sich in
Besitz, der achte das Steuer, der neunte erhielt wieder feines Tuch für
ein Kleidungsstück, der zehnte doch wenigstens genug für einen Rockschoß. So freigebig erwarb er sich Ansehen, als das Schiff verteilt
wurde. Ihr habt bisher noch nie von einem so berühmten Schiff gehört, das eigentlich gar kein richtiges Schiff war.

1061 Als das Turnier längst vorüber war, kam noch einer seiner
Gefangenen, der bat ihn inständig um etwas aus seinem Besitz. Da
zog er seinen Halsberg ab und gab ihm den als Geschenk. Der dankte

des genâdete er im tiure.
dô er sich des entwerte,
dô zôch er an die herte
sîn wamsel vür die kelte,

1070   vil unlange er entwelte.
er warte, obe ieman quæme,
der ouch die hosen næme:
dannoch was dâ niemen.
dô enstricte er die riemen
an dem einen beine.

sie liezen in alters eine,
die mit im wâren dare kommen:
sie hâten wol von im vernomen,
daz sie gæben, swer sies bæte,
swaz iegelîcher hæte;
des nâmens sîn daheine war.

---

ihm dafür überschwenglich. Als er sich des Halsberges entledigt hatte, legte er sich als Schutz gegen die Kälte, ohne lange zu zögern, seinen Überrock über die Schultern. Er hielt Ausschau, ob noch einer käme, der ihm auch die Hosen abbettelte; aber zunächst wenigstens kam noch keiner. Da löste er die Riemen an dem linken Bein. Die Knappen, die mit ihm gekommen, ließen ihn jetzt allein; sie hatten schon von ihm gehört, sie sollten weiter verschenken, was sie hätten, wenn einer sie um irgendetwas bäte, und darum hatten sie sich aus seiner Nähe gedrückt.

Helmbrecht

Einer seit waz im geschiht,
der ander seit waz er gesiht,
der dritte von minne,
der vierde von gewinne,
der vünfte von grôzem guote,   5
der sehste von hôhem muote.
hie wil ich sagen, waz mir geschach,
daz ich mit mînen ougen sach.

Ein meier der hiez Helmbrecht   21
des sun was der selbe kneht,   22
von dem daz mære ist erhaben.   23
sam den vater nante man den knaben.   24
ich sach, deist sicherlîchen wâr,   9
eins gebûren sun, der truoc ein hâr,   10
daz was reide unde val;
ob der ahsel hin ze tal
mit lenge ez volleclîchen gie.
in eine hûben er ez vie,
diu was von bilden wæhe.   15
ich wæne nieman gesæhe

---

1 Der eine erzählt, was ihm selbst widerfährt; was er mitangesehen
hat, der andre; wiederum erzählt ein dritter eine Liebesgeschichte, ein
vierter von Kämpfen und Siegen, ein fünfter von den Gütern und Schätzen der Welt, der sechste von hohen Lebensidealen des Menschen. *Ich*
will hier etwas erzählen, was mitzuerleben mir beschieden war, indem
ich es mit eigenen Augen gesehen habe.

Ein Meier hieß Helmbrecht, dessen Sohn war der junge Mann, von
dem diese Geschichte handelt. Den Knaben hatte man nach seinem Vater
benannt. Ich habe diesen jungen Bauern wirklich gekannt; er hatte blondes lockiges Haar, das ihm lang über die Schultern herabfiel. Er hatte es
in einer Haube aufgefangen, die mit kostbaren Bildern geschmückt war.

sô manegen vogel ûf hûben:
siteche unde tûben
die wâren al dar ûf genât.
20   nû hœrt, wiez umbe die hûben stât.
27   ich wil iu künden daz mære,
waz ûf der hûben wære
wunders erziuget.
697   Hie hebet sich ein mære,
daz vil müelîch wære
ze verswîgen den liuten.
700   kunde ich ez bediuten,
wie man in dâ heime enpfie!
ob man iht gegen im gie?
nein, ez wart geloufen,
alle mit einem houfen,
705   einez vür daz ander dranc;
vater unde muoter spranc,
als in nie kalp ersturbe.
wer daz botenbrôt erwurbe?
dem knehte gap man âne vluoch
710   beide hemde unde bruoch.
sprach daz vrîwîp und der kneht:
,bis willekomen, Helmbreht!'?

So viele Vögel hat noch nie jemand auf einer Haube gesehen; Tauben und auch Papageien waren daraufgenäht. Hört zu: ich will euch hier gleich erzählen, was noch alles auf der Haube an schönen Dingen war.

697 Was jetzt kommt, dürfen wir auf keinen Fall verschweigen. Wenn ich es nur recht eindringlich schildern könnte, wie man ihn da zu Hause empfing! Ging man ihm etwa bloß entgegen? Nein, man lief ihm entgegen, alle auf einmal: einer stolperte über den andern. Vater und Mutter sprangen so rasch hinzu, wie wenn ihnen noch nie ein Kalb tot geblieben wäre. Wer den Botenlohn verdiente? Dem Knecht schenkte man vor Freude über seine Nachricht ein neues Hemd und neue Hosen. Riefen Magd und Knecht etwa: „Willkommen, Helmbrecht?" Nein, davon

nein, si entâten,
ez wart in widerrâten.
si sprâchen: ‚juncherre mîn,   715
ir sult got willekomen sîn!‘
er sprach: ‚liebe sœte kindekîn,
got lâte iuch immer sælec sîn!‘
  Diu swester im engegen lief,
mit den armen si in umbeswief.   720
dô sprach er zuo der swester:
‚gratia vester!‘
hin vür was den jungen gâch,
die alten zugen hinden nâch;
si enpfiengen in beide âne zal.   725
zem vater sprach er: ‚deu sal!‘
zuo der muoter sprach er sâ
bêheimisch: ‚dobra ytra!‘
si sâhen beide einander an,
beide daz wîp und der man.   730
diu hûsvrou sprach: ‚herre wirt,
wir sîn der sinne gar verirt.
er ist niht unser beider kint;
er ist ein Bêheim oder ein Wint.‘
der vater sprach: ‚er ist ein Walh.   735
mîn sun, den ich got bevalh,

---

konnte keine Rede sein; sie sagten: „Herr Junker, wir heißen euch höflichst willkommen!“ Seine ersten Worte waren: „liebe soete kindekîn, got late iuch immer saelic sîn!“
  Die Schwester lief ihm entgegen und umschlang ihn mit den Armen.
Da sagte er zu ihr: „Gratia vester!“ Die Jugend eilte voran, die Alten
zogen hintendrein, alt und jung in Menge begrüßten ihn. Zu dem Vater
sagte er: „Deu sal!“ Zu der Mutter redete er gar auf Böhmisch: „dobra
utra!“ Die beiden Eltern sahen sich erstaunt an. Die Mutter sagte: „Lieber Mann, wir sind wohl nicht ganz richtig im Bilde; das ist nicht unser
Sohn, das ist ein Böhme oder einWende.“ – Der Vater meinte: „Das ist
ein Welscher. Mein Sohn jedenfalls, den ich Gottes Schutz überantwor-

der ist ez niht sicherlîche
und ist im doch gelîche.'
dô sprach sîn swester Gotelint:

740 ,er ist niht iuwer beider kint.
er antwurte mir in der latîn:
er mac wol ein pfaffe sîn.'
,entriuwen', sprach der vrîman,
,als ich von im vernomen hân,

745 sô ist er ze Sahsen
oder ze Brabant gewahsen.
er sprach „liebe sœte kindekîn":
er mac wol ein Sahse sîn.'

---

tet habe, ist es sicher nicht, auch wenn er ihm ähnlich sieht." Da sagte
seine Schwester Gotelind: „Nein, es ist nicht euer Sohn; er hat mich ja
auf lateinisch angesprochen. Das kann doch nur ein Pfaffe sein." – „Ja",
sagte der Freiknecht, „nach den Worten, die ich von ihm gehört habe, ist
er in Niedersachsen großgeworden oder in Brabant; er sagte: ,liebe soete
kindekîn'. Er wird sicher aus Niedersachsen sein".

Literaturangaben

Hartmann von Aue: Der arme Heinrich, hrsg. von HERMANN PAUL, 11. durchgesehene Auflage besorgt von LUDWIG WOLFF, Tübingen 1966 (= Altdeutsche Textbibliothek Nr. 4). Außerdem hrsg. von ERICH GIERACH, Heidelberg 1913 (= Germ. Bibl 3, 3).

Moriz von Craûn, im Verein mit ERICH HENSCHEL und RICHARD KIENAST hrsg. von ULRICH PRETZEL, Tübingen 1966, 2. Aufl. (= Altdeutsche Textbibliothek Nr. 45).

Wernher der Gartenaere: Helmbrecht, hrsg. von FRIEDRICH PANZER, 8. neubearbeitete Auflage besorgt von KURT RUH, Tübingen 1968 (= Altdeutsche Textbibliothek Nr. 11). – Die Einleitung nach eigener kritischer Herstellung, s. den Anhang.

Rüdiger von Hünckhofen: Der Schlegel. Kritische Ausgabe und Untersuchungen von MARGARETE KOCH, Masch. Diss. Hamburg 1961. – Letzte gedruckte Ausgabe in: Mittelhochdeutsche Novellen, hrsg. von LUDWIG PFANNMÜLLER, Bd. 2, S. 27–63, Bonn 1912 (= Kleine Texte für Vorlesungen und Übungen, Heft 95).

Die Rittertreue. Kritische Ausgabe und Untersuchungen von MARLIS MEIER-BRANECKE (= Hamburger Philologische Studien, Bd. 10). Vorletzte gedruckte Ausgabe von HERBERT THOMA, Heidelberg 1923 (= Germanische Bibliothek II. Abt. Kritische Ausgaben altdeutscher Texte, Heft 5). Letzte Ausgabe: LUTZ RÖHRICH, Erzählungen des späten Mittelalters und ihr Weiterleben in Literatur und Volksdichtung bis zur Gegenwart. Bd. 2, Bern und München 1967, S. 156–166. Ich folge z. T. noch Thoma.

Konrad von Würzburg: Das Herzmaere, hrsg. von EDWARD SCHRÖDER, Berlin 1930. 7. Auflage mit einem Nachwort versehen von LUDWIG WOLFF, Zürich und Berlin 1965 (= Kleinere Dichtungen von Konrad von Würzburg, Heft 1). Letzte Ausgabe: HELMUT DE BOOR, Die Deutsche Literatur I, 2 (Mittelalter), München 1965. S. 1229/36.

Das mittelhochdeutsche Gedicht von der „Frauentreue", von KURT BUR-
CHARDT, Diss. Berlin 1910. Letzte Ausgabe: HELMUT DE BOOR, Die Deutsche
Literatur I, 2 (Mittelalter), München 1965, S. 1428/33.

Frauenlist, hrsg. von ERICH HENSCHEL, Leipzig 1941, 2. Aufl. (= Altdeutsche
Quellen, Heft 2).

Die Heidin, unter Mitwirkung von RICHARD KIENAST hrsg. von ULRICH
PRETZEL und ERICH HENSCHEL, Leipzig 1957 (= Altdeutsche Quellen, H. 4).

Sibote: Frauenzucht. Kritischer Text und Untersuchungen von CORNELIE
SONNTAG, Diss. Hamburg 1969 (= Hamburger Philologische Studien, Nr. 8).
Es ist der jetzt übersichtlichere Text gegenüber Niewöhners Ausgabe im
Neuen Gesamtabenteuer Bd. 1; 2. Aufl. bes. von MAX BOETERS und KURT
SCHACKS, hrsg. von W. SIMON, Berlin 1967, der ich z. T. noch folge.

Ruprecht von Würzburg: Die zwei Kaufleute. Maßgebliche Ausgabe von
CHRISTOPH GUTKNECHT (Die mhd. Novelle „Von zwein koufmannen") Diss.
Hamburg 1966 (= Hamburger Philologische Arbeiten, Bd. 1).
Andere Ausgaben: HEINRICH NIEWÖHNER, Neues Gesammtabenteuer a. a. O.
S. 255 ff. und HELMUT DE BOOR, Die Deutsche Literatur I, 2 (Mittelalter) S.
1438/51.

Der Zwingauer: Des Mönches Not (früherer Titel: Der schwangere Mönch)
hrsg. von FRIEDRICH HEINRICH VON DER HAGEN, Gesamtabenteuer Bd. 2,
Stuttgart und Tübingen 1850, S. 40 ff.

De deif van Brugghe, hrsg. von G. W. DASENT, Zeitschrift für deutsches Alter-
tum Bd. 5 (1845), S. 385 ff. Neuerdings hrsg. von HANNS FISCHER, Die deutsche
Märendichtung des 15. Jahrhunderts, München 1966 (= Münchener Texte zur
deutschen Literatur des Mittelalters, Bd. 12) S. 394/414. Wichtigste Monogra-
phie: JÜRGEN MEIER, Die mittelniederdeutsche Verserzählung „De deif van
Brugghe", Neumünster 1970 (Diss. Hamburg) (= Sprache und Schrifttum,
Neue Folge der Forschungen Reihe B, Bd. 7).

Der Wiener Meerfahrt. Diplomatischer Abdruck der Handschrift von
RICHARD NEWALD, Heidelberg 1930 (= Germanische Bibliothek II. Abt. Bd.
30); Kritische Ausgabe von ULRICH PRETZEL in der Sammlung Pegasus pichelt,
hrsg. von HANS ADOLF NEUNZIG, Hamburg 1968, S. 70 ff. und von HELMUT
DE BOOR, Die Deutsche Literatur Bd. I, 2 (Mittelalter), München 1965, S.
1472/82.

Buchanzeige

Beck'sche Sonderausgaben

Eine Auswahl

Hermann Hettner
Literaturgeschichte der Goethezeit

Herausgegeben von Johannes Anderegg. XII, 800 Seiten. Leinen DM 25,–

«Hettner wollte, im Gegensatz zu den Germanisten seiner Zeit, die Tradition der Aufklärung im neuzehnten Jahrhundert weiterführen ... Daß er ‹die Betrachtung der politisch-gesellschaftlichen Zustände und der durch sie geschaffenen Bedingungen› in die Literaturgeschichtsschreibung einbezogen hat, war zu seiner Zeit etwas Neues. Die Germanistik, deren bessere Vertreter ihre Wissenschaft heute in Frage stellen, hat allen Grund, auf Hettner zurückzugreifen.»   Abendzeitung, München

Arnold Hauser
Sozialgeschichte der Kunst und Literatur

19. Tsd. der Gesamtauflage. XIV, 1119 Seiten. Leinen DM 28,–

«Mit großer Klarheit und ungewöhnlicher Informiertheit wird viel mehr ausgesagt als die scheinbar einfache und banale Behauptung, daß die Kunst auf die Gesellschaft wirke und die Gesellschaft auf die Kunst. Hausers Buch ist ein klarer Wegweiser durch das Labyrinth der Zeiten und Kulturen.»   Süddeutsche Zeitung

Herbert J. Rose, Griechische Mythologie

Ein Handbuch. Aus dem Englischen von Anna-Elisabeth Berve-Glauning. 3., durchgesehene Auflage. XII, 441 Seiten. Leinen DM 19,80

Herbert J. Roses Handbuch über die griechische Mythologie ist ein Standardwerk. Der Band bietet bei angemessenem Umfang eine den Ergebnissen der modernen Forschung entsprechende, übersichtliche und erklärende Zusammenfassung. Aus der kaum übersehbaren Fülle griechischer Sagen hat Rose eine Auswahl getroffen, die alles Wesentliche enthält.